Krystyno, nie denerwuj matki

Krystyno, nie denerwuj Matki

Michalina Grzesiak

CZWARTA STRONA

Redaktor prowadząca: Monika Długa
Redakcja: Malwina Błażejczak
Korekta: Anna Wawrzyniak-Kędziorek
Projekt typograficzny i łamanie: Barbara Adamczyk

Projekt okładki i ilustracje: Anna Piaszczyńska – Jeden Rysunek Dziennie

ISBN 978-83-7976-734-2

CZWARTA STRONA
Grupa Wydawnictwa Poznańskiego sp. z o.o.
ul. Fredry 8, 61-701 Poznań
tel.: 61 853-99-10
fax: 61 853-80-75
redakcja@czwartastrona.pl
www.czwartastrona.pl

Staram się tylko o to, żeby moi najbliżsi byli ze mną szczęśliwi. I żebym ja była z nimi szczęśliwa.

Tę książkę, każdą postawioną w niej literę, w całości dedykuję mężowi. I o ile na wypadek rozstania zarówno dedykowanie ważnych osiągnięć, jak i robienie imiennych tatuaży na waginie jest zupełnie bez sensu, o tyle ta dedykacja należy mu się jak psu zupa. Nikt jak on bowiem we mnie nie wierzył, nie zagrzewał i nie zmuszał do wydania tej książki. Nikt jak on nie dostarczał kontentu. Finalnie tylko mój mąż jest magnesem absurdu, damską menstruację nazywa „szkarłatnymi wargami" i wierzy, że okolice bikini u kosmetyczki depiluje się pęsetą. Źródło inspiracji – wiedz, że to dla Ciebie. Nawet jeśli kiedyś się z Tobą rozwiodę, to tej historii nie będę mogła Ci odebrać.

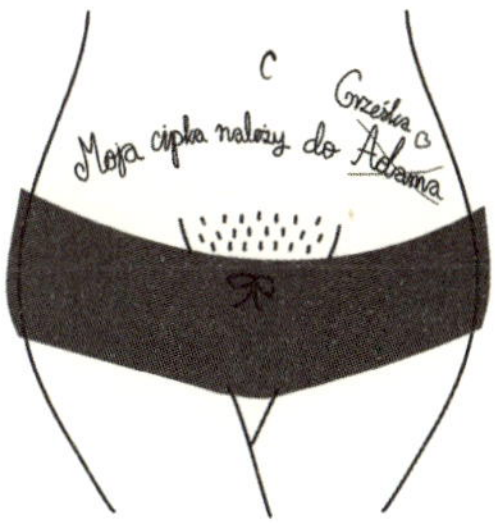

Wstęp

Do Zakopanego wyruszyliśmy jak zwykle po ciemku, bo Ojciec musiał jeszcze tego samego dnia obowiązkowo wybrać się do pracy. Nie powinno mnie to już wcale dziwić. Ojciec jest jednym z tych ludzi, którzy w domu stroszą się jak wściekłe, tresowane koguty, wygrażając palcem, czego to nie zrobią i komu czego nie powiedzą, a gdy przychodzi co do czego, prasują koszulę i wsiadają grzecznie do auta, by wyruszyć w podróż do biura. Nawet kosztem uchylenia drzwi pokoju szefa, pokazania twarzy, odhaczenia wirtualnej listy obecności i zawinięcia się z powrotem do domu. Grzesiek to po prostu dobry, uczciwy człowiek. Zaświadczam z pełnym przekonaniem. Pracę traktuje bardzo poważnie.

Na trasie pokłóciliśmy się o milion istotnych rzeczy. Dlaczego nie ma już kukurydzianych chrupek, skoro kupione dla pacyfikacji dwójki dzieci nie doczekały jeszcze pierwszego, porządnego ich ryku. Nie doczekały nawet McDonalda za Tuszynem, a warto nadmienić, że jechaliśmy z Łodzi. Dlaczego zaraz obok tych chrupek wessało również słone paluszki, żelki i absolutnie wszystko, co istotnie należy wcisnąć w młodociane dłonie celem zorganizowania czasu i zamknięcia wrzeszczących paszcz. Przez pięć godzin padły takie kombinacje słów, jak: „to było dla dzieci", „wpieprzasz jak świnia", „twoja stara", „nie, Krysiu, nie dojedziemy dzisiaj, bo tata musiał stanąć po spryskiwacz do szyb i umyć przednią od wewnątrz", „misje na Marsie zbierają zainteresowanych do mieszkania w futurystycznych namiotach, a Shell nadal nie ma przewijaka do zmiany stolca", „ścisz to", „zrób głośniej", „gorąco mi", zimno mi", „no, kurwa, ścisz to, no!!!".

Nadeszła godzina 23:10. Normalni ludzie dawno już dojechaliby do miejsca przeznaczenia, nie obudzili gospodyni i nie kazali jej świecić haleczką związaną w pasie i klapkami z puszkiem; zjedliby pożywną kolację, popili ją ciepłą herbatą z cytryną, a przy wielkich sosnowych, podhalańskich ławach rozkładaliby menażki i papierowe mapy z rozrysowanymi trasami wycieczek na następny dzień. My dla odmiany i dla urozmaicenia typologii podgrup turystycznych o 23:20 zawijaliśmy w koce dzieci, wyciągając je z auta, następnie szturmowaliśmy chałupę Gaździny obwieszeni torbami niczym grupa wsparcia Don Vasyla, a każde z nas szumiało dziecku do ucha polskie szlagiery o dwóch kotach, dźwigając potomstwo po dwustu pięćdziesięciu kilku stopniach. Wierzyliśmy, że dzieci pozwolą położyć się spać w pełnym umundurowaniu, a my znajdziemy jeszcze chwilę dla siebie. Grzesiek nie czekał zbyt długo, żeby rozpocząć urlop. Rzucił torby w kąt, sprawdził, czy młodzież jest pod dobrą opieką, czy nie ma potencjalnego przeciągu, wystających ze ścian surowych kabli elektrycznych, grzyba, szczurów i kokluszu, żeby następnie wyrecytować wymowne i zawsze długo wyczekiwane: „Ekhm, Misiu. Czy chcesz coś ze sklepu?”. I kiedy cały dom chrapał w najlepsze, mój rycerz na białym koniu dreptał w swoich cienkich newbalansach, stojąc w przedwigilijnej kolejce po czteropak piwa na stacji paliw w Zakopanem. Nie bez kozery przecież pobraliśmy się w stuprocentowej miłości i przy wzajemnym zrozumieniu swoich potrzeb. Kiedy wrócił, w góralskim gniazdku, które miało spać i regenerować siły na poranny stok, huczało w najlepsze. Jurek wylizywał dywan w poszukiwaniu pożywnych farfocli, a Krysia ze łzami świadczącymi o makabrycznym zmęczeniu pytała, kiedy pójdziemy na narty i czy Święty Mikołaj na pewno został poinformowany o zmianie dziupli na harendowe domostwo zaraz obok wyciągu.

Byliśmy bardzo przeciętnymi ludźmi w okolicach trzydziestki. Mieliśmy dwójkę dzieci, dwa kredyty hipoteczne i od całkiem niedawna auto niewymagające resuscytacji co dwa tysiące kilometrów. Pracowaliśmy dzielnie cały rok, to znaczy Grzesiek bardziej, bo ja się póki co systematycznie rozmnażałam i kiedy chciałam już na stałe rozkręcić się zawodowo, robiliśmy kolejne dziecko. Scenariusz ułożonego pożycia z remontem starego drewniaka i stadem dzieci napisaliśmy z premedytacją, co nie zmieniło faktu, że na widok zdjęć z Bali naszych bezdzietnych znajomych z trudem powstrzymywaliśmy drżenie brody i wzajemne oskarżanie się, czyj to pomysł był w ogóle, żeby się tak rozmnażać jak pojebani. Kiedy Paweł serfował na australijskich rafach, ja doszywałam napy do stroju jeża na przedszkolne party, a kiedy Marta i Adrian zapraszali na drinka na hiszpańskie plaże, Grzesiek stał w aptece po kolejnego Katarka do odsysania gilów. Poprzedni połamał nam pan od oprysku poddasza swoim wielkim buciorem z metalowym czubem. Ten zimowy, świąteczny wyjazd do Zakopanego był naszym Bali, tak wewnętrznie, tylko trochę mniej wódy z kokosa. Przyjechaliśmy na bardzo długo, biorąc pod uwagę inne długości wspólnych wypadów, które kończyliśmy w jakieś dwanaście godzin po całkowitym rozpakowaniu wszystkich zabranych toreb. Stąd też to wewnętrzne poczucie uwolnienia towarzyszyło nam już po pierwszym ostrym zakręcie, kiedy wyjeżdżaliśmy z Łodzi, a w przydrożnej restauracji prosiliśmy o dużego hot doga z sosem tysiąca wysp. Cieszyliśmy się jak dzieci tym zaplanowanym i opłaconym od połowy października wypadem, stąd poziom podniecenia Grześka wnoszącego szeleszczącą reklamówkę z browarami do pokoju całego w drewnianej boazerii nabrał wymiaru wręcz mistycznego. Odgłos łamiącego aluminiowe wieko kapsla od zimnego piwa w ciepłym lokum pełnym wszelkich stworzeń, za które gotowi byliśmy oddać siebie, oddać życie, a które to opatulone w pierzyny spały nareszcie w najlepsze pod spadzistym dachem, był jak miód na utrapione serca. Lubiłam z nim siadać do piwa, trzymać je między udami i z zarzuconymi na ścianie nogami dyskutować o świecie. Zawsze. Może i wciągnął chrupki dzieciaków jedną dziurką, ale był niewątpliwie tym, który jako pierwszy identyfikowałby zwłoki, gdyby mnie ktoś znalazł w rowie. Dwa piwa dalej, dwa uściski mocniej. Przywitała nas tatrzańska noc i cisza odpoczynku.

Poderwana wczesnym rankiem Krystyna została na siłę ściągnięta z łóżka przez Ojca. Grzesiek obudził się chyba z jeszcze większą erekcją niż zwykle, bo przyklejony do balkonowego okna stał jak zamurowany od wczesnych godzin porannych, śliniąc się na widok obnażonego z chmur Giewontu. Widok rzeczywiście był nieprzeciętny. Wysokie Tatry zupełnie się odsłoniły, a my, choć niby tak daleko, byliśmy w stanie przywitać je w pokoju, jak gdyby przyszły zapytać, czy schodzimy na śniadanie, i oznajmić, że jaja nam stygną. Stary był tak mocno przejęty, że po raz kolejny przypomniał mi tym, dlaczego skradł moje serce i dlaczego mimo częstej chęci włożenia mu palca w oczodół nadal może czuć się pewnie na płaszczyźnie mąż – żona. Podbiegł dziarsko do pościeli w podhalański wzorek, wyzwolił z zakrętasów prześcieradeł Córkę, po czym porwał ją w ramiona i stawiając na szerokim kamiennym parapecie, wykrzyknął pełen pasji:

– Patrz tam, Krysiu! Widzisz, jak tu pięknie? Jakie góry wysokie i jak biało [tu zaszalał; przed nami jawił się raczej wczesny beż, ale trzymaliśmy kciuki za rozwój akcji]. Zaraz coś zjemy, popijemy i pójdziemy na spacer. Sanki, narty, longbord, szortbord, zjazd na reklamówce z nadrukiem lub coś, COKOLWIEK! Byle razem. W górach, córcia, jesteśmy, w górach, nareszcie!

Jego reakcja była porównywalna do widoku – wyrzucał z siebie zdania jak pociski z karabinu, a oczy powiększały mu się wprost proporcjonalnie do liczby wyrzuconych słów.

– Podoba ci się? – zagaił podniecony. Monologiem swoim jakby Norwid naród od jarzma chciał ocalić. Jakby Eliza Orzeszkowa zdecydowała się oddać gilgot ucha drażnionego szmerem polskiego potoku. Krysia istotnie stabilnie stała na parapecie, podpierając małymi, trzyletnimi łapkami tak bardzo czyste jeszcze wtedy okno. Z zapuchniętymi powiekami i zdezorientowana chuchała nosem w szybę, zostawiając na niej zaparowany ślad. Burza małych blond loków i nieskoordynowana grzywka bujały się nad widokiem, którym ekscytował się Ojciec, starając się ewidentnie złapać kontakt z wewnętrzną bazą. Córka była ubrana w różowe flanelowe spodnie w jeże i bluzkę z długimi rękawami, przystrojoną w odblaskowe, różowe pasy, pasujące zupełnie do niczego. Tą swoją miną przypominała licealnego Janusza dowcipu, nad którym paliło się światło w środku nocy i pytało, gdzie są kluczyki od czołgu. Niby stała, patrzyła, kiwała głową twierdząco na każdy ojcowski pean dla tatrzańskiej przyrody, ale przysiąc bym mogła, że nie do końca wiedziała, czego się od niej wymaga i na kiego ma się gapić, jak się Ojciec gapi.

– Podoba ci się, dziecko? – powtórzył Grzesiek, patrząc głęboko w posklejane, brązowe oczyska.

– No... – pokiwał zaspany łebek, a wraz z nim rozmarzone włosy. Robiła to na pałę, z automatu, bez chwili zastanowienia. Po tej odpowiedzi nastąpił dziesięciosekundowy pit-stop zwojów, po którym rozbiegane myśli i doświadczanie zimowego świata za oknem znalazło drogę między fizjologią i odczuwaniem a potrzebą wyrażania myśli.

– A, Tatuś? – Podkręciła znakiem zapytania, podgrzewając uwagę Starego. Grzesiek poczuł rozkosz z zainteresowania dziecka i pełen chęci odpowiedzi na najbardziej pojebane pytanie z kategorii „logika trzylatka" postawił na rzece pokoleniowej dysputy solidny most.

– Tak, Kotek? – odpowiedział. Był gotowy na pytanie petardę o budowę geologiczną widocznych przed Córką skał, udział Podhala w II wojnie światowej albo co najmniej kim był Witkiewicz. Czekał na głos niesiony z tego kamiennego parapetu. Podniosła chwila nadymała przestrzeń naszego boazeryjnego pokoju w powagę, jeszcze tylko pytanie. No dajże zabłysnąć Ojcu, dziecko! Pytaj! Mów! Wybuchaj!

– Tato… – zagaiła ponownie zaspana, przetarła oczko bawełnianym rękawem, zachwiała się nieporadnie, na pół przytomnie, skupiła wzrok na horyzoncie. – A… a mogę pryknąć?

Ta historia właściwie powinna kończyć ciąg pierwszych trzech lat rodzinnych doświadczeń, ale gdybyście nie wiedzieli, jaki był finał, to czy rzeczywiście chcielibyście czytać o jej początku? Krystyny podejście do życia było bowiem powodem, dla którego wskoczylibyśmy w tę głęboką wodę jeszcze raz, bez zastanowienia, a historia, która przywiodła mnie i Starego do tego momentu, jest równie prosta, co obserwowanie Tatr z balkonu gościnnego pani Eli w wigilijny poranek roku Pańskiego 2016. Czy chcielibyście dowiedzieć się, jak szablonowi, przezroczyści ludzie nabrali kolorytu w momencie, po którym nie spodziewali się aż tak wiele? Bo to nie tylko elaborat o macierzyństwie. To dziennik przenikających się odczuć, bełkotów i całkiem sensownych obserwacji. O tym, co nam się wydawało, jak być miało, a jak naprawdę zagraliśmy w dorosłość.

Rok pierwszy

1.

Po liceum dwujęzycznym z wykładowym językiem niemieckim, które zwalcowało mnie na prawo i lewo, nauczyło grać w siatkówkę ze szwabskimi przekleństwami i przeskakiwać na próbnej maturze na szluga przez betonowe zasieki w cienkich rajstopach, zarządziłam odpoczynek. Absolutne ciach od umysłowego maratonu. Na przekór trzyletniej nauce Herr Flicków i von Strohmów ze śmiesznymi okrągłymi okularami na czubku nosa wyjechałam do Anglii. To były początki podbojów zmywaków i parzenia kawy przez braci polskich, dlatego tym bardziej rozpierała mnie duma, kiedy – wracając do domu na przepustki – opowiadałam, że jestem stewardessą i że może i parzę kawę, ale na dwunastu tysiącach metrów, a poza tym zawsze mam możliwość strzelenia laski przystojnemu kapitanowi lotnictwa z górą pieniędzy i połyskującym porsche. Życie na wyspach bardzo szybko zweryfikowało moje potrzeby. Nigdy nie przejechałam się więc porsche, po opłaceniu rachunków jadłam jedynie mrożonki z Tesco, a zafundowanie *fellatio* przystojnemu oficerowi pozostało w sferze marzeń. Każdy z nich był bowiem tłustym dziadem z odpadającym guzikiem u płaszcza, a jak miał już cokolwiek do zaoferowania jako mężczyzna, to okazywało się, że w domu czeka na niego przedstawiciel dokładnie tej samej płci, hard porno w lateksie i rolka papieru na komodzie. Z braku laku stałam się śmieszkiem użalającym się nad własnym losem, brakiem kasy i cenami alkoholu, który chciał być mój, a nie mógł. Z wielogodzinnej nauki języka niemieckiego pozostały zuchwałe opowieści o tym, czego to się nie uczyliśmy i w jakiej ilości, ale Anglicy i tak byli najbardziej zainteresowani poprawną wymową słowa „sraczka". Po polsku i po niemiecku, oczywiście. Ambicje, dyplomy, szkolenia i fakultety znalazły krótką ścieżkę do lamusa, kiedy na głodowych pensjach lotniczych i z tanią mrożona pizzą płynąca przez żyły niczym Aleksander Doba przez Atlantyk, zatrudniłam się w restauracji na zmywaku. Na dwie zmiany. Od rana nalewałam kawę i potulnie wysłuchiwałam, jaki mam pokraczny słowiański akcent, żeby po południu do ostatniego klienta zmywać patelnie w pomyjach pełnych resztek jedzenia. Dobra, było chujowo. Po pracy nogi pod kołdrą pulsowały ze zmęczenia w rytmie *Anielskiego orszaku*, a opuszka palca ścięta brudnym tasakiem (przyklejona na plaster z Kubusiem Puchatkiem) i włosy cuchnące fryturą tęskniły za Mamą i jej kanapkami z polskim, słodkim pomidorem. Nie tym wyblakłym substytutem pakowanym w próżniowe opakowania, którego można było kupić w ASDA w zestawie z posiekaną cebulą i rozbełtanym już na jajecznicę jajkiem w butelce.

Nie miałam wyjścia. Chodziłam codziennie do kulinarnego przybytku pajaca imieniem Gareth, który za grosz nie szanował swoich pracowników, a Polaków najchętniej zdeptałby pod butem. A że snuły się za mną długi zaciągnięte w imię świetlanej przyszłości na Wyspach, nie potrafiłam, nie chciałam wręcz wracać do domu pokonana. Wracałam. Z tarczą, nie na tarczy – powtarzałam za każdym dorzuconym do ścieków talerzem. Decyzje i pożyczki miały w założeniu pomóc mi uwić ciepłe gniazdo w dobrobycie, zakupić energooszczędną zmywarkę dla Mamy i zagwarantować dożywotnie źródło primarkowych nowości, a zamiast tego skończyły się lizaniem dupy brytyjskiemu ignorantowi i potrzebą dorobienia grosza przy szorowaniu zasranych kibli. Doświadczenie tamtych dziesięciu długich miesięcy zahartowało mnie na zawsze. Leciałam do celu, znikając na niebie w mgnieniu oka, bezbronna, a wróciłam z przykręconym do ramienia husarskim skrzydłem i dupą ze stali. To była prawdziwa księga dżungli i lekcja, która wyprostowała kilka zakręconych poglądów.

Dolatując na lotnisko w Polsce, zobaczyłam słońce. Zmrużyłam oczy jak kret. Przez ciężkie deszczowe chmury Anglii nie widać było nic, oczy przyzwyczaiły się do szarości, a tu... Tu czekało na mnie lato. Miałam ochotę ucałować usmarowaną olejem płytę lotniska i pozdrowić pracownika w odblaskowej kamizelce. Dotarłam do linii faktycznej mety, za którą swobodnie mogłam nazwać się dorosłym człowiekiem. Nigdy wcześniej jak wtedy nie czułam się pouczona.

Pracę w korporacji znalazłam zaraz po powrocie z Wielkiej Brytanii. Wtedy nie było to tak popularne zajęcie jak teraz. Koncerny zdobywały Europę delikatnie, stąpając po polskiej ziemi jak po cienkim styczniowym lodzie. Zakorzeniały swoje biznesowe tradycje, nierzadko zderzając kulturę pracy z polską gościnną rzeczywistością. Nasza firma, na wskroś indyjska, przybyła do Polski na podbój intelektualistów, stawiając przede wszystkim na ich wysokie kwalifikacje, znajomość kilku języków i ogólnie sprawniejsze używanie mózgu. Brak tego ostatniego u hinduskich kolegów często doprowadzał do frustracji na bezpośredniej linii Europa–Azja i kończył się wymachiwaniem środkowym palcem przed nosami zabiegającego o każde zachodnie względy zarządu. Tłumacząc łopatologicznie – polskie centrum biznesu miało być mostem erudycyjnym między grubymi sakwami zagranicznymi klientów a technicznymi umysłami po drugiej, azjatyckiej stronie globu, których ludzkie odruchy i logiczne odbieranie wszechrzeczy zostało prawdopodobnie złożone w ofierze pod każdym pomnikiem Ganesha w Bombaju. Moi wschodni koledzy nie należeli do bystrzaków.

To wszystko było w ogóle strasznie zagmatwane. Za każdym razem kiedy pytano mnie w domu, co robię zawodowo, ludzie gubili się gdzieś w okolicach słowa „outsourcing". Po korporacyjnych korytarzach krążyły legendy, że ktoś opowiedział w domu do końca, na czym polega jego zajęcie, i inny ktoś po drugiej stronie barykady rzeczywiście zrozumiał. Tyle razy próbowałam to zrobić przy obiadowym stole, a i tak po trzecim przecinku Mama prosiła ciotkę o ziemniaki albo zaczynała zbierać talerze do mycia.

W nowej pracy dostałam biurko, komputer i oceany instrukcji. Cieszyłam się, że mam normalne zajęcie, że wracam po pracy do pokoju z dzieciństwa, a za ścianą paruje gorące spaghetti wcale nie z głębokiego mrożenia. Uwielbiałam patrzeć na ludzi, którzy jak ja skrajnie dumni przychodzili na ósmą do pracy. Wkładali plastikowe karty w czytniki, by zaznaczyć z powagą obecność na stanowisku pracy. Pozdrawiali się skórzanymi aktówkami, w które zamiast dokumentów chowali kanapki z sałatą i dwie paczki długich Marlboro. Kochałam wracać z nimi po fajrancie w kierunku domu, patrzeć, jak w tanich samochodach rozplątują krawaty, pokazując tym samym ludzkie oblicze, i uwalniają hibernowane przez osiem godzin ukryte potrzeby. Rzucenia siarczystą kurwą, pogłądem albo po prostu rozpalenia muzyki na full w fiacie brava, w którym z kasety puszczali przepełnione pociesznym prymitywizmem utwory Jamy Zła. Teksty te stawały się skrajną przeciwwagą dla skrzypiących skórzanych pantofli na wysokich obcasach i spódnic tak wąskich, że ograniczających kroki. „(...) Niech jaja klekoczą. Biją o poślady! Dj Łańcuch mixtape ze wsparciem brygady" – wylewało się wiadrami z pierwszych hatchbacków i spływało jak wazelina po zaśniedziałych miejskich sercach.

I tak od poniedziałku do piątku, od stycznia do stycznia – przez młode paluszki przepychały się kilometry wystukanych liter i bajty tabelek z tak ważnymi danymi, że o mój Boże. Waszyngton i NASA pewnie do tej pory trzymają gdzieś zapasowe kopie. Mitingi, tajmingi, kejpiaje i gronostaje. Timlidery, łaczałty i ardżenty. Fakapy i asapy, za które wylatywały orły, sokoły, herosy. I ta biedna reszta korpotygrysów, bijąca rekordy na własnych rekordach, odznaczana ołówkiem z gumką, kubkiem z uchem, kalendarzem ściennym, albo z rozmachem – szklaną figurą w kształcie diamentu przypominającego opasłą wtyczkę analną. Zachłyśnięta korporacyjnym blichtrem, wspinałam się na paluszki jak mała dziewczynka i podciągając się silnie na parapecie menadżerskiego piętra, w którym delicje szampańskie z malinową galaretką walały się niczym kawior na ruskim stole, wierzyłam, że kiedyś będę jak oni.

– Dzyń! – zabrzmiał nagle dźwięk mikrofalówki, wybudzając mnie z głębokiego snu i sprowadzając na ziemię. Na obiadowym talerzu zamiast dyrektorskiego dwudaniowego posiłku z kantyny mościły się bowiem dwa rozlazłe krokiety z kapustą i grzybami. W kubku z uchem zdobytym za wzorowe dopasowanie kolorystyczne pinezek na wszystkich korkowych tablicach ołpenspejsu parował barszczyk czerwony Winiary. Nie od razu Rzym zbudowano. Nie wszystko naraz.

„Grzesiak, cwaniaku. Widzę cię. Opuść śpiwór Miśki i wracaj do swojego pokoju".

Wojtek Juśkiewicz, pedagog

Zielona szkoła, Stanica Harcerska Biały Brzeg, 2002 rok

2.

Nie pamiętam, kiedy dokładnie poznaliśmy się z Grześkiem. Biorąc pod uwagę bardzo luźną kalkulację, nasze drogi zbiegły się w okolicach 1998 roku, kiedy szłam do czwartej klasy, a Grzegorz do piątej. Pierwsze wspomnienie, jakie przychodzi mi do głowy, to szkolny korytarz, jego łysa głowa i odstające uszy. Latał z kablami i głośnikami w tę i nazad, pomagając zawsze w szkolnych apelach. Wołali na niego Łysy, chociaż biorąc pod uwagę fizys i upodobania, mógłby spokojnie zostać „Długim", „Kochliwym" albo „Upierdliwym". Nie mogę powiedzieć wprost, że byłam jedyną sroczką, którą chciał złapać za ogon, ale na pewno jedną z tych, które chciał najmocniej za ogon potarmosić. Grzesiek walczył o wszystko, co nosiło już cycki i czemu można było z premedytacją strzelić ze stanika, stąd nigdy nie czułam się specjalnie wyróżniona w gronie jego oblubienic. Był niewątpliwie serdecznym kumplem ze szkoły, z którym zawsze chętnie witałam się pod sklepikiem w kolejce po oranżadę, od którego w pierwszej kolejności pożyczałam kasę na draże i który jako jeden z pierwszych zaczął jarać fajki, co wtedy było cechą świadczącą o niezwykłej zajebistości. Nigdy mi się nie podobał, żeby była jasność. Nosił okropną skórzaną kurtkę, licząc na pasujący do niej motor w przyszłości, i rozklekotane glany, a stawiając kroki, dziwnie podrygiwał. Do tego wszystkiego grał na gitarze, co wtedy wydawało się słabe, a już na pewno nie tak porywające jak wyczyny wszystkich innych, wyżelowanych szkolnych playboy'ów. Zainteresowanie moją osobą miało charakter sinusoidalny. Kiedy rozgrzewałam jego chłopięce serce węglami wysokiej klasy kaloryczności, czuł się urażony z każdym sprzedanym koszem i szybko odchodził, by szukać dalej. Która pierwsza dała się skusić na buziaka i trzymanie kolana, była jego. Później wracał w moje progi. Mieliśmy po kilkanaście lat, a on na zawsze miał zostać uwięziony w ciasnej friend zonie. Jeździliśmy na kolonie i zielone szkoły, sprzedając sobie nierzadko zalotne spojrzenia urywane gdzieś w połowie. Przytulaliśmy się zimnymi wieczorami przy podskakujących iskrach ognisk i dokuczaliśmy sobie, jak to się robiło, będąc kimś nad wyraz zainteresowanym. Na zdjęciach z minionych lat zawsze znajdujemy się na jednym obrazku. On dzielnie nosił za mnie plecak w drodze na Kasprowy Wierch, pobierał dla mnie kompot do obiadu, zanim zdążyłam zejść do jadalni po kolonijnym gwizdku na zbiórkę, i zawsze stał pod drzwiami z gitarą, wyśpiewując szlagiery polskiej piosenki biesiadnej. Kiedy usychał pod klatką z palcem omdlałym na guziku domofonu, irytował niemiłosiernie. Moja Matka natomiast stawała w drzwiach małego pokoju i zakładając ręce na piersi, zapewniała z tym swoim przeszywającym, szelmowskim uśmiechem, że kiedyś mi się to spodoba i zatęsknię.

Minęło wiele lat. Każde z nas poszło w swoją stronę, rozpoczynając i kończąc ważne sprawy. Nadal mieszkaliśmy kilka bloków od siebie, ale jakoś trudno było się spotkać w pół drogi, walcząc z obowiązkami dorosłości i dobą wcale nie z gumy. Wchodziliśmy na ślepo w nieudane związki, zdobywaliśmy doświadczenia i zanim się obejrzeliśmy, ze smarkatych pyz na szkolnych galach obróciliśmy się w poważnych ludzi z planami na życie. Co prawda lekko znokautowanych przez pierwsze gafy i łajby z dziurawym dnem, ale nadal tych samych, którzy wymieniali się serdecznościami w kolejce po schabowego w panierce na szkolnej stołówce kilka lat wcześniej. Zaręczynowe pierścionki, ślubne obrączki, kierunki, które nigdy nie miały sensu, ale się wydarzyły, oderwały nas od systematycznego kontaktu na dłuższą chwilę.

Wrzesień 2012

– Dzień dobry. Nazywam się Tomasz Paszkowski i dzwonię z firmy zakładającej telewizję kablową. Czy ja się dodzwoniłem do pani Michaliny?

– Dzień dobry – odpowiedziałam zupełnie zaskoczona.

Stałam na środku biura z odgrzanym chińskim makaronem w plastikowym pudełku i przewracałam oczami, bo chciałam już zatopić zęby w gorącym obiedzie. Pusty żołądek bąblował niskie tony, od dwunastu kaw wstecz wołając o posiłek, a tu jakiś Tomasz zaraz będzie chciał rozmawiać o Jezusie. Znałam takich. Dzwonili z banków i pytali, czy nie potrzebuję kolejnego kredytu albo zwiększenia limitu na karcie kredytowej do bajońskich sum. Gwarantowali, że nie potrzebuję niczego tak bardzo jak nowego fiata 500 w kredycie na czterdzieści pięć lat i pod hipotekę pola ryżowego w południowych Chinach. Kiedy chciałam grzecznie zakończyć rozmowę, zagadywali, że mają dla mnie coś za darmo, a kiedy brutalnie odkładałam słuchawkę, potrafili oddzwonić i powiedzieć, że to bardzo nieładnie z mojej strony.

„Mój Boże, strasznie mi przykro", myślałam z politowaniem, zwłaszcza że od dwóch lat spłacałam już jedną kartę. Po tym jak mi jeden wytresowany do perfekcji żołnierz z przyklejonym do paszczy, reumatycznym uśmiechem i rzędem wybielonych zębów wyprasował zwoje i zapewnił, że bez stałego źródła gotówki nie dożyję nawet trzydziestki. Uwierzyłam jak zahipnotyzowana i obkupiłam się w spodnie i buty na kolejnych kilkanaście końców świata, a później nie miałam na bilet tramwajowy i pomidora na wagę.

– Proszę pana. – Lekko poirytowana, odstawiłam parujące pudełko obok czarnej klawiatury i tony dokumentów. – Ja jestem bardzo biedna, o HBO słyszałam tylko z opowieści koleżanek, wynajmuję tani pokój, jem chleb z masłem, a jak mi spada energia do życia, to posypuję go cukrem. Nie chcę kablówki. Zaraz się pewnie dowiem, że za darmo, że mi jeszcze dopłacicie, telewizor dokupicie, lodówkę uzupełnicie raz w tygodniu polędwicą z jaka lub innego zwierzęcia, które mieszka daleko, bylebym wzięła, ale nie, serio. Nie chcę. Dziękuję.

– Proszę pani, ja mam taki pakiet, że pani z krzesła zleci – powiedział pewny siebie głos, dając dobitnie do zrozumienia, że mam do czynienia z bezczelnym robotem kablówkowej korporacji.

– Taaaak? A skąd pan wie, co ja lubię? – Uniosłam tarczę obronną i kiedy miałam już grzebień stawiać jak kogut i powiedzieć kolesiowi, co o nim myślę, ten wtrącił pospiesznie:

– No już cicho, babsko okropne! Szczekasz jak zawsze. To ja, Torbo. Grzesiek.

Nastąpiła chwila konsternacji. Trzy lata posuchy zrobiły swoje.

– Co u ciebie? – dorzucił.

– Grzesiek, Grzesiek… – Wertowałam w głowie, co za Grzesiek i nagle w ułamku sekundy szczęka opadła mi do samej podłogi. – Ożeż! Grzesiek! GRZEEEE-CHU! To ty żyjesz?

Żył. Tamtego wieczoru, kiedy po raz pierwszy po długiej przerwie spotkaliśmy się przy piwie, odświeżyliśmy wszystkie wątki. Z jednego drinka zrobiło się naście, a poczciwa, dojrzała już twarz finalnie usnęła pod kocem mojej Matki na sofie w dużym pokoju. Z głową opatuloną w pijackim widzie w czapkę-pandę naciągnął narzutkę na nos i odpłynął. Nawaliliśmy się jak szpadle. Naśmialiśmy i nawspominaliśmy wszystko, co było, co jest, a czego być nie powinno. Zjawił się tak na chwilę, na odkurzenie półek i długie godziny zdań zaczynających się od „a pamiętasz…", żeby finalnie już nigdy nie odejść. Odkleiło się coś, co przez tyle lat koleżeństwa trzymało się wyjątkowo mocno i poszło. Popłynęło. Nie chciałam go kiedyś, a teraz w sumie nawet fajny był taki. Mój. Obserwowałam, jak wiesza na mojej klamce wyschłe badyle kradzione sąsiadce spod okna i srogą zimą z powodu zamarzniętych zamków wsiada do starego Mercedesa W124 kombi, rocznik ‘91, przez bagażnik. Zachodziłam w głowę, gdzie był przez tyle innych, wstrętnych zim.

3.

Marzec, 2013

Od tramwaju linii nr 11 do domu miałam pięć minut. W porywach siedem, kiedy trzeba było ominąć patologiczne mordy spod siedemnastki i przejść na drugą stronę ulicy. Gdybym wpadała do nich na wódeczkę za każdym razem, kiedy ledwo trzymając się na nogach, zapraszali mnie serdecznie do kanciapki, pewnie miałabym już dawno wszyty Esperal. Nie byli groźni; raczej strasznie namolni, a ten jeden, Dareczek, jak się upił, pruł ryja na pół osiedla tonem radiowego wodzireja. Może i morda parszywa, ale głos całkiem porywający, nawet po hektolitrach wypitego borygo. Wiedziałam, od kogo dzisiaj brał wątpliwej jakości alkohol, że Jadźka ma przyjemne, miękkie cycki i że kiedyś grywał na gitarze lepiej niż Carlos Santana. Historie spod ciemnej gwiazdy i wspominki Dariusza opatrzone każdorazowo ciężkim westchnieniem zawodu nad losem towarzyszyły mi w mieszkaniu od wczesnej wiosny do późnej jesieni, kiedy otwierałam w gościnnym geście zachodnie okno, czekając na świeże powietrze i bajania pijanego sąsiada. Echo niosło opowieści jego i świty w eter, a ja, samotna od poniedziałku do piątku, kiedy Grzesiek wyjeżdżał do pracy, niejednokrotnie podglądałam biesiadników przez uchylone zasłony. Podziwiałam wnętrzarski dryg, zaradność w poszukiwaniu krzeseł (każdego z innej parafii) oraz zawsze suto zastawiony stół, zazwyczaj kaszanką z gazety. Tamtego chłodnego marcowego wieczoru na ulicach leżał jeszcze brudny śnieg. Zima trzymała krajobraz w surowej pięści, skrzypiała pod butami i wyrzucała co krok psie klocki, których nikt nie miał zamiaru sprzątać. Pod blokiem wyrosło pole minowe: od małych, poyorkowych okruszyn po solidne balasty psa kobiety z sąsiedniego bloku, który – po gabarytach wnosząc – zjadał dziennie prosiaka z racicami albo nawet dwa. Po całym dniu pracy w biurze i trzaskaniu w klawiaturę przystanek w monopolowym na krótkiej trasie wydawał mi się oczywistością. Nie miałam zamiaru odbierać sobie tego przyjemnego przerywnika, który niczym masaż rozluźniał spięte ramiona i pozwalał zapomnieć, że za oknem toczy się walka o byt psich Escherichia coli.

– Dzień dobry, dwa zimne Raciborskie poproszę i może dwadzieścia dekagramów ementalera – zamówiłam i postawiłam na ladzie ciężkiego laptopa, którego targałam ze sobą wszędzie. Zapłaciłam, wysłuchałam peanów na swą cześć od ekspedientki, zawsze niesamowicie podziwiającej mnie i moją zaradność życiową, którą podobno epatowałam. Naciągnęłam kaptur na uszy i ruszyłam do domu. Szłam z reklamówkami w kierunku klatki, obładowana jak muł, przeskakując całkiem sprawnie co i rusz ulokowane brązowe kupy. Wejściu na drugie piętro, na którym mieściła się kawalerka, tradycyjnie towarzyszyła symfonia obijających się o siebie butelek i szmer odsuwanych judaszy nieprzeciętnie wścibskich sąsiadek. Weszłam do mieszkania, odstawiłam siaty, zrzuciłam buty i kurtkę i otworzyłam zimne piwo. Pierwszy, duży łyk, bąble w nosie. Tak. Na ciebie czekałam cały dzień, Browarze Zamkowy.

Przechadzając się po salonach, uwalniałam się powoli od ciasnego stanika i pijących w brzuch spodni. Przebrałam się w wygodne, poplamione dresy, opatuliłam polarowym kocem i zaczęłam żyć tak, jak kochałam najbardziej: wolna od „muszę", „masz" i „teraz!". Popijając ulubione napoje, niczym profesjonalista na degustacji oparłam się o kuchenny blat i przechylając szyjkę butelki, tępo zawiesiłam wzrok na krzywo zasłoniętych żaluzjach w łazience mieszkania naprzeciwko. Stojąc w ciemnościach własnego przytuliska, zupełnym przypadkiem obserwowałam przez

SŁOWIAŃSKI PRZYKUC TOALETOWY

szczeliny tychże metalowych żaluzji taniec desperata, który siedząc na toalecie i wartościując palcem na szklanym ekranie smartfona rzeczy ważne i nieistotne, przypomniał sobie, że może i wie, co się dzieje na świecie, ale niewątpliwie nadal nie ma czym podetrzeć dupska. Ach, cóż za historia. I nagle człowiek dowiaduje się, stojąc w ciemnościach maleńkiej kuchni, że wszyscy– jak nas Pan Bóg stworzył – tak samo pokracznie drepczemy po papier toaletowy z wypiętym tyłkiem i opuszczonymi gaciami. To chyba ta sprawiedliwość, o którą nie warto już było walczyć, bo została nadana ludziom odgórnie. Kobietom i mężczyznom, po równo. Dwa tygodnie później sąsiad założył rolety.

Od kilku dni w łazience czekał na mnie test ciążowy. Kupiony bardziej dla udowodnienia sobie i Grześkowi, że nie tak łatwo i szybko można zajść w ciążę, a już na pewno nie po kilku próbach spontanicznego zrywu pt.: „Jacy my jesteśmy zajebiści. Może zróbmy sobie dziecko!". Tak czy inaczej, czekały mnie formalności, a po nich powrót do wielbionej z każdej strony rzeczywistości. Odstawiłam butelkę z procentem na niewielki cokół przy muszli klozetowej i zaczęłam siusiać do kubeczka. Nie przejęłam się faktem, że jak świat długi i szeroki, takie testy da się zaliczyć bez większego przygotowania. Chyba naprawdę się nie spodziewałam, że te wszystkie mrożące krew w żyłach historie o dziecku po seksie miały status naukowy i nie były jedynie średniowieczną legendą służącą do straszenia niepokornych dziewic przez ich matki. Do tematu dziecka podchodziliśmy z Grześkiem trzy razy. Wcześniej się nie udawało. Byłam pochłonięta remontem kawalerki, wybieraniem szerokości rur do toalety, koloru farby na ściany i rodzaju nawierzchni na nasz turbowielki pokój. Z biura tłukłam się komunikacją miejską prosto do jaskini gładzi, smrodu ze starej instalacji i szlifowanej po poprzednim właścicielu podłogi, uwalnianej stopniowo z farby olejnej. Po codziennym maratonie biurowo-remontowym wracałam do mieszkania Mamy, która przygarnęła mnie z całym dobrodziejstwem inwentarza na czas największego armagedonu. Czyli z zapasem ubrań jak na wojnę, dwiema suszarkami do bielizny, złożonymi i trzymanymi w pudłach meblami ze szwedzkiego molocha oraz worami, w których przechowywaliśmy dorobek wcześniejszego życia. Tłuczki do mięsa, talerze, szklanki, noże, widelce, stare CB Radio, tony makulatury, wspomnienia z przeszłości, dwa pierścionki zaręczynowe, nawet jedną ślubną obrączkę, baniaki do pędzenia (no przecież!), maszynę do szycia, stary rower typu góral. To wszystko zamieszkało w maleńkim pokoju z dzieciństwa. Do tej pory się zastanawiam, jakim cudem Matka nie podlała nas benzyną i nie puściła z dymem.

Po wspólnych kilku miesiącach mieszkania na trzydziestu dwóch metrach kwadratowych byliśmy bliscy związania się w kaftan albo – z większym rozmachem – skoczenia na trzy cztery z balkonu na sznurówce oplecionej wokół szyi. Oczami wyobraźni widzieliśmy dzień, w którym po prostu wchodzimy do łazienki wziąć prysznic bez uprzedniego wpisywania się w grafik. Kiedy wreszcie udało nam się wyprowadzić, lataliśmy na wysokości lamperii. Władni dwójkę zrobić na własnym tronie, po kawę i mleko z rana nie chodziliśmy już na palcach.

Nic dziwnego zatem, że wcześniej jajo nie miało ochoty się zagnieżdżać. Stres przerastał nas po stokroć, a zwłaszcza moją macicę, której lekarze bezwzględnie nakazywali relaks, odpoczynek od problemów i nieustannych szacunków co do szans na zajście tym razem. Zegar biologiczny od dłuższego czasu tykał jednak coraz głośniej. Chciałam dziecka, myślałam o dziecku, z premedytacją dążyłam do dziecka. Mimo to test w tamtym momencie, w łazience, był nadal abstrakcją.

Nakapałam, ile trzeba, na małe okienko, wciągnęłam spodnie z powrotem na biodra, a w głowie rozmyślałam, ile jeszcze do zrobienia na rano i czy uda mi się zmusić do czegokolwiek przed umysłową kapitulacją. Odłożyłam test na pralkę i zupełnie o nim zapomniałam. Stanęłam przed umywalką. Po raz kolejny w tym tygodniu próbując umyć sobie ręce, poparzyłam się po łokcie.

– Jeee-bany! – wycedziłam przez zęby, machając dłonią jak wściekła. – Zanim ktoś naprawi to gówno, będę wyglądała jak Freddy Krueger. Strzelający wrzątkiem kran i rozwalony bojler. Kiedyś padnę jak mucha i znajdą mnie dopiero po zapachu... – ciągnęłam do siebie, dmuchając na napuchnięte, czerwone paluchy. Schyliłam się po buteleczkę. Zza sosnowych drzwi dobiegł sygnał telefonu, jak codziennie o tej porze. Siedzący na kontrakcie w zadymionych i przygnębiających Katowicach Grzesiek zgłaszał się na cowieczorne spytki.

– Halo centralo! – przywitałam się żwawo. – Co słychać?

– A, nie lubię tego całego Adama – zaczął. – Wchodzi w dupę każdej napotkanej istocie, która mogłaby mieć wpływ na dalszy rozwój jego kariery. A skoro tak lubi okolice odbytnicy, to tak sobie myślę, że może doleję mu jutro do kawy Duphalac? – prawił mój przepełniony ludzkimi odruchami mężczyzna. – No. – Słyszałam, jak przeżuwa skórkę od chleba, zapychając na chwilę wyszczekane usta. – A co u ciebie? Jak w pracy? – dodał, kończąc zgrabnie. Na talerzu po drugiej stronie słuchawki chyba wylądowała parująca jajecznica.

– Nic ciekawego – zaczęłam w tonie 90% rozmów telefonicznych w tym kraju. Śnieg i mrugająca latarnia za oknem budziły jeszcze większą nostalgię i niechęć do jakiejkolwiek aktywności. – Hej, ale ten koleś z popsutymi żaluzjami znowu paradował dzisiaj z gołą dupą. Nie nauczył się po ostatnim ekscesie, że okna to się jednak zasłania. Nie wiem, czy mnie przypadkiem nie widział, bo jak tak drałował w słowiańskim przykucu, to przysiąc bym mogła, że się nam oczy zbiegły na ułamki sekund. Chociaż bo ja wiem, u mnie ciemno, stałam za firanką... A oprócz tego zupełnie nic – zaraportowałam pewnym tonem, przypominając sobie pomału, że jednak coś i że na pralce stygnie test. – Czekaj, oddzwonię! Za chwilę do ciebie zadzwonię.

Odłożyłam telefon i pocwałowałam do łazienki. W drzwiach wyhamowałam.

– Jesteś tam, mały człowieku? – szeptałam, powoli podchodząc do pralki. Niczego nie oczekiwałam, nie myślałam o tym, jak się pomieścimy i za co opłacę przedszkole. Nic z tych rzeczy. Byłam frywolną gówniarą z pomysłem, która nie spodziewała się następstw. To miał być rutynowy sprawdzian, po którym jak zwykle nadchodził czas powrotu do standardowych zadań. Nie było spiny, kontemplacji, czy to już, czy teraz. Myślałam bardziej o tym, w co się ubrać rano do pracy. Zamknęłam oczy, w dłoń chwyciłam plastik.

– Raz kozie – wyszeptałam z przytuloną do piersi pięścią, w której ściskałam ważne zawiniątko. Powoli uniosłam powieki... – Chryste Panie. Tam jest druga kreska – międliłam w popłochu słowa, a podziw i niedowierzanie nie schodziły mi z twarzy. Lekka. Przyćmiona. Niewyraźna, ale jest! Ciąża. Dziecko. Wywiadówki. Mamo, kupisz mi? Mamusiu? MAMUSIU! Ja i „Mamusia", nieźle. Na tym plastikowym skrawku znalazł się powód, dla którego od zaraz, od teraz, właściwie już, dlaczego by nie, dostałam tytuł matki. MAMY. Ciszę absolutną wokół mnie, niczym świecący baner na osiedlowym spożywczaku sygnalizujący „otwarte", przecinało co i rusz ostre, głośne i systematyczne Ł – O – K – U – R – W – A. Świat zwolnił, a w uszach, końcach palców dłoni i stóp czułam wyraźne i głośne bicie serca. Przez chwilę siedziałam pochylona z otwartą buzią nad testem za dychę i nie mogłam uwierzyć. Udało się. O ja pierdolę. Kwiaty mi tu zdychają, nie podlewam, powieszone na balkonie pranie czeka do kolejnego deszczu, bo o nim zapominam, a w brzuchu... dziecko? Przez głowę nie przeszła mi żadna głęboka myśl. Echo, pustka, brak gonitwy wątków: co teraz, gdzie ja łóżko wstawię do tej pakamery, cholera jasna, gdzie wózek, gdzie przewijak. Nic. Totalna próżnia, jakby z chwilą przyjęcia przeze mnie faktu do wiadomości głowa postanowiła zrobić reset, usunęła dane, zaczęła wszystko od nowa. Pozostawiła tylko lekko tlące się w tle hasło – napisz mu, niech wie. Napisz do Grześka, zadzwoń, powiedz. Przecież zostanie ojcem. Ty zostaniesz matką.

O KURWA

4.

Następnego dnia w drodze do pracy, stojąc w bujającym na wszystkie strony tramwaju, oparłam głowę o szybę. Wcisnęłam się głębiej w szalik, przymrużyłam oczy i zaczęłam wsłuchiwać się w głosy ciała. Informacja o ciąży była potwierdzona jedynie przez dwa kolejne gówniane testy zrobione wczesnym rankiem, na których druga kreska chciała już praktycznie wyskoczyć z okienka.

Cała jakoś dziwnie ulokowałam się w innej rzeczywistości. Moment przełączania z wersji „demo" na wersję „wychowasz obywatela" trwał tak zastraszająco krótko, że nie byłabym w stanie sobie tego wyobrazić, patrząc na wszystko z boku. Jak włączenie światła. I nagle nie interesował mnie brak miejsca siedzącego w środkach komunikacji miejskiej ani ci starsi ludzie bijący się o jedno wolne siedzenie. Nie miałam gdzie siedzieć, targałam dwie torby i jechałam na koniec świata, a wszystko obchodziło mnie tyle, co zeszłoroczny śnieg. Czekałam na przesiadkę dwadzieścia minut, zimno przenikało na wylot, autobus nie przyjeżdżał już od kilku planowanych rund. Byłam ponad, kiedy stojąc jak wmurowana w nierówny chodnik rzeźba, nadałam sobie wewnętrznie niewytłumaczalny tytuł nadczłowieka. Unosiłam się dwa centymetry nad ziemią, do przodu posuwała mnie już tylko duma. Wewnętrzny spokój, totalny mistycyzm.

Zaraz po pracy pobiegłam do lekarza, który wypłukał portfel do zera i potwierdził dobre wieści. Przechadzając się spacerowym krokiem po mieście, zatrzymywałam wzrok na wszystkich witrynach z ubraniami wielkości wyciętych z drogich materiałów palt dla chomika. Drogich tak, że aż kłuło na samą myśl, jak długo musiałabym nie jeść, żeby sobie na takie cuda pozwalać systematycznie. Stałam pod oknami, klasycznie wylizując szyby sklepów językiem wywalonym do kostek; w końcu weszłam do jednego, wybrałam najmniejsze buty, jakie mieli na stanie, zapłaciłam kokosy, blada osunęłam się po ścianie na widok liczby zer na paragonie i wyszłam. Autobusy rozjeżdżały padający na zmianę śnieg z deszczem, pozostawiając na ulicach breję. Ludzie opatuleni od stóp do głów pospuszczali głowy, odliczając każdy krok do domu. Nikt nie zamierzał wystawić nawet nosa poza kurtkę, nie wspominając o uśmiechu, którego wszystkim brakowało. Każdy gdzieś biegł, byle szybciej, byle do wiosny. A ja szłam po wstrętnym, szarym mieście, w rozpiętym płaszczu, szczerząc się do zgarbionych dziadków z naburmuszonymi twarzami. Byłam szczęśliwa.

5.

Eden trwał jednak tylko chwilę. Pół chwili. Cała zmiana zaczęła doświadczać mnie jak rysa na nowym telefonie wyciągniętym przed chwilą z uroczego pudełka, który właśnie wylądował kantem na płycie chodnikowej. Niby wszystko działało, ale wstrętna bruzda kłuła w oczy jak oszalała. Ciąża stała się schizofrenią, w której doświadczałam stanów od skrajnego uwielbienia dla faktu noszenia pod sercem dziecka do taplania się w nienawiści do świata. Stałam się obcym sobie stworzeniem. Piętrzące się w głowie myśli, ich przebieg i skrajne bieguny tłumaczące standardowe zachowania ludzi i natury wyżymały mnie jak ścierę. Byłam wykończona psychicznie.

Z Krysią poznałyśmy się w kwietniu, kiedy słońce stało w najwyższym punkcie nieba i przyznać muszę, że dopóki tamtego pogodnego dnia nie weszłam do pokoju doktora Witka, nie wiedziałam o sobie nic. Z czystym sumieniem i z ręką na sercu – nic. Wydawało mi się że po dwudziestu pięciu latach nieustannego współżycia z samą sobą, gardzenia kminem w kapuście i z niebezpiecznie przepastną miłością do reklamówek zapinanych na plastikowy suwak nie ma obszaru, który mnie jeszcze zaskoczy. Nie ma nic, co położy mnie na ulicy jak rozmaślonego gołębia i błagać będzie o czas na oddech. A jednak, mimo targającej ciałem niechęci i odrazy do tego stanu rzeczy, poczułam się osłupiała.

– Widzi pani? Proszę spojrzeć tutaj. – Wskazał lekarskim palcem konkretny obszar na małym telewizorze. To całe USG wyglądało jak wygaszacz ekranu w latach pierwszych programów telewizyjnych. Szum, szmer i tona szalejących kropek. Coś widziałam, ale co ja widziałam właściwie...

– Ta migająca plama tutaj – trzymał palec cierpliwie w jednym punkcie – to jest... to serce. – Odwrócił twarz od monitora jak buddyjski mnich, który właśnie przekazał dobrą nowinę i mógł iść umierać. Okręcił się zawadiacko na obrotowym stołku i uśmiechnął się do mnie. – Oficjalnie mogę potwierdzić. Zaczęło się życie, droga pani.

Trzepocząca kropka i chwila kontemplacji tego, jakim cudem stworzyliśmy żywy organizm, któremu – o łał – udało się zapukać sercem z wewnątrz na zewnątrz, sprawiły, że ze skarbnicy ripost i odpowiedzi na wszystkie pytania zamieniłam się w ryczący betonowy słup. Nie byłam w stanie wykrzesać żadnego wartościowego słowa, a broda wyrwała się niepokornie jak tężejąca galareta. Odebrano mi oddech i wmurowany jak kamień węgielny solidny światopogląd. Tym jednym hasłem. Tym szarym, stukającym punktem człowieka. Leżałam naga dosłownie i w przenośni na prywatnej leżance w miejskiej klinice, gapiąc się na podrygujące serce decyzji o wejściu w dorosłość. Jeszcze dwie godziny wcześniej zwinięta w kłębek lałam łzy nad losem i pojebanymi wyborami, żeby tu i teraz stwierdzić jednak, że tak, jestem bogiem, a to jest moje największe arcydzieło. Wciągnięta do koła fortuny obracałam zasłonięte literki jak powabna asystentka Wojtka Pijanowskiego i czekałam lekko przerażona tym, co się za nimi chowa. Pierwsze tygodnie były jedną, wielka niespodzianką. Nie rozumiałam, dlaczego najbardziej nie znoszę teraz właśnie Grześka. Tego, którego chwilę temu kochałam i któremu gotowa byłam oddać tak wiele. Z epatowaniem niechęcią i pogardą nie próbowałam się już nawet ukrywać. Stałam się zła, podła i wyrafinowana, a trening nowych umiejętności przeprowadzałam zawsze na tym, który był mi tak bliski.

– Jak nie zaczniesz mnie traktować jak człowieka, którego się kocha i szanuje, to odchodzę. Mam dosyć! – wykrzyczał kiedyś.

Nawet się nie odwróciłam w jego stronę, kiedy cały się trząsł. Jak liść jakiś. Król dramatu. W moich oczach był słaby i żałosny. Spakował niewielki tobołek, zgarnął kilka wyprasowanych koszul razem z wieszakami, zawiązał buty i wyszedł. Leżałam w łóżku, gapiąc się tępo w telewizor, i nie czułam nic oprócz oblewającej ciało ulgi. Nareszcie nie musiałam być miła. Nie musiałam na siłę być grzeczna, pomocna, ładna i oddana. Nie będzie mi się cofało za każdym razem, kiedy złoży usta w zdanie „może się pokochamy". Będę mogła oglądać, co chcę, przełączać, ile chcę, i generalnie skończę raz na zawsze z obowiązkiem rozmowy jakiejkolwiek. Z kimkolwiek.

Będę milczeć, a ciszą tą będę się masturbowała od rana do nocy. Że nie będę wstawała do kibla, na wiatry walcząc o krzty dobrego smaku w towarzystwie i cień udawanego savoir vivre'u. W dupie to miałam. W dupie miałam, że będę zgorzkniałą matroną bez wyższych potrzeb i uczuć, których powodów i tak nikt nie rozumiał. Sama ich nie rozumiałam. Stałam się irytująca dla świata i siebie. Każda próba walki z ciążowym wypaleniem kończyła się tam, gdzie zaczynała. Patrzyłam na niego i płakałam w poduszkę, że nie, to nie to. To nie ten. Trudno. Tyle kobiet wychowuje dzieci w pojedynkę, to i ja sobie poradzę. Dzwoniłam do Matki, przepraszałam, że skończyłam

tak, jak nigdy nie chciałam. W związku, który niechybnie zmierza ku końcowi, a ja w swojej prostocie i porwana piekielnym zauroczeniem postanowiłam egoistycznie dać życie małemu człowiekowi, który teraz będzie widywał ojca w weekendy. Albo w ogóle tylko wtedy, jak sobie ten o nim przypomni. Leżałam niczym gigantyczna meduza w półpłynnym stanie skupienia w małym pokoju na Górnej i modliłam się o godzinę zero. O rozwiązanie, które w perspektywie wszelkich dziejących się nieszczęść miało być przede wszystkim rozwiązaniem problemów z głową. Zostałam wyzuta z odbierania, rozumienia i podstawowych umiejętności tłumaczenia potrzeb. Grzesiek wybiegał z domu kilka razy. Raz nawet płakał. Kiedy widziałam jego łzy i wsłuchiwałam się w błagalny ton próbujący mną potrząsnąć i dotrzeć do jądra prawdziwej, dobrej przecież osoby, myślałam jeszcze intensywniej o morderstwie. Nikt mi nie działał na nerwy jak on, ale przewrotnie nikogo nie potrzebowałam tak, jak jego. Nie umiałam sobie poradzić z emocjami. Kiedy pokazywałam palcem metalowe drzwi, a zaraz za wskazującym krzyczałam: „spierdalaj!", w środku otwierałam usta i niemo skamlałam: „zostań!". Oczekiwałam umiejętności wróżenia z fusów i nastrojów, których sama do końca nie umiałam przewidzieć.

A on trwał. Latał codziennie rano po ciepłe pieczywo i koszyk malin. Dzwonił co piętnaście minut, pytając, jak jest. Wsadzał mnie w samochód i wiózł nad stawy, żeby sprawić jakąś przyjemność. Jakąkolwiek. Ten niestrudzony i niesamowicie cierpliwy człowiek zbierał ciosy jak worek treningowy i oprócz kilku chwilowych załamań nigdy nas nie zostawił. Kiedy nie potrafiłam dosięgnąć dłonią własnych stóp, dbał o nie. Wsadzał do miski z ciepłą wodą, masował, mył, po czym starannie wycierał czystym ręcznikiem. Bez słowa zmazywał lakier z paznokci i piłował pazury przed porodem, kiedy ja nie byłam w stanie nawet ustać z głową wpatrzoną w podłogę. Patrzyłam na niego zza wystającego brzucha. Milczałam. Przypominałam sobie najgorsze słowa, którymi karmiłam tę poczciwą mordę, i było mi po prostu głupio. Ostatnich pięć tygodni było codziennym wrzucaniem myśli w mikser i blendowaniem ludzkiego oblicza na najszybszych obrotach. Urodzić – cel podróży. Nigdy nie chciałam trzymać jej na rękach bardziej niż wtedy, kiedy jej obecność z mózgu zostawiała paproszki. Grześ był herosem. Dziękować, dziękować i jeszcze raz dziękować, że został.

6.

Sierpień 2013

Jeszcze jakieś zakupy. Skoro zwlekłam się już z łóżka, odbyłam obowiązkową toaletę i posprzątałam wstępnie mieszkanie na powrót tego, co balast przede mną ukleił, przydałoby się go jeszcze nakarmić. Od pewnego czasu staram się bardzo poważnie wywiązywać z roli pani domu. Przez tyle lat żyłam jak imprezowy singiel, z wódeczką pod pazuchą kurtki w nocnym autobusie i resztkami kebaba z baraniną we włosach, że rola, której podjęliśmy się z Panem Tatą, jeszcze na etapie planowania i wdrażania w życie musiała zostać gruntownie przećwiczona.

To było wyjątkowo gorące lato. Miałam dwieście kilogramów nadwagi, byłam w piątym miesiącu ciąży, broda zlała mi się z cyckami, a każdy krok wynurzający opasłe cielsko z domu i zmuszający do poruszania nogami w blisko czterdziestostopniowym upale wołał o pomstę do nieba. Kobiety w ciąży są zawsze narażone na niewybredne komentarze o hormonalnej sieczce, która tnie zdrowy rozsądek jak samurajskie katany. Kiedy tak patrzyłam na siebie i na swoje zachowania, gdy wysłuchiwałam wszystkich wyrazów dźwiękonaśladowczych sypanych jak z rękawa, nie miałam pewności, czy to faktycznie niestabilna gospodarka wewnętrzna, czy po prostu umęczenie ciała oscylujące w okolicach modlitw o ubicie. Stóp nie widziałam od czerwca; na wadze przybierałam dużo i szybko, co może na początku jeszcze mnie obchodziło, ale później, na fali wszelkich innych udręczeń, takich jak wchodzący w dupę kręgosłup, obtarte uda i zimne piwo czekające na powrót Grześka, które to mogłam jedynie serdecznie pozdrowić i potrzymać na roztapiającej się klacie, nie miało dla mnie już żadnego znaczenia. Dajcie mi chociaż utyć w tej niedoli. Niechże ciężarne mają coś z życia.

Niedola. Jak śmiałam tak nazywać stan z założenia uduchowiony. Moment w życiu kobiety, który miał się podobać, miał ją wewnętrznie wzbogacać w pokłady uniesień najwyższej jakości, a każda wypadkowa tego przeżywania miała być naturalnym kamyczkiem w sandałku opuszczającej tropikalne plaże stopy. W tym pojebanym społeczeństwie już nawet nie wolno było głośno powiedzieć, że jest chujowo. Jest źle, że czuję się jak chodząca potrzeba płaczu i użalania, która sama siebie ma już w takiej psycho-kupie serdecznie dosyć. Że czuję się jak więzień żarcia wszystkiego i o każdej porze, że jestem jak morświn na dwie godziny pozbawiony dostępu do wody, albo jak przedświąteczny karp wrzucony na żywca do plastikowej tytki bez tego smutnego walnięcia laczkiem w głowę na koniec. Że patrzę na siebie, a łzy niedefiniowalnego szczęścia wynikającego z obserwacji falującego brzucha, którym od środka steruje nieostry jeszcze, niewyraźny kapitan, mieszają się ze szlochem rozpaczy nad własnym kształtem. Tym, który przypomina odlaną z kisielu formę powłóczącą na dwóch opuchniętych stopach. Niezgrabnych nadmuchanych pontonach z wiecznie rozwiązanymi butami. To dramatyczne uczucie „A", którym nie można się podzielić na arenie „B", bo gdy tylko otwierasz usta, chcąc szczerze i bez zbędnego pierdolenia opowiedzieć innej kobiecie, jak jest, to widzisz rosnące na jej twarzy zażenowanie i nieme zatrzaskiwanie cię w szufladzie z napisem „wyrodna suka". Czasami nie musiały nic mówić. Miny wywlekały się na ich twarze tak ostentacyjnie, że można było z nich czytać jak z otwartej księgi. Nie miało prawa mi się nie podobać. Ciąża ochrzczona mianem sukcesu w społeczeństwie coraz mocniej świadomym zagrożeń i powikłań, a i często strat wynikających z tych problemów, nie mogła stać nawet jedną stopą w kolejce po „rezygnuję". To było jak więzienie dla myśli. Kiedy gasiłam wywody o moralności i docenianiu jakimś błyskotliwym szczekiem matczynej niezależności, zza winkla wyrastała już następna wszechwiedząca. Koleżanka, ciotka, inna matka. Jak łby Hydry z greckiej mitologii ciosane przez Heraklesa, odrastały po kilka jednocześnie.

Miałam po czubek głowy i wszelkie kokardy obowiązku lania lukru na stan rzeczy, nazywania sraczki „kłopotami jelitowymi", a zgagi z kosmosu „niestrawnością". Opowiadania, że „w toalecie przypudruję tylko nosek" i dalej jak kukła dla świata stanę na wyprostowanych kolanach, opowiadając o moim ulaniu ze szczęśliwości. A ci wszyscy ludzie stali i się gapili. Jak hieny wbijali gały w skaleczone bydlę. Czekali, aż padnę, aż nie będę w stanie się bronić, po czym rzucali się na pozbawiony odporności mózg. Cmokali z politowaniem kiedy im się coś nie podobało, że jak tak można. Wlewali do głowy poczucie odpowiedzialności za wszystkie, które chciały, a nie mogły. Wychodziło na to, że każda zapłodniona kobieta miała z urzędu czuć lekkie mrowienie winy za wszystkie klapy rozrodcze świata. Społeczeństwo po mistrzowsku wprowadzało w zakłopotanie i wyrzuty sumienia. Otoczenie lubiło i chętnie wystawiało wskazujący palec w kierunku każdej takiej jak ja, nazywając ją niewdzięczną. A człowiek, mimo jasnych odczuć, których nietrudno było nie nazwać, bił się z myślami, że może i powinien pogwizdywać w podskokach, a nie gwiżdże, albo że powinien dwa centymetry nad ziemią lecieć, a nie lata. I nawet kiedy czuł prawdziwą radość płynącą w żyłach jak prąd o lekkim napięciu, to wiedział, że jakakolwiek próba uzewnętrznienia się ze zmianą nastroju będzie i tak wbrew niemu całemu. Zostałam nazwana „niewdzięczną" tak wiele razy, że w pewnym momencie przyzwyczaiłam się do tej łaty i odeszłam maksymalnie od narastającego poczucia winy. Tak oto stała przed światem wynaturzona, wygięta w grymas niewygodny dla Matki Natury młoda kobieta, która nie złapała bakcyla, ale porządnie się nim zakrztusiła.

Ja się czułam tylko troszkę oszukana. Za kotarą mediów nikt nie cierpiał. Za szklanym ekranem telewizora nikt się nie skarżył. Ja miałam zgagi. Wróć! W ciąży paliła mnie kosmiczna rura. RURA. Nie, nie gardełko, bo jak się doświadcza uczucia cofającego z brzucha domestosa, ciężko nazywać przełyk przełykiem. Tyłek szukał tronu, zaciskając niecierpliwie zwieracze, popiskiwał co rusz cieniutkim głosem z jelita: „ratuuuunku, kupę" tylko po to, żeby chwilę później stawiać chomiczą kulkę przez trzy doby. Telewizja milczała. Lektury milczały. One, całe na biało, w reklamach, uduchowione, miarowo wmasowywały balsam na rozstępy w idealnie okrągłe, gładkie jak kuchenne blaty brzuchy, a ja kremem na odparzenia szpachlowałam sobie uda niczym rdzewiejącego matiza. Zachodząc w ciążę, myślałam o stanie, w którym oczom ukazywała się piękna pani z brzuszkiem, biegnąca w na wpół rozpiętej białej koszuli przez zieloną polankę. Takim ładnym brzuszkiem, kształtnym, symetrycznie „ukula-

nym". Za nią Bambi radośnie potrząsał ogonkiem, ptaszki ćwierkały, motylki fruwały, ona uśmiech od ucha do ucha i generalne OMG. W domu miała zawsze czysto, bo wolnym czasem się wręcz podcierała. Mąż dobrymi słowami dzielił jak cukierkami. Chodziła wszędzie, widywała ludzi i z każdym dniem bliżej rozwiązania rosły jej coraz większe skrzydła.

Szczęście w białej bawełnianej bluzeczce i zmoczone od rosy stopy hasające po soczyście zielonej trawie miały mnie dopaść w okolicach drugiego trymestru. Tak mówili. A ja czekałam. Przyklejałam nos do okiennej szyby, chuchałam w nie i rysowałam serca na parze. Gdzie jest moja rosa i pomalowane usta. Gdzie jest to mistyczne „lepiej". Ni-chuja. Nie było. Im dalej w las, tym bardziej czułam się już tylko jak coraz mocniej pozbawiony grawitacji worek ziemniaków, który odbijając się od podłogi, próbował dokulać się dokądkolwiek. Taki otyły astronauta, łapiący fistaszka w pustym pokoju przestrzeni kosmicznej. To byłam ja. Ja leciałam za tym orzechem.

A później przychodziły wieczory, kiedy nokautowała mnie miłość do niej. Wchodziłam pod prysznic i dotykając jedną ręką pępka, pytałam: – „jesteś tam, Ludku?" Wylewałam morza łez nad elementarnym brakiem wiedzy na temat wychowania, obawiając się porażki, zanim jeszcze przybiłyśmy sobie pierwszą piątkę. Wiedziałam dobrze, że nie lubię tej ciąży, stanu, w jakim jestem, mojej fizycznej niemocy, ale byłam przekonana, że kocham to dziecko jak nikogo innego. Nie mogłam swobodnie pogodzić się z rolą opasłego inkubatora, który miał dostosować się do oczekiwań, lecz fakt, że była we mnie i nie mogła być zależną od nikogo innego jak tylko ode mnie, budował mi pod nogami gruby piedestał. Matka. Mamusia. Jeszcze wczoraj odsłuchiwałam czternasty raz Sandu Ciorbę na Youtube'ie i drąc łacha z całego cygańskiego gremium, polewałam do pełna szklanice z cienkiego szkła. Jeszcze przed chwilą żyłam od weekendu do weekendu, od kaca do kaca, a teraz prasowałam mikrospodnie w obawie przed zarazkami na białym polarze w kolorowe misie. No, kurwa! Był bowiem w ciąży pewien dysonans odczuwania. Kiedy jednym biegunem łapałam galaktyczne doły i upadki, takie z czwartego piętra na twarz, drugi drżał z każdym zbyt mocno postawionym krokiem i najmniejszym kłuciem w okolicach żeber. Mówiłam do niej. Puszczałam muzykę na szerokich słuchawkach. Pukałam miarowo paluszkiem w naprężoną skórę w nadziei, że kiedyś mi odpuka. Nazywałam. Wkładałam w usta mnogość imion, sprawdzając, które przychodzi mi najbardziej naturalnie. I choć czułam się ohydnie zezwierzęcona, śmierdząca, spocona jak lokomotywa, opasła słonina, to każdy nieskoordynowany ruch z zewnętrznych źródeł wykonywany za blisko brzucha spotykał się z naturalną obroną granic. Zwijałam się jak pancernik, zasłaniając bebech ramieniem. Stawałam w jej obronie, jeszcze zanim nauczyła bezgranicznego uzależnienia od swojej obecności. Intuicja mnie tworzyła. Dziewięć miesięcy dla dziecka to tyle samo dla kobiety, która układa wówczas w głowie wersy. Rodzi się sama. Dochodzi, czy warto. Czy nadal chce.

Opuściłam pancerz włochatej stonogi i poleciałam wysoko, na rozpiętych skrzydłach. Kiedy tak naprawdę zaczyna się „Mama", a kończy zimna kalkulacja dwóch

DŻESIKA WANESSA

SAMANTA

KRYSIA ♡

kresek na plastikowym teście? Kiedy czujesz, że zmieniłaś funkcję i awansowałaś do roli generała od zadań specjalnych? Gdzie jest to „hop" z dziewczyny w dorosłość, gdzie tragizm ciążowej rzeczywistości zaciera się na poczet wyższego duchowego przeżywania? No gdzie?! GDZIE?!

Nie wiem.

Ale jest tam gdzieś po drodze i czeka na lekkie odkopanie z piachu. Trzeba drążyć. Dociekać. Stać w kolejce po rolę życia, chociaż casting przeprowadza ktoś na nie do końca jasnych warunkach.

7.

Po jednym z wieczorów, w trakcie których kłóciliśmy się o coś zupełnie nieistotnego tylko po to, żeby później wisieć sobie w ramionach i wyznawać miłość, położyliśmy się do łóżka późno. Mieszkaliśmy w tak małej kawalerce, na kredyt do trumny, że zakładając kurtkę do wyjścia w przedsionku, zahaczaliśmy rękawem o okno na przeciwległej ścianie. Jedyne drzwi, jakie posiadaliśmy, zamykały łazienkę z charczącym kiblem i bojlerem, który dla odmiany na zmianę polewał plecy śniegiem Himalajów i żarem Wezuwiusza. Hobbystycznie parzył w ręce. Ta łazienka to był odrębny byt. Zalała sąsiada cztery razy w ciągu pół roku, a każdorazowe pukanie do drzwi kogoś z administracji dawało mi pewny obraz zniszczeń lokalu piętro niżej. Łazienka stawała ze mną w konkury w wyprowadzaniu z równowagi, ale niewątpliwie nauczyła kilku istotnych umiejętności. Rozkręcania odpływu na czas, czyszczenia kolanka i zapchanego młynka do odchodów jeszcze przed następnym alarmem jelitowym oraz elokwentnego tłumaczenia gościom, że tron w tym domu jest uczulony na celulozę. Po kolei zmuszała majstrów do odrywania starych płytek ze ścian i zostawiania dziur na wylot, prawie po meble kuchenne sąsiadki. Raz nawet doprowadzony do poczucia „ogromnej" odpowiedzialności za stan mieszkania Grzesiek dziurę jedną z wielu zamiast naprawić, zakleić profesjonalnym kaflem z fugą, zasłonił reklamówką z Biedronki i starannie obkleił taśmą klejącą. Później wyciął w biedrzanej gębie otwór tak, że można było zanurzyć w nim rękę po nadgarstek. Wszystko opatrzył napisem „BIEDRONKA WRÓŻBITKA", dając powiew sanitarnej pożogi za każdym razem, kiedy schylałam się po mydło i odbijałam plecami od prowizorki. Umiał bezbłędnie walczyć o wahania moich nastrojów i wodospady nienawiści, a już na pewno znał się na kreatywnym naprawianiu wszechświata. Mogłabym przysiąc, że kiedy weszłam tamtego wieczoru do kibla i zobaczyłam, jak zinterpretował wielogodzinne błagania o naprawę kraterów pozalewowych, z jednego oka ciekła mi łza wzruszenia, może nawet lekkiego rozbawienia, a z drugiego histeryczna kropla nienawiści do jego małostkowego podejścia.

Wybiła 22:00. Grzesiek nasmarowany balsamami i wypachniony drogim antyperspirantem odwrócił się do mnie plecami i grzecznie oznajmił: „Dobranoc". Zanim ułożyłam się obok w pozycji nadającej oddechowi regularny rytm, minęło czterdzieści minut. Byłam dwa tygodnie przed prorokowanym terminem porodu. Każdorazowa próba ulokowania ciała tak, żeby nie tracić czucia we flakach i nie walczyć z pełnym pęcherzem, graniczyła z niemożliwością. Dziecko wieczorami ćwiczyło w macicy skalpel z Chodakowską. To, jakie się robiło waleczne i jak dotkliwie doświadczało żebra, jest bolesne nawet we wspomnieniach.

Zanim zdążyłam usnąć, obok mnie roztoczył się widok bardziej życiowy niż samo życie. Chłop. Chłopisko. Leżał na wznak. Rączki założone na klacie niczym nieboszczyk, usta na popielniczkę. Tak szeroko rozdziawione, że mogłabym w nie herbatę w szklance wstawić na później. Sen nie należał do moich mocnych stron. Najmniejszy nawet szmer odbierał możliwość przespania piętnastu minut do następnego zrywu na mocz, którego i tak nie było. Szmer! Szmer mnie budził. Szelest wiatru. Szum wody w centralnym ogrzewaniu, łopot firan na wietrze, brudne myśli Grześka. Wszystko. Po prawicy za to leżał on, wyglądający jak renesansowa płyta nagrobkowa Zygmunta II Augusta. Chrapał. Jęczał jak zarzynany. Terkot zlepku dźwięków wydostających się z tego dorosłego ciała był solą na jątrzące się rany. Podobno mężczyźni chrapią, śpiąc na plecach, ponieważ jądra im opadają i zasłaniają dupę, co powoduje zamknięcie obwodu cyrkulacji powietrza. Mój brzmiał jak szlachtowana świnia albo próba zmiksowania śruby imbusowej stożkowej, nierdzewnej, w sokowirówce. Żółte stopery do uszu kupowane na wagę w marketach budowlanych nie zdawały egzaminu przy tym warkocie. Podejrzewam, że wygłuszone studio nagraniowe też nie byłoby w stanie pochłonąć histerycznego rzężenia, a mimo to los rzucił złośliwie owo wyjące przeżywanie w pielesze mojego niezbyt cierpliwego doświadczania życia. Kurwa.

12 listopada, 1:23

Oczy jak dwa satelitarne talerze, w mieszkaniu ciemno. Po gałach świeci tylko dioda od dekodera stojącego pod telewizorem i cyfrowe wyświetlanie godziny. Zgaga cofała płyn z głębin po same nozdrza. Wstałabym siku, ale to pewnie fałszywy alarm przebudza mnie ze względnie ustabilizowanego odpoczynku. Tamten obok jak piłował wieprzowinę na żywca, tak nadal to robi. Jeśli nie skończy przed drugą, to mu jebnę. Nie wiem, jak się nazywam. Stoję na warcie, odkąd zgasiliśmy światło, a policzek nadal nie chce się zlepić z poduszką.

1:30

Zabolało coś. Brzuch się napiął, jelito też. Pewnie znowu zawitam w toalecie, przejrzę Internet wzdłuż i wszerz, dotrę do jego końca, na którym jest już tylko dziewczyna dziwnie wymawiająca słowo „bułka" przez czterdzieści osiem sekund. To wszystko w oczekiwaniu na jeden kozi bobek. Albo i zupełne nic. Jezus Maria, czuję się taka kobieca. TAKA KOBIECA.

1:45

Znowu ból. Nie dość, że Grzesiek, Adonis śpiący na umarlaka z ustami w „O", warkocze jak popsuta pilarka spalinowa to… 2:00 – Ała! Jak na skręcające się flaki i niestrawność po pochłoniętych kilogramach kopytek boli trochę za mocno. Zaczynam czuć dziwne spektrum zbliżającej się kapitulacji. Pierwszy raz miałam zaraz urodzić dziecko; nie wiedziałam, czy to to, ale dziwnie czułam, że nadszedł dobry czas na budzenie posiłków.

– Grzesiek... – szepnęłam ze wstępnym grymasem na twarzy, trzymając się za brzuch. Po drugiej stronie: zero współpracy. Mogliby nam ściany przestawiać nad głowami, ale sen mężczyzny był ponad to. – Grzesiek!... – Nadal szeptem, ale z wyraźnym wykrzyknikiem. Nie chciałam obudzić całego bloku. Znałam doskonale poziom dźwiękoszczelności ścian naszego magicznego mieszkania. Niejednokrotnie byłam świadkiem walki z kranem pod prysznicem sąsiadów i odgłosu zakręcania pasty do zębów po wyszczotkowanych kłach. Mogę z pełną odpowiedzialnością stwierdzić, że o stan higieny czterech liter pana Miecia dbaliśmy wszyscy razem. Słyszałam, jak sąsiedzi zalewają kubek kawy, odkręcają mleko i mieszają sos do spaghetti drewnianą łyżką po teflonowej patelni. Słyszałam, jak Ania szczytowała, a Miecio zaraz po niej. Nie będę się więc wydzierać, że mnie boli i że zdechnę. Zanim ten tu się obudzi, prędzej konserwator ze spółdzielni mieszkaniowej w pełnym rynsztunku zacznie odpalać swoje seicento i powiezie na sygnale...

– GRZESIEK!! – podniosłam ton, sprzedając mu jednocześnie zamaszystą kosę pod żebro.

– No?... – odpowiedział lakonicznie, przekręcając się z prawego boku na lewy. Zmrużył oczy, drażnione światłem biurowej lampki. Niesamowite, jak twardo i głęboko może zasnąć mężczyzna w tak krótkim czasie.

– Grzesiek, obudź się. Boli mnie coś. Brzuch chyba. Nie wiem, co robić, nie śpij, proszę, posiedź ze mną.

Jak przystało na zatroskanego losem opiekuna, a przede wszystkim samca niemającego pojęcia o różnicy między zatwardzeniem a skurczem macicy, wypowiedział pełne empatii i zrozumienia słowa: „jak boli, to zrób kupę". O. Był i on. Dr Doug Ross drugiego piętra łódzkiej kamienicy, potrafiący bez otwierania oczu stwierdzić, że to, co mną miota, to stolec, a nie nieodparta chęć opuszczenia matki przez kilkadziesiąt centymetrów życia. Naciągnął kołdrę na uszy, zamlaskał jeszcze ze dwa razy, nabrał powietrza w opasłe brzuszysko, po czym spuszczając je powoli, pogłębił diagnozę:

– Mówię ci. Kupa i po sprawie.

Gdyby nie fakt, że właśnie zaczęło mnie skręcać intensywniej niż piętnaście minut wstecz, zwilżyłabym palec w ustach i wsadziła mu w ucho. Nienawidził tego.

– Grzesiek, nie mam pewności, ale chyba się zaczęło. Nie wkurwiaj mnie z tą kupą, wstawaj i myśl ze mną, co dalej. – Siedziałam na skraju łóżka, w wielkim rozkroku i nerwowo masowałam brzuch.

– Że co, że rodzisz? – zapytał, rozbudzony doszczętnie. Zerwał się z łóżka jak poparzony, potykając się o własne nogi. – Ubieraj się, jedziemy do szpitala – zagrzmiał stanowczo.

Potrzebowałam tego przywództwa, a rozkaz w jego głosie uspokoił skołatane nerwy. Przejął dowodzenie, odetchnęłam z ulgą.

Pamiętam jak dzisiaj: 12 listopada 2013 roku, godzina 3:00. Zimo jak w Suwałkach. Stoimy pod oplem vectrą diesel, rocznik 1999. Nad głowami opary spalin. Grzesiek grzeje zimne wnętrze niemieckiej myśli technologicznej. Mam na sobie puchaty, czerwony szlafrok, który dostałam od Matki na dwudzieste trzecie urodziny, przepasany równie puszystym, czerwonym troczkiem.

W nic innego nie wchodzę, nie mieszczę się. Jestem ulana z ciała. Nie ma we mnie już zagięć i zakrętów. Nie mam na sobie kątów ostrych, same rozwarte. Wole wystaje spod czerwonej katany, do auta wpycha mnie na siłę on. Wygląda to mniej więcej tak, jak próba upchnięcia dwunastu wielkich balonów z helem do bagażnika fiata 126p, które niepokornie albo się nie mieszczą, albo uciekają pierwszą lepszą wolną szczeliną. Na nóżki wielkości bochnów chleba wcisnęłam pospiesznie gumowe klapki marki Crocs. Innych butów nie byłabym w stanie założyć, a gdybym nawet się w jakieś wcisnęła, to przy próbie zgięcia się w pasie i ich zawiązania z całą pewnością wypadłyby mi gałki oczne. Na głowie uwiłam kitkę, tzw. palmę, którą związałam fioletową gumką z dwiema plastikowymi kulkami. Wyglądałam jak sfeminizowana wersja Hagrida z włosami ściętymi na zapałkę i z odrobinę mniejszym zarostem. W ręku trzymałam wielką walizę ze wszystkim, czego ponoć potrzebują matka i dziecko postawieni na równe nogi do nowej roli. Kiedy wracam myślami do rozmiaru tej torebki, to dochodzę do wniosku, że z jej składem spokojnie byłabym w stanie objechać polskie wybrzeże i odpoczywać na nim dwa tygodnie bez konieczności prania nawet jednej pary majtek. Finalnie odjechaliśmy. Wtoczona do popierdującego kombi zatrzasnęłam za sobą drzwi, porzucając na zewnątrz nieszczęsny troczek od szlafroka, który zamiótł potem pół miasta. Oddalaliśmy się od bloku, zostawiając za sobą jedynie czerwone światła auta. Wyruszyliśmy w podroż po nowe. Po wrzuconej trójce na niezawodnej skrzyni biegów mieliśmy już więcej nie wrócić do postoju sprzed dwóch godzin. Sprzed trzech lat. Co ważniejsze, mieliśmy już nigdy nie wrócić do domu we dwójkę. Nie jestem w stanie opisać słowami, jak duży krok w historii robiliśmy z każdym przejechanym metrem.

Na pierwszym zakręcie byłam jeszcze w stanie pocieszać Grześka, żeby jechał spokojniej, bo jest lekko i przyjemnie. Rozmawialiśmy, gdzie skręcić i dlaczego jedzie jak zwykle tak, jak tego wcześniej nie trenowaliśmy. Raz, kiedy pojechał magicznym skrótem w drodze z Łodzi na Dolny Śląsk, wylądowaliśmy ciemną nocą w polu, a drogę zardzewiałego nissana almery przecinały, jedna za drugą, zaskoczone kury. Kolejne zakręty to był już tylko przekrój znajomości łaciny podwórkowej, umiejętność odmiany słowa „kurwa" przez wszystkie możliwe przypadki, zdolność wielokrotnego podwyższania poziomu gróźb w zdaniach. To była próba koncentracji i zawieszenia myśli na ważnych pytaniach położnych, które o grupę krwi pytają ze trzysta razy na minutę, a kod pocztowy wyciągnęłyby z konającej lub martwej nawet pod wodą. Kiedy przekroczyliśmy drzwi bloku porodowego w tempie powolnym, dostojnym, ale i z ciałem złamanym w pół, spojrzałam głęboko w twarz człowieka, na którym wisiałam od kilku miesięcy. Był tym samym irytującym facetem, który tak żałośnie zabierał swoje koszule i odgrażał się, że tym razem odchodzi na zawsze. Był tym samym, który chwilę później leciał na osiedlowy stragan po ekstremalnie niepasujące do siebie zakupy, kiedy czułam, że jeśli ich nie zjem, to skoczę komuś do gardła. Był tym samym, od którego w myślach odchodziłam już kilka razy, z którym stałam przed sądem w nierównej walce o alimenty, i tymże, który zabrał mi beztroskie lata bycia sobie panią. W tamtej chwili totalnego umysłowego resetu i przeciągającej się wymianie spojrzeń przeniknął mnie głębiej niż zwykle, a żałość jego i wszechobecna irytacja po prostu odeszły. Usłyszałam wrzaski pani w pokoju obok, a lęk sparaliżował pewność siebie. Jak ręką odjął – zamiast nielubianego partnera i sprawcy ostatnich cielesnych nieprzyjemności stał się pontonem na rozszalałym morzu. Chryste Panie, jakiej on nabrał mocy, trzymając mnie pod rękę na porodówce. Jakim suchym lądem stał się w krainie wielkiej wody, kiedy dokładnie lawirował namydloną gąbką między plątaniną kabli znieczulających obolałe ciało. Przejście na drugą stronę drzwi z napisem „Blok porodowy – TU RODZI SIĘ CZŁOWIEK", nawołującym delikatnie do zachowania ciszy i uszanowania obecności Nowych, coś w nas zmieniło. Coś strzeliło w łeb bez skrupułów. Nigdy nie czułam większej potrzeby obecności tego człowieka niż wtedy. Zrozumiałam i dotarło do mnie, że bez mężczyzny ze śmieszną dziurą w brodzie stanę bezbronna na środku ruchliwej autostrady i że kocham go przecież jak stąd do Kalisza.

– Dziękuję – wycedziłam cicho przez zęby, kiedy macica zakładała kolejnego nelsona na stabilny oddech.

– Przestań – odpowiedział, pewnie wycierając moje stopy mięsistym ręcznikiem z Ikei.

Jego „przestań" symbolicznie zakończyło okres niebytu i niełaski. Kochałam go za to. Za takt i mądrość, której mi tak bardzo brakowało. Mógł mi przecież wszystko wygarnąć, oskarżyć mnie o wiele, a jednak zamknął usta i puścił wszystko w niepamięć.

– Umyj stopy swojej antylopie! – uśmiechnięty wyśpiewał rapy Lecha Rocha Pawlaka, pierwszego Cygana Rzeczpospolitej.

Zerknął z perspektywy parteru na gołe ciało rodzącej od kilku godzin kobiety i choć ja widziałam w tym ciele już tylko obraz nędzy i rozpaczy, on do samego końca patrzył na mnie jak na Panią Wiosnę. Miał w sobie dużo pogody ducha, chociaż bał się nie mniej niż ja. Śmiał się, chociaż serce waliło mu jak wściekłe. Ubrał mnie w długą, szarą koszulę nocną zapinaną na żółte guziki, wsadził stopy w klapki i odprowadził do łóżka w pokoju numer cztery. Przy akompaniamencie postępującego rozwarcia i głośnego odliczania minut do następnego tąpnięcia trzymał za rękę i wycierał wszystko, co bez skrupułów oddawała natura.

Po dziesięciu długich godzinach walki do pokoju weszła położna. Nazywała się Patrycja Wenderdaum-Rock. Zbadała mnie ostatni raz, po czym zdjęła lateksowe rękawiczki i zwijając je w kulkę, bez wahania krzyknęła na pół oddziału:

– RODZIMY!

Poderwałam się bezwiednie. Jest bowiem w człowieku zaskakująca siła regeneracji. Z wypompowanego wora staje się na baczność w mgnieniu oka i zamienia w zwarty, naoliwiony organizm. Komputer najwyższej jakości. W misję odbicia bazy przez oddział GROM. Staje się układem scalonym znającym procedury od początku do końca. Nagle wokół pojawił się sztab ludzi. Jedna ręka składała wygrzane łóżko z klasy biznes do ekonomicznej, druga już odpinała mi bawełnianą koszulę, odsłaniając piersi.

Między nogami schowała się skupiona kobieca twarz zasłonięta maseczką, znad której zerkały na mnie ciemnobrązowe oczy. Za rękę bez zmian ściskał mnie Grzesiek. Wszyscy wokół byli jak drużyna. Każda jedna machająca przy mnie łapa pełniła istotną funkcję przyjęcia człowieka na świecie.

Położna spojrzała na mnie z dołu, wysuwając głowę lekko nad horyzont łona. Jej ręce złożone w gotowości mościły sobie gniazdo między udami. Złapałyśmy łączność, która przeszyła każdy jeden centymetr mojego ciała. Nie widziałam nic, tylko te rozkazujące brązowe oczy.

– Hej, MAMO! – Nazwała mnie tak bardzo wymownie na najbardziej ostrym zakręcie tego poranka. – Teraz się skup. Gotowa? – Pokiwałam grzecznie głową do szpitalnego Napoleona. – Jak gotowa, to zaczynamy. Każdy skurcz to twoje trzy parcia, nie dłużej niż kilka sekund pulsujesz naciskiem, chcąc rozbujać malucha. Teraz!

Postawiła mnie w stan pełnej gotowości w niewielkich odstępach między skurczami. Czułam się jak na odprawie wojennej. Czysty, prosty przekaz i jasne wskazówki. Synchronizujemy zegarki i wizję. Ręka Grześka sina, uwięziona w moim imadle, trwała. Grzesiek trwał. Odwrócona głowa, łapiąca nieregularne hausty powietrza, szukała ukojenia w jego ciepłych ustach odpoczywających na moim czole.

– Dasz radę. Jeszcze chwila – szeptał, a ja przytakiwałam jak mała dziewczynka.

Kilka najczarniejszych minut w moim życiu, kilka obrotów główką dziecka jeszcze w przedpokoju świata, o dziwo – zero łez, tylko ten tępy krzyk i siność oblewająca twarz, kark i uszy.

– Ostatnie parcie, Mamo! – zabrzmiał odbijający się od starych, peerelowskich ścian, przywołujący do porządku głos generała. – Gotowa? Mocno!

Slow motion. W ułamku sekundy. W mgnieniu oka. Tego sinego i z pajęczyną krwawych wylewów – stanęłam na głowie. Wyszła ze mnie jak mokry delfin dziewczynka. Ciepła. Położyli mi ją na gołym brzuchu, a ja chwyciłam ją jak w szczelne szczypce, dając pewność sobie i instynktowi, że jej nie upuszczę. Nigdy nie opuszczę. W chwili, jednej małej chwili, nic nieznaczącej dla kogoś minucie zupełnie przeciętnego dnia wybuchnęłam płaczem, patrząc na dziecko. Na moje własne dziecko! Moje! Moje! Moje! Nagie, bezbronne i zdane na moją łaskę lub niełaskę na długie lata życia. Nogi nadal rozłożone w obszernym szpa-

gacie, krocze pełne dziwnych farfocli i szpitalne gremium gapiów zupełnie nie zwracały już mojej uwagi. Nieważne. Ból łamiący kości i rozganiający opary rozsądku odszedł. Nieważny. To wszystko było idealnie zaplanowane. Skrupulatnie policzone co do minuty i każdej wyplutej z siebie kurwy. Miało boleć. Boleć tak, żeby chcieć umrzeć. To jedyny słuszny ból, który mógł zostać wynagrodzony przez równie mocno nacechowane podniecenie. Miłość, jakiej się wcześniej nie znało. Patrzyłam na łapiące róż zawiniątko, po twarzy oprócz potu ciekły łzy. Morza łez. Odwróciłam głowę, żeby zobaczyć Grześka. Schował twarz w dłoniach, dopuszczając do siebie pomału to, co się właśnie stało. Utopił się w złożonych w łódkę rękach, a ramiona zaczęły drżeć w histerycznym płaczu góra – dół. Nie ma dla mnie na świecie bardziej dudniącego i przeszywającego każdą część ciała dźwięku, tonu, pieśni, niż płacz wychodzącego do życia, witającego się z powietrzem i byciem mojego dziecka. Wszystkie bóle, zwątpienia i rezygnacje spadają z przeciwwagi, kiedy zapętlone we mnie i ze mnie jak nic innego życie zaczyna rozdział pierwszy na gołej piersi. Automatycznie, zaprogramowana do opieki, jak samica każdego gatunku wyczekuję słów lekarza, czy zdrowe. Czy całe. Czy dzielne. Biorę w ręce bijące już na całego serce. Jak suka psa zagarniam pod pachę sine stworzenie; niepewnie podchodząc do kręcących się wokół obcych, kalkuluję komu można oddać pod opiekę, komu nie. Komu dać pogłaskać. Komu odgryźć rękę. Rodzą się we mnie instynkty najwyższe, najlepsze. Instynkty najsze. W tym pokoju urodziłam się znowu. W tym pokoju urodził się człowiek. Mój człowiek.

– Cześć, Krysiu, tu Mama. – Posmyrałam napuchnięte, zamknięte powieki dziewczynki. – Kocham cię, Istoto.

Krystyna, 12.11.2013/3150/50/12:00

„Kilometrów ile w życiu przeszedł człowiek,
nikt nie zgadnie, może tylko buty wiedzą,
ale lewy ani prawy nie odpowie,
bo na strychu zakurzone w kącie leżą…”

8.

Życie zna się na ludziach lepiej, niż im się wydaje, a już na pewno lepiej, niż oni sami się na sobie poznali. Od pamiętnego piątku z drinkiem, kiedy będąc pod wpływem, wyśpiewaliśmy z Grześkiem wszystkie szkolne szlagiery, świńskie tak, że do tej pory mam wypieki, w czapce pandzie i z zachwytem widzianej po tylu latach znajomej twarzy, ja nadal nie przyznałam się oficjalnie do związku z Grześkiem na portalach społecznościowych, które w XXI wieku wytyczyły dziwny trend wirtualnego podpisywania się krwią pod wszelkimi decyzjami. Nie dodałam albumu „My", w którym umieszczałabym systematycznie po trzydzieści zdjęć z wycieczek i wakacji, identycznych w sumie, lecz zmienianych jedynie lekkim podmuchem wiatru układającym włosy raz na prawo, raz na lewo. Nie jestem i nigdy nie byłam z tych, które raz dziennie wysyłałyby esemesa z wyznaniem, które do mężczyzny wołałyby: „Dziubku", a związek nazywały wielką, nieskończoną miłością. Nie suszyłam róż z rocznic, nie potrafiłam się otworzyć na tyle, żeby się przyznać, co i do kogo czuję. Zdjęcie moje i Pana Ojca na ścianie pokoju wisiało od całkiem niedawna, właściwie od kiedy na świat przyszło dziecko. Wyobrażając sobie ciąg dalszy historii, nie widziałam dostojnego marszu w kierunku wiszącego na krzyżu Jezusa, w miejscu, w którym mieszka echo i permanentne zimno; nie widziałam białych gołębi, rachitycznej kobiety wyjącej *Ave Maria* na balkonie, wesela, bigosu i dewolaja, w którym twarzą na sam koniec zasypia jakiś opasły wuj. Ten standardowy koniec – tak mocno śniony przez miliony – zupełnie mi się nie podobał. Nie odpowiadał. I mimo potrzeby odczuwania szczęścia, którą miałam jak wszyscy inni ludzie, moja definicja zaczynała się tam, gdzie w głowach wielu prawdopodobnie brutalnie się kończyła.

Chciałam tylko zdrowej rodziny. Patrząc na zawiniętą w cztery bety Krysię, przyniesioną ze szpitala do domu i ułożoną starannie pod szarym baldachimem w dmuchawce, zamykałam oczy i tęskniłam do lata. Widziałam jak z Grześkiem kopią doły kolorowym zestawem kupionym od nadmorskiego handlarza, śmieją się do łez z popsutej babki i sypią piachem w każdą stronę. W skali swojej powściągliwości uczuciowej stałam się tak obszernie czułostkowa, że kiedy czasem przyszło mi marzyć i zgubić się gdzieś między jedną i drugą migawką, obruszałam się nagle i czułam zażenowane przed własnymi myślami. Że też te uczucia zawsze we mnie tkwiły, ale dopiero teraz pokazały swoje prawdziwe oblicze. Jak ja to zahibernowałam na tyle lat? Byłam tak mało tkliwa, tak niewylewna, że kiedy stałam nad łóżeczkiem w absolutnej ciszy i gapiłam się na trzy kilogramy cudu, dotykając małych uszu i rączki jak muszelka, nie mogłam wyjść z podziwu dla drastycznej zmiany, jaka zaszła w moim odczuwaniu bodźców i w ogóle chłonięciu zapachów mojego nowego świata. Jeżeli jesteś jedną z tych, które na widok kolejnego udostępnianego zdjęcia dziecka znajomych wywracają oczy na lewą stronę, i wierzysz, że nikogo nie interesuje pierwszy ząb Brajana, to wydobądź z siebie własne i staraj się nie umieścić żadnej wzmianki o jego istnieniu. Powodzenia.

Uzależniłam się. Na karku dziecka mieszały się najszlachetniejsze zapachy. Oliwka, mydło, specjalny proszek do prania małych ubrań w landrynkowe wzory. Stawałam z nieporadnym, wiotkim bobasem przy oknie, zarzucając go przez ramię i stanowczo podtrzymując głowę, patrzyłam w migające lampki mieszkań naprzeciwko i wąchałam mu włosy. Jak psychopatka, zamykając oczy i z nosem między pierwszymi, przetartymi gdzieniegdzie piórkami nabierałam powietrze w płuca i zażywałam. Trzymałam Córkę w ramionach; wychodziłam kilometry od ściany do ściany, wyśpiewując stare kołysanki. Czułam, jak szybko bije małe serce, i czekałam, kiedy zwolni, zaczynając bić z moim w parze.

Gdyby rok wcześniej, kiedy skradałam się po szczeblach kariery, wychodziłam z siebie, żeby udowodnić wszystkim, na co mnie stać i jak wysokie miewam aspiracje, ktoś pokazał puste jeszcze dziąsła dziecka w uśmiechu i zapewnił, że ten widok będzie szczytem spełnienia, popukałabym się życzliwie palcem w głowę. Idioci! A teraz osobiście gapiłam się na pierwszy, świadomy chichot niemowlęcia. Szczerbaty i błogi. Najszczerszy teraz, kiedy nie miał jeszcze zmartwień, obowiązków, plątaniny myśli. Teraz, kiedy nie wyciągał żadnych wniosków, nic nie musiał. Stałam nad dziewczynką zupełnie niedoświadczona, wychowawczo głupia i pusta jak wiadro, zupełnie bez wskazówek, i myślałam, jak ja mam to zrobić. Halo, czy ktoś wie, jak dobrze poprowadzić komuś życie, żeby niczego pospolicie nie spierdolić, niczego nie żałować? Nie mogłam patrzeć na nią za długo, kiedy spała, bo ryczałam bez pamięci ze strachu, że sobie nie poradzę.

Później, oparta o białe szczeble, śpiewałam cichutko o butach, o których to dekady wcześniej śpiewała moja Mama. Zastanawiałam się, dokąd poprowadzą mi dziecko, co pozwolą zobaczyć i jak bardzo się zetrą, kiedy będzie podbijała świat. Myślałam często, ile z siebie oddam i jak bardzo stanę na głowie, żeby te dwa paputki na maluśkich nogach, które to ze mnie wyszły, zobaczyły wszystko, co będą chciały.

Było już późno. Po raz ostatni dzisiaj odsłoniłam cieniutką zasłonkę w latawce, by sprawdzić, czy nie wystawiła spod koca nogi albo czy nie marznie jej nos. Przyglądałam się kręconym włosom i zaciśniętym w pięści rękom. Całowałam po raz dwudziesty na dobranoc, gładziłam po głowie. Kochałam dojrzale i bezwarunkowo – w co przez tak długi czas nie mogłam uwierzyć. Byłam jak Człowiek

Metamorfoza. Jak nowy bohater Marvelowskiego komiksu. Ugryziona przez pająka albo napojona złowieszczą mieszaniną związków chemicznych, zrzuciłam z siebie skórę jak wąż i stałam się opiekunką. Opiekunką.

9.

Mimo obecności dziecka, całego uduchowienia, którym się naznaczyliśmy jak stygmatami, i roli, która wymagała powagi i dostojeństwa, nam we krwi została jednak odrobina warcholstwa, które z czystym sumieniem mogliśmy nazwać naszą małą normalnością. Wróciliśmy właśnie z zakupów. Zakupów z dzieckiem, zabijcie mnie. Odsłaniana na zmianę tetra na niebieskim daszku wózka, bo gorąco, zasłaniania na jogurtach, bo zimno. Człowiek niedoświadczony patrzył podejrzliwie na każdego charczącego dziadka ze świszczącym płucem, ekspedientkę z czarnymi pazurami grzebiącą w mięsie i dzieci podbiegające do wózka zaciekawione, z przecinającą wargi strugą glutów. Młody rodzic, nieopierzony i niedoświadczony zupełnie, trzepał się nad potomstwem jak porażony prądem, próbując nadgonić zmieniające się w mgnieniu oka warunki. Atmosferyczne, społeczne, zdrowotne, temperaturowe. Wszystkie. Włóż czapkę, zdejmij czapkę, zapnij sweter, rozepnij sweter, zesraj się, bo inaczej kolka, nie sraj teraz, bo gdzie ja cię przebiorę. Wyjście do ludzi zawsze skutkowało ciężkim schorzeniem psychicznym, zmęczeniem umysłowym i dosyć szybką potrzebą wrócenia do domu.

Weszliśmy do mieszkania. Grzesiek zajął się odkopywaniem Krysi spod kilkunastu zimowych warstw odzienia, które oprócz ochrony kończyn w spokojnym, środkowoeuropejskim klimacie nadawałoby się do zabrania dziecka na sanki w Irkucku bez konsekwencji odmrożenia. Twarz wysmarowana kremem połyskiwała jak nowa patelnia, a potomstwo sztywne niczym kukła nie było w stanie nawet zgiąć rąk w łokciach. Książkowy przypadek syndromu rodzica owijającego pierwszego potomka w niemalże wszystko, co wpadło pod rękę. Na zewnątrz panował chłód. Wejście do małego pokoju złośliwej kawalerki owiewało wnętrza zmarzniętych ciał ciepłym powietrzem. Odłożyłam torby pełne zakupów na kuchenny blat i pomału wypakowywałam zapasy. Zaparzyłam herbatę, wkroiłam do kubka soczysty plaster cytryny, po czym delektując się smakiem gorącego napoju, wychyliłam głowę zza kuchennej ściany i podjęłam rozmowę z zajętym Krysią Grześkiem.

– Słuchaj, zanim zrobię kurczaka, zjem na szybko bułkę z pasztetem, tym za piętnaście dwadzieścia, z ogórkiem kiszonym od babci Jasi, polanym keczupem... – opowiadałam rozmarzona, jakby czytając przepis z książki kucharskiej polskiej biedoty. – Chcesz też? – Padło jak grom z jasnego nieba w kierunku nieprzygotowanego na pytanie mężczyzny. W „chcesz też" nie było nigdy ukrytego przekazu podprogowego. „Chcesz też" pytało wprost, czy chcesz też, bez podtekstów w stylu, czy powinieneś, ile dzisiaj już zjadłeś i czy wypada zjeść jeszcze więcej. „Chcesz też" pytało o to, czy mam wyciągać ekstra bułkę z siaty i czy zamiast jednego ogórka skroić dwa. Po prostu. Tymczasem z kanapy dobiegł chyba przemyślany głos mężczyzny, który najwidoczniej po pytaniu przeszedł przez wszystkie łańcuchy przyczynowo-skutkowe, obliczył skład procentowy tłuszczu we własnym tłuszczu, wskaźnik wzrost vs. waga, BMI, PKB, PZPN i CHWDP, po czym stanowczo odpowiedział:

– Nie, nie! Dzięki. Jadłem w pracy naleśnika, krokiecika i pomidorówki udało się trochę siorbnąć. Nie chcę, poczekam na kolację.

Nie byłam może trenerem mindfulness z dwoma dyplomami i odznaczeniem honorowym prezydenta RP, nie byłam Mateuszem Grzesiakiem, ale „nie, dziękuję" odebrałam raczej bezbłędnie jako „nie, dziękuję", a nie „zapytaj mnie jeszcze dwa razy. Wiem, że chcę, ale walczę". Krysia leżała rozbrojona w swoim łóżku, wodząc wzrokiem za kręcącymi się małpami, zawieszonymi na kolorowych tasiemkach. Mężczyzna mój, jakby niespokojny, przestępował z nogi na nogę, pukał miarowo palcem jednej ręki w stół, gryzł paznokieć drugiej ręki, aż nagle nerwowo wkroczył do kuchni i gapiąc się na talerz kanapek, jak gdyby nigdy wcześniej nie widział pasztetu, rzucił:

– Daj gryza!

Z ustami pełnymi ulubionych smaków przeżułam dokładnie bułkę. W przełyku spadała długo i boleśnie. Stanęła w gardle, widząc wywalony do kolan język jego, który niezmiennie, nawet po powrocie wylewów miłości

KOMIKS PT.: CZEŚĆ, MOGĘ GRYZA...

po narodzinach Córki, stawał kością w gardle i wkurwiał jak żaden inny. W stanie wstępnego rozchwiania emocjonalnego wywlekałam jedno oko na Maroko, drugie na Skierniewice, bo nie żal przeze mnie przemawiał, że mało mam czy coś tam, lecz sam fakt, że dopiero co zmiotłam okruszki, a nóż od masła starannie wytarłam w papierowy ręcznik. Mogłabym przysiąc, że nie dalej jak dwie minuty wcześniej pytałam dość wyraźną polszczyzną o rzeczoną przekąskę, a i odpowiedź usłyszałam dobitnie, drukowanymi. Próbując opanować się na tyle, żeby w sielskim klimacie powrotu z hipermarketu w środku zimy nie pokłócić się o kajzerkę za dwadzieścia pięć groszy, spuściłam z tonu, przetarłam usta od spieczonej skórki świeżuśkiego pieczywa i na otwartej dłoni dałam Grześkowi „gryza", mówiąc ładnie „proszę". Nagle moim oczom ukazała się rozdziawiona paszcza, na której końcu zamerdał przymigdałowy języczek i tylna ściana gardła. Jakby Grzesiek chciał tę bułkę z pasztetem po mój łokieć upierdolić za przeproszeniem, a sam wywlekł się niemalże na lewą stronę w poszukiwaniu większego łuku zdobycia wypieku.

– Chryste! – Cofnęłam zamaszyście rękę w obawie przed jej utratą. – Ale ręce to ty mi zostaw, gościu! – dodałam, pospiesznie zabierając talerzyk ze skarbem z powrotem do kuchni.

– Sknera – zaburczał nisko pod zawiedzionym nosem z kanapy w pokoju. Tym razem obszedł się zapachem, ale jak blisko było do rozlewu krwi, wiem tylko ja i moje przestraszone dłonie.

Z Grzesiem nie zgadzałam się jeszcze w kilku istotnych kwestiach, między innymi w sprawie metody wyciskania tuby pasty do zębów. Nie oczekiwałam przełomu, że zrozumie samą genezę powstania problemu i że tak jak ja będzie starał się zachować pomieszczenia wspólne we względnym ładzie. Bardziej wierzyłam, że łzy i toczona przeze mnie w furii piana dla świętego spokoju nauczą człowieka, że pasty się nie ciśnie, jakby goryl pięścią w stół walnął, nie znając funkcjonalności przeciwstawnego kciuka. Próbowałam, dyskutowałam, instruktaż rolowania od dołu w trąbeczkę miałam w małym palcu, kiedy i tak po kilkunastu godzinach ciężkiego dnia wpadałam do łazienki na szybki prysznic, a oczom moim ukazywała się zmaltretowana kupa z fluorem, nad którą znęcał się wcześniej niereformowalny samiec. O podniesionej desce w kiblu nie wspomnę. O wszystkich razach, kiedy nocą, po ciemku, lądowałam gołymi pośladkami w wodzie – też nie. Kiedy zmieniał dziecku pampersa, nigdy nie oddawał się wyćwiczonej przeze mnie frekwencji przynoszącej wewnętrzny matczyny spokój, lecz walił na oślep przypadkową kolejnością zdarzeń, nie zastanawiając się w ogóle, czy rajty na dupie przed body mają prawo bytu. Rozbrajał Rysiowy Fort Knox w środku nocy jednym szarpnięciem grubych paluchów, nie przygotowując wcześniej całego osprzętu zapobiegającego jej przebudzeniu i wybudzeniu, po którym do boju wkroczyć mogłam już tylko ja i moje dwa opasłe worki karmiące. Czasami miałam wrażenie, że w człowieku ojcu – każdym, nie tylko moim – wyobraźnia i umiejętność wiązania wydarzeń w sploty nie spotykała się z kobiecą wersją nawet w pierwszej klasie szkoły podstawowej. Kiedyś zabraliśmy raczkującą Krystynę do znajomych posiadających dość niechętnego społecznie kota, zajmującego się głownie mierzeniem świata i ludzi z wysokości oparcia fotela. Kiedy zobaczyłam zalegające na wiekowym parkiecie nos w nos dziecko ze zwierzęciem niegościnnym, złym, syczącym dziwnie jak nadpsuta sokowirówka, zdążyłam rzucić tylko pospieszne: „Grzesiek, uważaj!!!". Ten zagrodził mi drogę swoim męskim, szerokim ramieniem i odwracając się pomału w kierunku matczynej histerii, pełen spokoju i równowagi zakomunikował:

– Nic **mu** nie będzie, patrzę na nią.

A przed oczami mojej wyobraźni turlały się pociesznie dwie wydłubane przez kota gałki oczne Córki i fragmenty przedramienia, do którego miał się dokopać pazurem. Nie mogłam przejść bez echa nad różnicami ciśnień w naszym związku powodującymi nagminne bóle głowy. Wzloty i upadki. Ciągły rollercoaster.

Im częściej się obruszałam, tym bardziej nic to nie zmieniało. Wychodząc spod prysznica opasana jedynie wilgotnym ręcznikiem, podskakiwałam na jednej nodze, próbując pozbyć się wody z ucha, i patrzyłam, jak trzyma ją na rękach i przeczesuje dyskografię Kultu, podrygując niczym żołnierz. A ona usypiała jak zaczarowana, kiedy nie pamiętając słów, gnał z kulcianym mormorando na łeb, na szyję. Dawał bawić się zalakowana rączką od kombinerek i tekturą od zestawu talerzy, miewał najbardziej odklejone wizje dobrej zabawy z niemowlęciem w ogóle, ale i tak finalnie stawał przede mną jako najlepszy wybór z wyborów. Jedyny taki, pacyfikujący dziecko przy *Tacie dilera* i *Nie mam nogi*. Kiedy śpiewał romantycznie do mikroucha: „Cholera jasna, spódnica ciasna, a pod spódnicą jaja się świcą", wiedziałam, że nie ma sensu walczyć – to trzeba zaakceptować. Tak stał się największym oksymoronem mojej rzeczywistości. Największym hasłem bez logicznego wyjaśnienia i szczegółowego wpisu w encyklopedii.

10.

Śmichy-chichy. Dziecko było, a tu chciało się przy nim normalnie żyć. Byliśmy z siebie właściwie dumni, szło nam naprawdę sprawnie. Nie zostawiliśmy jej jeszcze ani razu przez zupełny przypadek w hipermarkecie na mięsnym, pamiętaliśmy o czapce, założyliśmy książeczkę lekarską i skrupulatnie podawaliśmy witaminę K+D, jak wskazano w źródłach. Potrafiliśmy założyć bluzkę bez wyłamywania łokci i umyć włosy w niebieskiej plastikowej wannie z kaczką – unikając podtopienia i piany z mydła pod powieką. Byliśmy bohaterami rocznika, którzy dzielnie udowadniali, że się da. Oprócz ciążących na nas obowiązków chcieliśmy jednak liznąć czasem normalnego przeżywania lat przed trzydziestką i dowieść samym sobie, że z tym okruszkiem na ramieniu nie jesteśmy dysfunkcyjni. Kiedy Krysia skończyła pięć miesięcy, my, płynący na fali rodzicielskich powodzeń, zakochani, postanowiliśmy wybrać się na wesele. Tutaj większość doświadczonych rodziców zachłystuje się właśnie kotletem, wypluwa nabrany wcześniej łyk herbaty, leci po kropidło, czosnek i ociosany kołek. Zrozumiałe, teraz zrozumiałe. Wtedy byliśmy jednak nieopierzonym gąsiorem, a dziewiczość i nieświadomość działania popychała w niebezpiecznym, destrukcyjnym kierunku.

Impreza odbywała się w remizie, dwadzieścia pięć kilometrów za miastem. Dojazd na nią stał się podróżą w warunkach trudnych, żeby nie napisać – szkodliwych. Ryk niemowlęcia, nachuchane wnętrze ze skraplającą się na szybach parą i niedziałającą przednią wycieraczką w strugach deszczu szargały wariacko nerwy. Opcja z dzieckiem na takiej imprezie była propozycją albo dla ekstremalnie cierpliwych, albo zdesperowanych. My nie byliśmy cierpliwi. To było raczej coś na poziomie emocjonalnym czterolatka, który nie może zdjąć za mocno zawiązanego buta i tarzając się w owym po podłodze, stara się wygryźć dziurę w skórzanym języku. Pamiętam, jak będąc w zaawansowanej ciąży, poprosiłam Grześka o położenie kilku płytek w kuchni, a ten, nieznający kompilacji słów „może wezwij fachowca, ja nie potrafię", zabrał się ochoczo za klejenie. Po kilku godzinach, kiedy całość zjechała do parteru, a spod okapu ostentacyjnie odpadała jedna kostka po drugiej, skopał ścianę w skórzanych pantoflach z motywem podhalańskim, rozluźniając ciśnienie okrzykami: „pierdolę to serdecznie" i „sama sobie kładź". Nie znaliśmy pojęcia cierpliwość. Ani on, ani ja. U nas po prostu nie było chętnych do przejęcia dziecka, żeby więc totalnie nie wypaść z towarzyskiej karuzeli, wmówiliśmy sobie, że mocno tego chcemy. Że marsz na wysokich obcasach przez Kozią Wólkę, po chodniku dziurawym jak powierzchnia Księżyca, z maluchem niesionym na wyprostowanych przed siebie ramionach, by chronić suknię Matki przed rzygami, śliną i skisłym mlekiem – należą do przyjemności.

Zaczęliśmy się szykować kilka godzin przed wyjazdem. Ja goliłam nogi jedną ręką, drugą likwidowałam monobrew Breżniewa, trzecią odliczałam miarki modyfikowanego mleka tak, żeby względnie przeżyć noc bez niespodzianek, a stopą uruchamiałam pozytywkę w pluszowym misiu, dbając o rozrywkę tu i teraz. Grzesiek wciskał się w spodnie od garnituru sprzed kilku miesięcy. Kucał, sprawdzając, czy nie pójdą w kroku. Golił wąsy, spryskiwał tors perfumami i łapał mnie za ubrane jedynie w biustonosz piersi, monitorując poziom rozchwiania emocjonalnego. Badał, czy jeszcze mnie to bawi, czy już lekko wkurwia. Zapakowaliśmy samochód jak na handel obwoźny. Zza wózka, trzech koców i torby podróżnej z pełnym ekwipunkiem wystawały jedynie czubki nosów i moje natapirowane włosy. Byliśmy spóźnieni o trzy msze święte i dwa pełne koncerty na skrzypce z fortepianem, ale u ludzi z pierwszym dzieckiem nikogo to nie dziwiło. Kiedy dojechaliśmy do celu, wypakowywaliśmy ekwipunek i pokłóciliśmy się ekstremalnie poważnie ze trzydzieści razy. A to o gumy miętowe, których nie było, a być miały, o technikę ładowania koca do torby pod wózkiem, oszczędzając jak najwięcej miejsca na puszkę lakieru do włosów, a to znów o liczbę warstw ubraniowych Córki, których dla mnie było za mało, a dla niego jak zwykle w sam raz. Zanim doszliśmy do kościoła, tapir zdechł, makijaż zemdlał i zważył się okropnie, a mężczyzna, który mi wiernie towarzyszył, zgubił guzik od spodni. Ten guzik dał dyskretnie znać, jak mocno trzeba będzie uważać na pozostałe zabezpieczenia pasa podczas przypuszczalnego epileptycznego trzepania do *Rudy się żeni*. Sytuacja była napięta. Dosłownie.

Reszta nocy to już rozrywka w czystej postaci. Sala na pierwszym piętrze, wózek wnoszony jak lektyka, a z daszka sypiące się na prawo i lewo skarby. Butelki, chusteczki, korki od butelek, grzechotki, kukurydziane skurwysyny chrupki, od których opakowanie zawsze otwierało się tak, żeby wywalić wszystko w całości, naraz. „Masz, potrzymaj ją, dokończę mielone", „Ale ona nie chce u mnie, woli do ciebie", „Zesrała się, co robimy?", „Przebiło. Zabrałaś ekstra rajstopy?", „Szkoda, że nie możesz jeść tatara, bo ten tutaj urywa jaja". Rodzicielskie dialogi płynęły w eter weselnej przestrzeni stołowej. Człowiek nie doświadczał odejścia od talerza, bo warował przy dziecku, myśląc, że jest za głośno, za cicho, za zimno, za ciepło, za jasno, za ciemno, za niewskazanieżebytubyćotejgodzinie. No chyba że do stolika podbijał systematycznie mokry jak wieloryb wujek, który, unosząc brew, już od zakrętu dawał znaki, że zmierza właśnie do mnie. Chryste Panie, tego *Konika na biegunach* bałam się najmocniej. Uwalniał on w mężczyznach dziką potrzebę szarpnięcia wszystkimi podchodzącymi pod rękę kobietami. Tamten wujek miał obłęd w oczach. Chciał tego tańca jak żadnego innego. Grzegorz dobrodusznie wypchnął mnie jak dobrej klasy jałówkę na sobotnim rynku i zawołał z ustami pełnymi sałatki:

– No, idź, idź! Baw się. Korzystaj!

„Penis jeden", pomyślałam z przyklejonym do posępnej twarzy sztucznym uśmiechem. Sam pod ścianą, umazany majonezem, lał łzy ze śmiechu i unosił ręce, dławiąc się sernikiem. Żebym nie wiem jak mocno starała się minąć wzrok własny z rozbieganym okiem stryja, nie miałam szans na kapitulację. Upolował mnie już przy podsuszanej kiełbasie na wiejskim stole. Znałam ten typ doskonale. Mokry jeszcze zanim doszedł prosić do tańca, dawał poznać się jako tancerz sprawny, aczkolwiek niesamowicie wilgotny.

Reszta wieczoru była przeplatana histerycznymi próbami uwolnienia się od reżimowych uścisków nałogowych tancerzy disco polo podskokami z wózkiem do najbardziej uwłaczających piosenek w historii polskiej muzyki biesiadnej, karmieniem dziecka na zapleczu przy obieraku z uwagi na względną ciszę i wyczekany powrót do domu w anturażu totalnej porażki. Wyglądaliśmy jak dwa menele w ładnych ubraniach plus karzeł, po których chwilę wcześniej przebiegło stado koni. Muzyka potrząsała mną miarowo od środka jeszcze długo po wyjściu z remizy, a stopy uwolnione od wysokich obcasów przypominały szynkę.

Zgasiliśmy światła. W domu nastał upragniony spokój. Cisza.

– Grzesio... – wyszeptałam z łóżka, wpatrzona w sufit. Kołdra chłodna po całej nocy przy otwartym oknie działała na skołatane nerwy i ciało jak opatrunek. Naciągnęliśmy ją pod brody i dziękowaliśmy w duchu za każdy centymetr naszej dwudziestosiedmiometrowej celi z dziurami w ścianie i charczącym kiblem. – Kochanie, pomasujesz mi stopy? – zapytałam.

– Zaraz po tym, jak zrobisz mi loda – odpowiedział z pewnością w głosie, odwrócony do mnie plecami.

– A więc dobranoc, Grzegorz. – Oddałam ostatnie tchnienie i przykleiłam twarz do poduszki. – Dobranoc.

11.

Wstaliśmy wcześnie rano. Zdecydowanie za wcześnie, ale o tym się nie myśli, kiedy na stole stawiają obok siebie darmową wódkę, wino i piwo, jakie się lubi. Zimne, zroszone. Głowę ciężką, ołowianą odlepiałam od łóżka mozolnie. Dziecko skrzeczało sympatycznie z łóżeczka w kącie pokoju, prosząc się o strawę, a Ojciec leżał na wznak jak wyschłe zwłoki z pogniecionym wąsem. Standardowo. Wysuwając nogi za materac, zbierając w całość resztki godności i składając *flashbacki* nocy, zastanawiałam się, czy u ojców funkcja wstawania do dziecka zatarła się w trakcie ewolucji, czy też śni im się po prostu zawsze coś tak fantastycznego, że grzebanie palcem w kupie własnego potomstwa jest zbyt mało atrakcyjne. Wyłączają głośniki, wyciszają instynkty i śpią. Jak zabici leżą pod ciepłą kołdrą, po czym chwalą się na niedzielnych obiadach u matki, że córka przesypia całe noce, kiedy to wam gałki zwisają obeschnięte na dwóch rozciągniętych sprężynach.

Sunęłam po mieszkaniu, wypełniając standardowe obowiązki, i przeklinałam moment, w którym skusiłam się na popijanie wódki piwem. Myślałby kto, że po pierwszej w życiu tajnej nalewce z brzoskwiń i dwóch mocnych papierosach w trakcie nauczy się, że do alkoholu to trzeba mieć jednak zdrowie. Niestety, jaki się głupi zrobił za młodu, taki umierał na starość. Kac z dzieckiem w mieszkaniu dla odmiany należał do zupełnie innej kategorii cierpienia i nie dało się go wytłumaczyć słowami nawet w propozycjach naukowych, przebadanych i przedstawianych w liczbach. Skala cierpienia i chęci wyskoczenia z czwartego piętra twarzą na beton kończyła się, jeszcze zanim się człowiek porządnie obudził i poczuł ogień piekielny.

W domu panował chaos. Ścieżka łachów i połyskujących dodatków skrupulatnie oddawała prędkość, z jaką w nocy chcieliśmy położyć się spać i jak starannie Tatuś potrafił wić gniazda ze zdjętych spodni, majtek i wystającej z nich pary skarpetek. Ogarnęłam rynek, usmażyłam jajecznicę, podałam córce mleko, a sama usiadłam na skraju skrzypiącego tapczanu z rozmazanym okiem. Rozglądając się po pokoju, zawiesiłam wzrok na dochodzącym do siebie mężczyźnie. Śmierdział papierosami i wypitą w nocy wódką, a jego stare, zdecydowanie zbyt luźne bokserki pokazywały, co ma do zaoferowania na potem.

– Masz jajka – wypadło z ust moich przewrotnie dwuznacznie, kiedy stawiałam przed nosem pachnące śniadanie. W kubku parowała gorzka herbata, zaparzona z dwóch torebek, tak jak lubił. Patrzyłam, jak mieli żółtka i trzęsie się zupełnie znokautowany przez niedobór elektrolitów. Nasz związek z podniebnych uniesień i zaskoczeń zupełnie nieopisywalnych słowami i zwrotami zamienił się w codzienne podglądanie faktycznego przeżywania ziemskiego padołu przez chłopca ze szkoły podstawowej, który kilkanaście lat wcześniej nosił za mną plecak w górach. Zeszliśmy z chmur na ziemię. Tylko czy zaoferowany w zamian krajobraz odpowiadał mi na tyle mocno, żeby osiedlić się na zawsze? Nie było pewności.

Później patrzyłam, jak ścieli pokornie wersalkę, robi głupie miny nad głową Krystyny, łapie się za własną przy zbyt zamaszystych zmianach wysokości, udaje przesadnie torsje i... pełna zaskoczenia przyznawałam przed sobą, że nie zamieniłabym się. W sumie czasem bardzo mi się chciało, w sumie czasem myślałam: „a idź pan w chuj", ale potem znowu na niego patrzyłam i chociaż najchętniej skoczyłabym mu do gardła, finalnie nigdy tego nie zrobiłam. Powstrzymywałam się. Kiedy byłam tuż przy tętnicy z ostrą żyletą, kiedy brałam zamach, nakazywałam mu żegnać się ze światem, przed samym stykiem z ciałem wyrzucałam metal z ręki. Obserwowałam jego zmierzwione włosy i skacowany wzrok zawieszony na rozbujanych gałęziach kasztanowca za oknem. Wyglądał zniechęcająco, a ja w jego sąsiedztwie i tak czułam się spokojnie. Nie zamieniłabym go na innego, bo tamci inni też byli pojebani, z tą różnicą, że to pojebanie to ja już znałam, a tamto to cholera je wie. Mogło być gorsze i już w ogóle nie wiedziałabym, jak z nim żyć. Już mi się nie chciało w sumie. Szukać. Sprawdzać. Udowadniać. Tego gościa przestudiowałam od góry do dołu. Był jak rosół mojej Matki, który zawsze wychodził dużo ciemniejszy niż te w telewizji i zdecydowanie niekrólewski, ale to ten smak miałam w ustach na samą myśl o rosole w ogóle i z tym smakiem nauczyłam się żyć jak z jedynie słusznym. On też mnie znał na wylot. Nigdy nie zabił, kiedy powinien. Walczył.

Rozumiecie już? Tu nie było idealnie. Nigdy. Nie było tylko „ochów", „achów" i latania dwa centymetry nad ziemią. Tu nie było deklaracji i deklamacji, nie miało być zawsze tak i siak. Ale kiedy zakładaliśmy kurtki i otwieraliśmy drzwi, chcąc uciekać, to byliśmy w stanie dotrzeć najdalej do drzwi klatki. W tył zwrot. Zaraz. Przecież ja tu zostaję na zawsze. To nie było tylko: „cześć, kocham cię, co zjesz dzisiaj na obiad" i „daj buzi". Nie tylko: „dziękuję, że mi podałeś", „fajnie, że pamiętałeś" i „uff, że odciążasz". Była między nami tona kamienia, „gdzie byłeś?!" i jakieś „nienawidzę cię" też czasem wpadło. To była bardzo spieniona relacja, ale twarda. Stabilnie obecna.

A potem w momentach największego zwątpienia przypierał mnie do ściany, łapał mocno za nadgarstki, wąchał kark i mówił, że jestem jego najlepszym erotycznym snem. Dawał kwiaty. W środę. Kto dostaje kwiaty w środę? Stawał mi na drodze i patrzył tak, że wiedziałam, że odchodzić nam od siebie nie wolno, bo zdechniemy zwiędnięci, niepodlewani. Podnosiłam na niego zapłakane oczy, które unosiła bezsilność, a przede mną stawała poczciwa twarz, krzycząca głośno: „Tutaj jest twoje miejsce. Przestańmy już!". „Kochasz mnie?", pytał co chwilę. Po co się upewniał? Przecież powiedziałam raz. Powiedziałam dwa.

Związek okazał się być strategią, zestawem zeszytów ćwiczeń i wieloletnią edukacją, na końcu której stało albo porządne wykształcenie, albo totalne ciemniactwo. W to trzeba było grać i grać, żeby zrozumieć, o co chodzi. A nie przyjść, posiedzieć chwilę na trybunach i ogłosić się trenerem kadry. To była i nadal jest ciężka rozrywka i, jak przystało na hazard w czystej postaci, nie było pewności, czy zawsze damy radę wyjść z tego obronną ręką. Tak czy inaczej, graliśmy vabank. Wszystko na jedną kartę.

12.

– Pakuj się, wyjeżdżamy do Lublina – rzucił pewnego dnia podniecony Grzegorz, który od kilku miesięcy nie mógł znaleźć pracy w zawodzie i harował jak wół na dwa etaty, próbując utrzymać nas przy życiu.

– Dokąd?! – zapytałam z ustami pełnymi młodej kapusty i tłustych skwarków z boczku.

Kiedy wrócił do domu, byłam w trakcie przygotowywania obiadu. Posiłek był moim obowiązkiem. Zakupy były moim obowiązkiem. Pies był moim obowiązkiem. Sprzątanie, ogarnianie kalendarza szczepień, rozrywka, rozwój niemowlęcia, kamień na toalecie, zacieki na prysznicu, podlewanie kwiatów, prasowanie, opłaty, poczta, awizo, wieszanie firanek, odplamiacze do białego, kolorowego, maść na pierwsze zęby, buty ze sztywną piętą, odpowiednia spacerówka dobrana do wieku, krem na zimno, krem na gorąco, pranie na balkonie i to w pralce mokre też. Życie moje nazywało się „obowiązek". Wessały mnie mała dziewczynka i rola w domu. Nad kuchenką zwisała smutna, przetłuszczona grzywka i wyciągnięty T-shirt z napisem „Wonder Woman", który był po prostu bezczelny. Pod kuchenką podrygiwało w bujaku dziecko zjadające na zmianę podrzucane ze stołu jabłko i marchew. Było promieniem słońca przedzierającym się przez brudną szybę.

– Lublin? – powtórzyłam za nim. Czułam, że się przesłyszałam, a nazwę miasta podmieniłam nieświadomie z szyldem jakiegoś wykwintnego łódzkiego lokalu gastronomicznego, do którego chciał nas zabrać. Stan finansów z ostatnich kilku miesięcy niestety skutecznie mącił tę przejrzystą wodę i pomału upewniał, że raczej nie jedziemy na kolację do miasta, a ostrzymy bieżnik na podbój wschodu.

– Lublin. Jedziemy do Lublina. Głucha jesteś? Dostałem pracę – oznajmił i choć termin nie był natychmiastowy, zaczął nerwowo drygać po mieszkaniu w prawo i lewo, sprawdzając, co mamy, a co trzeba będzie dokupić.

– Stary, usiądź. Nałożę ci obiad, brudny talerz odstawię do zlewu, a ty opowiesz, o co chodzi. – Gasiłam podsycany wizją normalnych, niegłodowych pieniędzy ogień. Praca wyjazdowa nie była w naszym przypadku niczym nowym. Grzesiek trudnił się dość specyficznym zajęciem w przemyśle budowlanym, które wymagało relokacji co pół roku, ale po raz pierwszy przeprowadzka dotyczyła również mnie i niemowlęcia, które właśnie nieświadome oblizywało kukurydzianego palucha w bujanym fotelu i stało się jedynie składową podjętych przez Ojca decyzji dotyczących przyszłości. Wraz z hasłem „Lublin" po raz kolejny autonomiczny status singla wywalił się na cyce, a w tył głowy pukała niezależność, która teraz każdą bułkę zmuszona była dzielić na trzy. Stało się oczywiste, że dyskusje nie mają sensu, a im dłużej kalkulowałam istotę towarzyszenia mu w podróży, tym więcej plusów byłam w stanie odhaczyć. Przewrotnie. W pewnym sensie posiadanie rodziny stało się jednym wielkim wykładem o kompromisie, na którym kształciłam się, jak przestać być egoistką. Dotychczasowa rzeczywistość, w której wykończony Grzesiek wracał po dziesięciu godzinach pracy w fabryce, drzemał trzy z ujadającym nad uchem dzieckiem, po czym wsiadał w samochód, by wyrobić następnych osiem, była rzeźnią. Bujałam dziecko w ramionach, zastanawiając się, czy wróci i czy nic się nie stało. Czy nie leży gdzieś w rowie, walcząc z zawałem, albo czy nie zasnął za kierownicą i nie skończył na drzewie. Bywałam jednocześnie rozżalona, że teraz tak, że nie mam na sobie ulubionych butów na obcasach, że nie jestem w klubie na Piotrkowskiej, nie wdaję się w intelektualne potyczki i dyskusje z interesującymi ludźmi, że cała jestem nogą z elektroniczną bransoletką alarmującą o ucieczce. Z drugiej zaś stałam się taśmą produkcyjną ckliwości, infantylności i hormonalnego monsunu targającego ciało zamaszyście. Zajmowałam się produkcją miłości do dziecka i partnera, troski o to, czy są bezpieczni, i tego głębokiego, ssącego jak głód poczucia, że potrzeba mi powietrza, którym oddychają, bym sama mogła odetchnąć z ulgą.

Tamtego dnia patrzyłam, jak wkłada do ust widelec za widelcem i gryzie przygotowany przeze mnie obiad; a kiedy łapaliśmy się wzrokiem, częstowałam go szczerym uśmiechem. Wiedziałam doskonale, ile znaczy dla niego stabilizacja. Był odpowiedzialnym facetem, który czuł na ramionach ciężar utrzymania mnie i dziecka. Miałam pewność, że zacznie sypiać spokojniej, nie zadręczając się, co będzie dalej, i nareszcie wróci do tego, co kocha robić. Odłożyłam siebie na bok. Dałam mu zagrać pierwsze skrzypce. Mozolnie i po wertepach, ale nauczył mnie oddawać, chociaż tak dzielnie się przed tym broniłam.

Kilka tygodni później zaczęliśmy intensywne przygotowania. Przeprowadzka miała być jedynie zmianą miejsca zamieszkania i rozłożeniem pampersów na nowej półce, a okazała się walką z czasem, stresem, materią i próbą niezniszczenia i tak już niestabilnych relacji partnerskich. Pakowanie do małego samochodu dorobku wszystkich poprzednich lat było jak z zupełnie innej galaktyki, a dantejskie sceny spod małego bloku na łódzkiej Górnej przeszły do opasłych kronik historii rodu.

– Więcej już nie wejdzie – oznajmił spocony jak wieprz Grzesiek, kończąc maraton wejść i zejść z drugiego piętra. – Nie ma opcji, żebyś wetknęła palec. A tobie serdecznie współczuję. – Skinął w stronę Kisiela, psa, który w spadku z przeszłości zamieszkiwał z nami w ciasnym mieszkaniu. Leżał teraz zupełnie nieświadomy, sflaczały wręcz, na podłodze w łazience i miarowo pukał ogonem w szafkę.

– Jak to: nic nie wejdzie? – powtórzyłam za nim poirytowana, wskazując na skumulowane za plecami hałdy pudeł, toreb i wyposażenia, które obowiązkowo miało zasiedlać z nami Kresy. Z ramienia żałośnie osunęło się ramiączko zszarzałego stanika, zwiastujące rychłe nadejście końca cierpliwości i obfite wylewy staropolskich haseł o kurwach, złodziejach i Donaldzie Tusku.

– Srak – popisał się.

– A no jak srak, to nie mam pytań – burknęłam pod nosem, nie przestając pakować dziecięcych ubrań w worki na śmieci.

Kiedy pofatygowałam się na parking, by ocenić stan pożogi, o której wspomniał z reguły wyolbrzymiający tragedię mężczyzna, parsknęłam śmiechem. Środek opla vectry był załadowany pod sufit. Zamknięte przednie okno pasażera podtrzymywało wywroty łachów, kołder i dokumentów, które wieńczyły dwie metalowe miednice, stanowiące psią zastawę. Z tyłu pudła, segregatory, wanienka do kąpieli i złoża zabawek, które z każdą próbą domknięcia drzwi uruchamiały swoje irytujące melodie. „Raz pewien farmer pieska miał, co Bingo miał na imię" – włączało się za każdym razem, kiedy Grzesiek ubijał drzwi na wystającym ogonie pluszowego smoka wielkości zmutowanego owczarka niemieckiego. „BE-I-EN-GIE-O! BE-I-EN-GIE-O!" – wybrzmiewało stare auto głosem szczytującej sopranistki, zaparkowane centralnie pod wejściem do klatki. Samochód przypominał komórkę mojej Matki, w której mimo osiągniętej dorosłości nadal można było znaleźć sanki i rower z komunii. Pięćdziesiąt kilogramów Kisiela wciągane przez bagażnik, ja na tylnym siedzeniu, przypominająca kanapkę znalezioną w plecaku po dwóch tygodniach ferii, Krystyna wciśnięta w foteliki obłożona betami, chuchający pies, zaparowane szyby i kochane *Kingston Town* zespołu UB40 na popierdujących głośnikach kombi. Ponad trzy godziny piekła wiozły nas do lepszego świata. Prowadziły przez Radom Chytrej Baby i Puławy, doprowadzając ostatecznie do duchowego zmartwychwstania, otrzepania butelkowozielonej garsonki z poduszkami w ramionach i początku zupełnej normalności.

Późnym wieczorem dojechaliśmy na miejsce. Pod wysokim wieżowcem z metalu wyprostowaliśmy kolana i przypomnieliśmy sobie, jak smakuje świeże powietrze. Cyganie, którzy po raz kolejny w historii wspólnego bycia wypakowali prywatny wóz Drzymały na polskim blokowisku, małymi krokami zasiedlili mieszkanie na trzecim piętrze w bloku przy ulicy Romantycznej. Podróże za pracą, płacą, technicznie za jedzeniem. Patrząc na wnoszącego rolki papieru toaletowego pod pachami Grześka, tego z nocnikiem na głowie i suszarką do bielizny zawieszoną na opuszku najmniejszego paluszka, jedynego wolnego, czułam się jak członek jednego z najbardziej odizolowanych plemion na świecie Mascho-Piro. Tego samego, które nie dając już rady w głębokiej dżungli lasu deszczowego, zeszło po żarcie, liny i maczety, przepraszając się z dumą i butą. Romantyczna była naszym wyjściem z lasu, a następne pół roku – szkołą łowienia tłustych ryb na całkiem nową wędkę.

13.

Obudzona w okolicach ósmej rano upierdliwym dzwonkiem telefonu poderwałam się na równe nogi. Za oknem śpiewały rozanielone ptaki. Słońce, dokładnie to, które uwielbiam najbardziej, wiosenne, lekkie, niepalące w upodlone i śmierdzące cielsko jak miotacz ognia, raziło w zaspane jeszcze oczy. Kochałam maj najmocniej na świecie. W maju rok w rok zachciewało mi się żyć na nowo.

– Wyjdź z psem. Nie zdążyłem rano – zakomunikował w słuchawce mężczyzna, który jak zwykle wstał dwadzieścia minut przed autobusem, licząc naiwnie, że samo rytualne dziesięć minut posiedzenia na porannej dwójce magicznie zatrzymuje stoper. Buty zawiązywał już w biegu; a jeszcze zanim dobiegł do autobusu, rosił się jak maratończyk. Kondycję mieliśmy zerową. I on, i ja.

Ubrałam posłusznie psa w biżuterię, smycz na pełnym lansie, skóra. Krysi naciągnęłam jakiś za duży sweter i na wdechu wtarabaniłam się do windy z całym dobrodziejstwem inwentarza. Pies wielkości kuca, wózek, dziecko, nogi dziecka wystające znacząco za obszar powierzchni siedzącej, palce dziecka, z których każdy działał autonomicznie, chcąc nacisnąć każdy wystający element zatrzymujący nas w rezultacie na piętrach po drodze, jedna matka i gumowa kura do rzucania w krzaki otłuszczonemu, śliniącemu się czarnemu siłaczowi rasy Skundlony Labrador Retriever. Taki Labradoodle, umówmy się. Zanim doszłam od drzwi windy na parterze do drzwi klatki, miałam za sobą w głowie dwie próby samobójcze, a z połączenia słów: „Kisiel, nie ciągnij" mogłabym nagrać zapętlony, dziesięciogodzinny protest song na YouTube, którym gwałciłabym „zmęczonego" Grześka po niewiarygodnie wysysającym dniu pracy. Każdym jednym, który miał udowodnić, że moje dni w domu są lekkie i z pianką na dwa palce. Pod klatką było to, co lubiłam w każdym mieście, w każdym zakamarku metropolitalnej wrzawy, na wiosnę. Sukienka w kwiatki delikatnie łopotała na wietrze, letnia bryza rozwiała włosy, w powietrzu unosiła się świeżość. Mimo nadwagi i ud, które tarły o siebie wściekle, poczułam się lekka jak piórko, a obraz tamtej właśnie natury uspokajał postrzępione wcześniej nerwy. Muzyka świata to wbrew pozorom coś, co może ukoić skrajnie patogenne organizmy. Nawet mój. Wiosna. Wiatr. Sikora modra pięknie ćwierkała na drzewie za rogiem. Jestem matką, ach. Matką na spacerze z wózkiem o ósmej dwadzieścia, och. Paparazzi za drzewem – róbcie zdjęcia i wrzucajcie we wszystkie parentingowe kotły wzajemnej adoracji, pokażcie ludziom, jak wygląda macierzyństwo na sto procent i jak wygląda poświęcona mu matka na dwieście. Brakowało mi w sumie wystającego z ekosiatki pora, wytartego od histerycznego przeglądania poradnika Marii Montessori łypiącego na dziecię spod sukienki i kilku bułek z żytniej mąki na naturalnym zakwasie. Mimo to i tak czułam bulgocący w żyłach mainstream. Taka cisza. Przejmująca. Ja – sauté. No makeup. No stanik. Natura i dziecko… O ja pierdolę, chyba dojdę. Jeszcze chwila macierzyńskich uniesień i zrobię placuszki na mące ryżowej z ksylitolem i wiórkami kokosa albo kulki z kaszy jaglanej a'la Rafaello, Chryste. Lecę, sunę… kochaj mnie maj. Kocham cię maj!

– Gdzie mnie z tym psem, kurwa!!! – Mój eden przerwał kobiecy, trochę przepity głos, który brutalnie sprowadził mnie na ziemię. Wsłuchana w śpiew pierwszych, nieśmiałych majowych koncertów zawiesiłam wzrok na

niebie. Warkot chrypiący przebijał się przez spokój wyjątkowo inwazyjnie. „Tylko nie daj się sprowokować, jesteś nowa, masz szanse być miłą" – powtarzałam w głowie. Obróciłam się na pięcie w poszukiwaniu źródła. Źródła brak. Kisiel siusiał. Od chłodnego, przyjemnego powietrza mrużył oczy, zamykał pysk i łapał głębokie hausty przez nos. Leniwe bydlę, już nawet nogi nie podnosił. Tak mu było miło. Suknia powiała, łapiąc w fałdy wiatr jak w żagle. Słońce oplatało bose stopy dziecka, które chciały być tarmoszone i całowane jeszcze intensywniej. W uszach już prawie, już niemal witał się z gąską Tomasz Karolak śpiewający w oazie w Pile *Jezus, Alleluja!* – tak się dałam ponieść pięknu. Tak się pozwoliłam wytarmosić za kłaki wewnętrznemu spokojowi.

– No zabieraj to bydleee, kueerwaa! – Znowu. Zdębiałam. Zdjęłam drugi raz okulary przeciwsłoneczne i zaczęłam się rozglądać po dziesięciu piętrach plastikowych okien, już lekko poirytowana. Kto mi przerywa wewnętrzne przeżywanie i dlaczego, mimo ogromnej chęci bycia dobrym człowiekiem, znowu jestem zmuszona uruchomić najbardziej znaną mordę bijacz. Przeczesałam przepastne bloczysko wzrokiem raz jeszcze, gęba rozdziawiona, szukam. Na parterze, zza firanki i dwudziestu donic z kwieciem różnej maści, wystawał nos. Skrzywiony jak klamka od zakrystii, wysuwał jedynie czubek, ale za nosem tym szła nieprzeciętna społeczna odwaga i śmiałość w wyrażaniu niezadowolenia.

– No, spierdalaj! – przywitało mnie uroczyście na swojej ziemi. Wschód empatycznie otworzył ramiona dla przyjezdnych, psa i pierwszego, wiosennego wiatru.

Lublin od początku miał być ciężką próbą dla nas jako pary i dla definicji dorosłości w ogóle, w której ludzie starają się nie upaść za nisko, zanim nie będzie jak wstać. Obecność w tym miejscu i o tym czasie była wyjątkowo wymagającą bitwą na wieloletniej wojnie, która jasno kazała wybierać, czy wycofujemy wojsko i ogłaszamy kapitulację, czy pod osłoną kurzu, pyłu i ton gruzu wycieramy sobie wzajemnie twarze, gratulując odbicia Bastylii. Cali byliśmy garnkiem śmieciowej zupy, do której na przestrzeni doświadczeń i lat wspólnych przygód wrzuciliśmy z każdej strony wór soli, cukru i pieprzu cayenne. Potrafiliśmy wyzywać się najgorszymi hasłami z rynsztoka i wbijać noże głęboko w brzuch, żeby chwilę później rzucać się na siebie w dzikiej żądzy. Walczyliśmy dalej, bo pod nogami wiło się dziecko, a podjęcie rękawic należało się temu dziecku jak nic innego na świecie. Próbować. Nie dobrowolnie w zależności od usposobienia, a obowiązkowo i odgórnie pod płaszczem bezkompromisowego wymiaru sprawiedliwości. Musieliśmy próbować. Tak trzeba. Oliwy do ognia dolewał brak pieniędzy. Z Łodzi przyjechaliśmy z długami, które musiały się spłacić, a fakt oddawania 3/4 dochodu miał w założeniu pogrążyć nas na amen. Co jeszcze musiało się stać, żeby rzucić wszystkim i odejść? Czy sam fakt obdarcia kobiety z doczesnych przyjemności i zabrania mężczyźnie swobody bycia nie wystarczył? Przewrotnie nie wiedzieliśmy o emocjach nic, zanim nie zaczęliśmy bawić się w nie na dobre, a historia Lublina jak każda inna z góry zaplanowana i namaszczona złem lub dobrem wypięła się na nas i pokazała odmęty swojego kakaowego oka. Wystawiła na wszelkie obawy środkowy palec i zagrała ryzykownie. Odsłoniła się w negatywie.

– Jaki budżet mamy na dziś? – pytał Grzesiek, kiedy po powrocie z pracy siadaliśmy nad obiadem na trzy dni, ugotowanym za dwadzieścia pięć złotych, i patrzyliśmy zakochani w bawiące się na dywanie dziecko.

– Siedem złotych – potrafiłam odpowiedzieć z posępną miną, modląc się do wyższych instancji o poprawę bytu. – Siedem kurwa polskich złotych – powtarzałam pod nosem jak echo, wynosząc talerze po zupie do zlewu, a w głowie kalkulowałam, ile możemy za siedem złotych zdziałać.

On też liczył. Przemyślał, przekalkulował co do grosza, jak zaplanować popołudnie, żeby było dobrze. Ta cała finansowa zagłada zmusiła nas do złapania się za ręce i rozmowy. Przydusiła ciężkim butem krtań i zarządziła wspólnie spędzany czas. Przetarła oczy. Wylała na głowy po wiadrze zimnej wody, pokazując, że zamiast pieniędzy mamy zacząć chcieć. Nigdy wcześniej nie spacerowaliśmy tyle i nie poruszaliśmy tematów nieznanych. Nie śmialiśmy się tak chętnie i nie przybijaliśmy piątki nad losem co zakręt, płacząc nad lichym funduszem albo suchą kanapką z serkiem topionym. Staliśmy się partnerami. Biednymi jak skurwysyn ludźmi, jedzącymi placki ziemniaczane chętnie niczym wigilijny opłatek, ale za to drużyną, bez wątpienia. Mieliśmy pomysły. Mieliśmy wspólny czas poświęcany choćby i na planowanie trasy miejskich autobusów tak, żeby przejechać na jednym bilecie bez wpadki, ale zaczęliśmy się też słuchać i szanować. Zaczęliśmy rozmawiać. Może to fakt bycia zdanym jedynie na siebie zaczął skrupulatnie temperować mózgi, a może brak pobocznych bodźców, które rozpraszały sedno sprawy i nakazywały skupić się na nic niewartych pierdołach zaostrzył pole widzenia, nie wiem. Ale ciężkie czasy zbliżyły nas na odległość ramion w nocy, które zginały się na plecach drugiego, i przywiodły w obszar wystawionych do buziaka ust na do widzenia, kiedy wychodził do pracy. Nauka tego związku była mozolna jak niemiecka gramatyka i dwudziesta poprawka z tworzenia nikomu niepotrzebnego zdania w czasie Konjunktiv II Plusquamperfekt, ale zaczynała wrastać w świadomość matki i ojca, dając cień nadziei, że wszystko się uda. Że nam też się uda.

14.

Sobota. Patrzyłam, jak jemy śniadanie. Patrzyłam, jak Młoda szczerzyła się do zapomnianego wiatraka na balkonie i jak pies, przez którego każdy już kilka razy wybiłby sobie zęby, leżał na dywanie i coś mu się śniło. Te jego psie fafle podskakiwały i furkotały jak w radzieckim czołgu. Obserwowałam standardowość. Herbatę z cytryną i cukrem w sobotę przy jajku na miękko i wysypujące się z kieszeni Grześka kupony lotto, które miały przynieść złote góry, stojąc na straży pospolitych marzeń, a w każdym zgadzały się maksymalnie dwa numerki. Opatulona w szlafrok patrzyłam, jak są, jedzą i bez teatralnych charakteryzacji prezentują się w definicji rodziny. Jak oglądają Karola Strasburgera z tym jego zwitkiem kartek w dłoni i śmieją się z suchych żartów. Odgrzewają wszystkie odcinki „Na wspólnej" z minionego tygodnia. Wpatrzona w niego i w nią, pełna głębszego wtajemniczenia, wiedziałam, dlaczego tak łatwo nie odejdę i dlaczego nie odejdzie on.

TERAZ PROSZĘ SIĘ ŁADNIE POGODZIĆ...

Różnica między związkami bezdzietnych a dzieciatych polegała na tym, że ci bez dzieci szybciej się poddawali. Rozstawali się po niedomówieniach, wierząc, że były to powody na śmierć i życie, a później w nowych rolach matek i ojców wracali do dawnych swar, śmiejąc się z nich w głos. Bzdury tak ławo wyprowadzały ludzi na manowce. Kiedy patrzyłam na siebie teraz, przy jajku obieranym ze skorupki pod dyktando rybki z MiniMini, wiedziałam, że parę lat temu rzuciłabym wszystkim w pizdu i ładnie podziękowała za próby współpracy. Córka wprawdzie nie odmieniła mojej natury krnąbrnej wojowniczki i nie wyzuła z resztek cech, jakie w sobie lubiłam i ceniłam, ale pieczołowicie polerowała techniki negocjacyjne i pokonywała morza cierpliwości. Sama jej obecność zabraniała podejmowania pochopnych decyzji, a w przypadku tak porywistej i emocjonalnej natury jak moja – stała się kamieniem milowym w doświadczeniach budowania stabilnych relacji damsko-męskich. Tłumacząc na język ludzi – zanim powiedziałam mu definitywnie, że jest tępym chujem i ma odejść, szłam na balkon na trzy szybkie wdechy, ewentualnie trzydzieści trzy, i czekałam, aż mi przejdzie. Podejrzewam, że on robił tak samo. Dawał tumanom kurzu opaść. W naszej specyficznej, ognistej relacji jedno było dość zaskakujące. Żadne na poważnie nie zastanawiało się nad przerwą, bo logiczne było, że żadna przerwa nie wchodzi w grę. Potrafiliśmy lać się słownie po twarzach, a dziesięć minut później przepraszać w takich pozach, o których buddyjscy mnisi słyszeli jedynie z przekazów pradziadków. Potrafiliśmy rzucać w siebie przedmiotami, żeby za chwilę przez pryzmat śpiącego w pokoju obok dziecka i jego zdrowej przyszłości zbierać je do kupy. Dziecko natomiast było nienaruszalnym pomostem pomiędzy dwoma wysokimi brzegami rzeki. I gdy tak jedliśmy śniadania z pomidorem jak 90% innych ludzi o tej godzinie, gdy odkurzaliśmy dywan i myliśmy kibel berłem z Castoramy, ostukując je o deskę, by nie nakapać na podłogę jak 100% innych obywateli na planecie, to myślałam, ile potencjalnych solidnych związków i dobrych par zrezygnowało, przytłoczonych tą czy inną codziennością. Zamiast wziąć i wydrapać sobie ścieżkę kataną, po prostu odpuszczało przeprawy przez pole bez podjęcia walki.

Za dużo. W pewnym sensie logiczne byłoby podanie niemowlęciu ręki i porządne jej uściśnięcie, bo człowiek stawał się przy nim mądrzejszy. Połykał dystans na kiju, a ten trzymał go w wyproście od rana do nocy. Przewartościowałam pojęcia „problem", „nie dam rady" i „mam dosyć". I chociaż zdawałam sobie sprawę, że nie każdy związek można uratować, nie każdy warto, to mój miał się nadzwyczajnie świetnie. Właśnie dzięki sile tego całego rodzicielstwa, które rok wstecz było przekładem Tolkiena na mandaryński ze wschodnich prowincji. Mogłam śmiało nazwać to stworzenie – ciamkające sznurowadło, bezzębne centymetrów siedemdziesiąt – najlepszym negocjatorem świata.

15.

Doczekaliśmy się odwiedzin Mamusi. Mojej. Od razu zarządziłam zwiedzanie. Nie można przecież wszystkich wizyt opierać na piciu piwa i graniu w karty. Odkąd pamiętam, żyła we mnie dusza piechura i odkrywcy. Jakikolwiek przyjazd kogokolwiek do Lublina stawał się dla mnie poletkiem do popisu.

– Tutaj Magda Gessler zatruła się kaszanką. – Pokazywałam palcem na trasie. – A tutaj śmierdzi za budynkiem, bo trolle szczają na potęgę – sprzedawałam pełna pewności siebie, odkrywając najbardziej pikantne szczegóły architektonicznego podziemia i niszy tematycznej miasta.

Punktem obowiązkowym każdej wycieczki był lubelski zamek. Ile ja przeciągnęłam mordek pod „Unią Lubelską" Matejki, wiedzą tylko muzealne kamery i pani na sali, pilnująca monstrum na płótnie. Ile razy mnie uciszano, jak gdyby obrazy cierpiały katusze za każdym razem, kiedy zaczynałam mówić głośno. Zamek znaliśmy na pamięć.

Każdą ekspozycję, każdą kukłę i miejsca, w których odpadała im z czaszki farba. Grzesiek miał nawet stały punkt oprowadzania, przez który przeciągał wszystkich Bogu ducha winnych znajomych. W zbiorze pożółkłych zdjęć i pamiątek z epoki doszukiwał się zawsze fotografii, na której pod płotem polskiej wsi stała kobieta z wyjątkowo wielkimi stopami.

– Zobaczcie, jakie ma wielkie syry! He, he. Monstrualne! He, he! – wrzeszczał w wyciszonych i skupionych korytarzach pierwszego piętra. Śmiał się godzinami jak

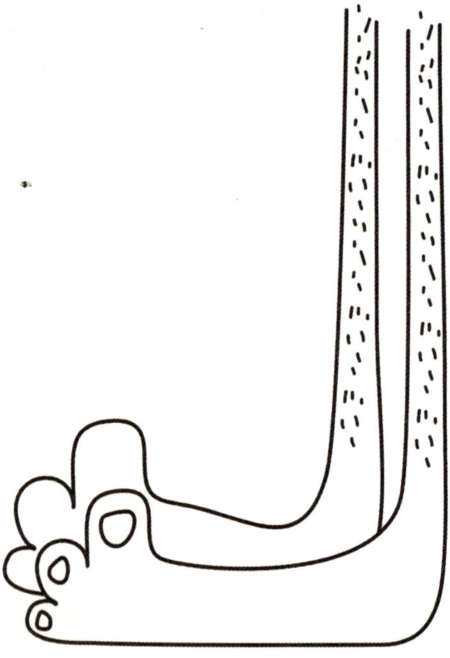

świnia, zaciągając dziwnie nosem, a to jego „he, he" było naprawdę na bardzo płytkim poziomie. Na mieliźnie wręcz, jak zresztą cała reakcja na rozmiar buta z dziewiętnastego wieku. Patrzyłam, jak chrumczy prawie dusząc się w swoim panicznym chichocie, kiedy przechodził obok szyby, i nadziwić się nie mogłam, że wybrałam tego właśnie do reprodukcji i wyznań miłości po grób.

Nadeszła 11:50. Zapakowani jak Kargule, wylaliśmy się z samochodu w podcieniach starówki, po tym, jak Mama trzy razy pokłóciła się z Grześkiem o za mocno uchylone okno, a ten drugie tyle opowiedział o zapoconych pachach i sile wyższej stojącej za szerokością szczeliny. Zanim rozpakowaliśmy dziecko, torby, termosy i kanapki z pasztetem owinięte w sreberko, zanim odgoniliśmy czterech Marków i trzech Adamów zbierających z wyciągniętą łapą na bułkę, bilet powrotny do Czechosłowacji, czyste opatrunki na ranę z Wietnamu, którą gotowi byli pokazać, albo nową szczotkę do wyczesywania alpaki mieszkającej z nimi od szczeniaka – wyrwałam z buta w kierunku kas biletowych, chcąc odebrać zarezerwowane wejściówki. Nic tak nie podtrzymywało nerwów w temperaturze wrzenia, jak cygański chłopiec z harmonijką i wytartym kubkiem po kawie Lavazza. Zostawiłam rodzinę przy centrum dowodzenia, umówiwszy się na spotkanie pod drzwiami muzeum. Oni w pełnym rynsztunku, dopięci na ostatni guzik, ja z biletami gwarantującymi wejście w najciemniejsze rejony fortyfikacji. *Team work*.

Wybiła 12:00. Od pięciu minut powinniśmy grzać miejsce w kolejce. Tymczasem stojąc pod wejściem do muzeum, mrużyłam oczy, próbując znaleźć na horyzoncie rodzinny obrazek, w którym Mamusia pospiesznie pcha wózek z Córką, a Grzegorz niesie za nimi toboły. O 12:05 Mamusi nie ma. Coraz mocniej zaciskałam odebrane bilety w dłoni. 12:10, dziecka nie ma. Na biletach zaczyna rozmazywać się tusz. W szczerym słońcu Lubelszczyzny zaczęłam podrygiwać nerwowo nogą, a przygryzany od środka policzek zapadł się pokracznie. Grupa szturmowa pod kryptonimem „Tylko zaparkować opla vectrę" miała według rozkazów zamknąć drzwi samochodu i dojść pod zamek, a tymczasem zaginęła w niewyjaśnionych okolicznościach.

– Kurwa, co za ludzie – szeptałam pod nosem, wyraźnie poirytowana i jak nie paliłam od dawna, tak w głosie siedziała głośna oda do szluga. Nie wiem, jak można zabłądzić na stu metrach prostej drogi, ale jak tu dojdą, to jemu utnę jaja, a z nią nie zamienię słowa do Wielkanocy, jak Boga kocham – ciągnęłam do siebie w myślach, kiwając psychopatycznie głową w takt każdego pomyślanego słowa.

Gdzieś przy ścianie Bramy Grodzkiej, usilnie wytężając wzrok i zasłaniając rażące słońce wyprostowaną dłonią, dojrzałam Matkę i Grześka. Mina Mamy bez żadnych wątpliwości wskazywała na stan niezadowolenia wynikający z ostatnich piętnastu minut życia. Mina Grześka za to, jak całe jego „ha, ha" pod monstrualnymi stopami lubelskiej wieśniaczki, dowodziła wyraźnych różnic między kobietami a mężczyznami i sugerowała wręcz absolutne zero zdenerwowania pokaźnym spóźnieniem. Lazł obok naburmuszonej teściowej ze wzrokiem cokolwiek rozbieganym. Gdyby zaczął podskakiwać jak przedszkolak z nogi na nogę, w spodniach na szelkach, polizując beztrosko kapiącego loda, poziom absurdu sceny nie zwiększyłby się nawet o centymetr. Doszli. Są.

– Nie mam pytań. Prosiłam szybko i sprawnie. Pożegnajmy się więc z wycieczką, bo właśnie zbierają po niej śmieci na sali, a my nawet nie weszliśmy do budynku! – wypaliłam emocjonalnie.

Matka – łzy w oczach. Zdecydowanie rozczarowana obrotem spraw. Widzę, że za chwilę zemdleje ze smutku. Twarz mężczyzny za to zdziwiona. Tak po męsku zaskoczona, że są pretensje i groźba rozstania. Dwa miliony ósma w tym roku. Wyglądał jak specjalnej troski, kiedy stojąc przede mną, słuchał oskarżeń, a brew jego wyginała się pod wpływem coraz silniejszego szoku pod tytułem „o chuj ci właściwie chodzi".

– Grzesiek! Gdzie byłeś?! NO GDZIE! – zaczęłam ujadać, stojąc przed nim nos w nos.

– Jezu, nie drzyj się. – Grzesiek płynął flegmatycznie, odpychając mnie od siebie wielką ręką, drugą ścierając ślinę z policzka. Matka, przysiadłszy na murku, odpalała drugiego szluga od pierwszego. Noga zarzucona na nogę potęgowała postawę zamkniętą, budowaną podświadomie w sytuacjach zagrożenia lub dyskomfortu. Mężczyzna przeciągał ciszę, rozgrzewając w głębi ekstrazwoje wiedzy i zasoby słów będące orężem w nierównej walce. Machając dziecku przed oczami kukurydzianym chrupkiem i robiąc miny Jasia Fasoli właśnie wtedy, kiedy wymagałam krzty odpowiedzialności, powagi i „dorozwinięcia", oznajmił wyniośle, z przekonaniem o zwycięstwie:

– Nie drzyj się, kobieto. Uspokój… Dorabiałem klucze. Akurat było otwarte…

16.

Jest taka chwila odnawialna każdego dnia. Każdego dnia tak samo cieszy, tak samo pachnie. Dziewicza.

Kiedy po nocy wstaje dzień, nieśmiało otwiera oczy i szuka mnie przez szczeble łóżka. Jakby chciała się upewnić, że nadal tu jestem, nadal dla niej żyję. Kładę głowę na poduszce i czekam, kiedy mnie zauważy. Kilka ciężkich oddechów, kilka miauknięć jak u dzikiego kota, nadal mnie nie widzi. Przedziera się przez sterty kołder, poduszek i pluszowych zwierząt niczym tygrys. W końcu staje na nogach, jedną ręką przytrzymując się wezgłowia, drugą trze jeszcze zlepione oczy. Zauważa mnie nareszcie. Promienie jak gwiazda. Uśmiech najszczerszy na świecie tylko dla mnie. Nie wiem, czy kiedykolwiek ktoś tak szczerze dziękował za moją obecność, ale to tutaj to chwila odarta ze wszystkich pieniędzy. Bezcenna. Niewyceniona. Niewycenialna. Tych kilka sekund cieszy dzień w dzień z jednakową mocą. Dopóki się nie oswoi z obrazem i odetchnie: „Tak, nadal tu jest. Mama".

A ja kradnę ten uśmiech. Zamykam oczy i zapisuję obraz. Niech się utrwali w głowie na resztę życia, kiedy zaczną ją cieszyć inne rzeczy, a Mamunia stanie się już tylko Matką.

17.

Grzesiek jak zwykle rankiem wyszedł do pracy w starannie wyprasowanej koszuli w kratkę i ze słuchawkami od odtwarzacza MP3 przerzuconymi przez kark. Stanęłam w oknie na trzecim piętrze. Zaciągając na piersi poły od pluszowego szlafroka bez sznurka, pomachałam z uśmiechem.

– Dobrego dnia – wyszeptałam chyba bardziej do siebie, oddając wszystkie ciepłe fluidy przez szklaną kurtynę szyby. Wstawiłam wodę na pierwszą kawę dla siebie i mleko dla pełzającej pod nogami Krysi, która coraz lepiej podpierała meble. Małymi krokami przecież szykowaliśmy się do pierwszych urodzin dziecka, które niedawno wyrwało z płuc pierwszy wrzask, a teraz było coraz bliżej samodzielnego chodzenia i świeczki na słodkim cieście. Tyle się zmieniło przez ten rok. Tyle się nauczyłam. Tyle mnie zaskoczyło.

Mieszając kawę w białym kubku z pękniętym uchem, odruchowo i z przyzwyczajenia przeczesywałam nowości na Facebooku. Ktoś się zaręczył, ktoś obronił magistra, ktoś, kto kiedyś zbierając wzorową ekipę na wakacje, dzwonił w pierwszej kolejności do mnie, wrzucił właśnie miliony zdjęć z wyjazdu. Beze mnie. „Wyjazd. Nawet nie wiedziałam, że jedziecie", pomyślałam i przyznać się muszę, że zrobiło mi się przykro. Jakoś tak strasznie średnio, jak kiedyś przed grą w koszykówkę na wuefie, kiedy wybierała mnie drużyna, której przypadłam w spadku jako ostania. W kosza grałam fatalnie.

Mieszając gęstą kaszę w plastikowej misce z różową baletnicą, patrzyłam na kilka pierwszych zębów gryzących gumowego klapka i w ogóle na to, jak życie, dom, priorytety poprzestawiały miejsca zamieszkania skrajnie między Afryką a Antarktydą. Z dywanu uśmiechała się dziewczynka, wyciągająca z przyzwyczajeń, nawyków, uzależnień, ta, która przetasowała znajomości jak karty.

„Ludzie przychodzą i odchodzą", połyskiwał nad głową nadpsuty neon, kiedy nosząc Młodą posadzoną na biodrze, przypominałam sobie, co mieliśmy razem, a co mają teraz tylko oni. Został mi jedynie zapisany numer telefonu w komórce, odkurzany przy okazji świąt i urodzin. Wow. Szaleństwo.

Czasami miewałam żal, że założenie rodziny, urodzenie dziecka i zupełnie nowe odbieranie rzeczywistości zrobiły ze mnie trędowatą w niektórych środowiskach. Od nikogo nie oczekiwałam nadnaturalnego zrozumienia, byłam świadoma, że jedni zatrzymali się na etapie podskoków w kałuży i czerpali z tego satysfakcję, podczas kiedy ja zdjęłam kalosze nagle i brutalnie i zamiast bawić się w deszczówce, popłynęłam przez Atlantyk wpław. Taka była moja decyzja. Nie miałam zamiaru szufladkować i od otoczenia oczekiwałam tego samego. Do tego wszystkiego nie użalałam się z powodu macierzyństwa i ograniczeń, jakie ono na mnie nałożyło. NIGDY. Poważnie – cieszyłam się na widok obsikanego tyłka w pampersie, wypiętego w półśnie skrajnie do góry. Mimo zapewnień, że nie będę jedną z jebniętych, nawiedzonych lasek wrzucających minimum trzy zdjęcia swoich dzieci dziennie do sieci – wrzucałam zdjęcia do sieci. Nie potrafiłam z tym walczyć. Cały zbiór podniet i uniesień, które przynosiła ze sobą Rysia, sprawiał, że nie miałam prawa jęczeć. Nie chciało mi się użalać, że mogłabym, a nie mogę. Widząc zdjęcia małych sukcesów i wielkich dokonań znajomych, nie zazdrościłam, bo i własne podwórko odbierałam w kategorii wygranej.

Ale...

Życzyłam sobie, żeby czasem ktoś zadzwonił. Po prostu. Dał prawo wierzyć, że byliśmy sobie bliscy nie tylko przez wódkę i nocne eskapady, lecz także że znaczyliśmy dla siebie dużo jako kumple. Przyjaciele. Chciałam, żeby wszystkie zdjęcia z wakacji i imprez, które były fundamentem karmiącym mnie na „tęskno-głodzie", budowały silne mury świadomości, że ci ludzie są, że czekają. Aż laktacja uwolni mnie od mokrych plam przy sutkach na zwiewnej bluzeczce. Aż dziecko odpuści zakleszczoną wokół tego sutka szczękę. Aż wyśpię się na tyle, żeby nie przybić gwoździa o 21:15 i nie rzygać na cztery strony świata po jednym piwie. Nie chciałam więcej tłumaczyć pogłębiającego się smutku starym i wytartym „było, minęło". Wierzyłam w działające telefony i domofony. W chęć poznania mnie innej. Tej z dzieckiem.

A ja byłam taka sama. To samo mnie bawiło, lubiłam filmy, jak kiedyś. Nadal ciągnęło mnie do kina, na domówkę z sałatką warzywną i jajem w majonezie. Miałam ten sam numer buta i kolor oczu, te same żarty i poglądy. Z nowości dorobiłam się jedynie dziecka. Ale to była moja odpowiedzialność, której na nikogo nie miałam zamiaru przerzucać. Ktoś o tym zapomniał.

Zmywarka do naczyń oznajmiła głośny koniec akcji, buchnęła ostatnią parą ze szczelin i nieszczelnych uchwytów drzwi. Cztery pierwsze zęby zaskrzypiały na mikro-Crocsie, który wylizany aż po podeszwę działał leczniczo, lepiej niż najdroższe gryzaki. Siedziałam w kuchennym kącie. Siorbiąc wystudzoną kawę, wytężałam ciepły uśmiech do codziennej sceny i dziewczynki będącej sensem istnienia. Pijąc kubek taniej, rozpuszczalnej lury, wyciągnęłam ważny wniosek dla siebie, uwalniający z przytupem od nadymanego żalu i roszczeń. Nikt nigdy nie będzie jak Krystyna. Tak na zawsze, na pewno i stabilnie, jak odkąd jest. To była jedyna miłość, o którą miałam obowiązek walczyć. Reszta była odpowiedzialna za siebie i dokonywała własnych wyborów. Ze mną lub bez. Tak czy inaczej.

18.

Odkąd tylko otworzyłam oczy, wiedziałam, że przepłaczę cały dzień. Nostalgia zalewała mnie centymetr po centymetrze, włos po włosie, a i tak ostatnimi czasy wzmożona potrzeba przemyśleń i dywagacji, co zrobić, żeby było lepiej, treściwiej i bardziej wychowawczo, pogłębiła się kilkakrotnie. Ten dwunasty listopada był jak trzydziestka mojej Mamy, którą to przesiedziała za zamkniętymi drzwiami dużego pokoju z butelką wina, wsłuchując się w słowa piosenek sprzed lat. Urszuli, Beaty Kozidrak i Toni Braxton. Dwunastego listopada bowiem moje największe duma i osiągnięcie z kategorii niepodważalnie mistrzowskich obchodziły pierwsze urodziny. Rok dokładnie, od kiedy ojciec tego dziecka na hasło „chyba już" zapytał, czy oddawałam stolec, starając się dociec – poród czy zatwardzenie. Rok, od kiedy przycięłam sznur od szlafroka drzwiami od vectry. Rok, kiedy po raz pierwszy w życiu przytrzymałam na gołych piersiach własne, mokre dziecko i rozpłakałam się najsłuszniej na świecie.

Wtedy trzeba było płakać. Wtedy się płacze. Kocha się na nowo. A niektórych nawet znowu.

Krysi chciałam życzyć wielu rzeczy. Żeby miała głowę pełną pomysłów, nie żyła z dnia na dzień. Korzystała do bólu, bo wszystko, co się działo, każda przeżywana chwila, trwało tylko tyle, ile mrugnięcie okiem. Miała o tym wiedzieć, zanim zmarnuje szansę i nie złapie szczęścia za nogi. Chciałam, żeby pamiętała, aby mieć zawsze szacunek do Matki i Ojca, i dała możliwość poprowadzenia się za rękę do pewnego momentu tak, żeby na kolanach i na małym serduszku było widać jak najmniej otarć. Byłam gotowa oddać jej umiejętność odróżniania dobra od zła. Dar czucia moralności. Chciałam, żeby do nauki tego ostatniego stała się chłonna jak gąbka. Krysia miała zawsze dawać szansę słowom krytyki, ale zdecydowanie uodpornić się na chamstwo. Płakać w domu za zamkniętymi drzwiami i nigdy nikomu nie dać podstaw do satysfakcji, kiedy po zadanych ciosach znokautowana siedziałaby w kącie, chowając zapłakaną twarz w dłoniach. Dalej życzyłam jej refleksu i matematycznej pamięci w procesie łapania i magazynowania wspomnień. Umiejętne dysponowanie nimi w dorosłości było techniką trudną, ale nie niemożliwą. Nie każdy przecież zasługiwał na tak intymne zwierzenia, jak rower z Tatą i to, jak kocha się smak pomidorowej wedle przepisu babci Oli. Z tego też miała się systematycznie dokształcać. Z tego, jak i komu. Z tego, komu ile.

Moja roczna dziewczynka. Za malutka, żeby wiedzieć, ale na tyle pełnoprawna, żeby móc jej powiedzieć. Zapisać nawet na przyszłość. Dać odczytać, kiedy zacznie rozumieć.

Że trzeba siebie szanować, skoro liczy się na szacunek. Że dom się kocha i zapach powrotów do niego też. Że ma nas przytulać nawet kiedy będzie dorosła i nie wstydzić się niczego przed wyzutym ze wszelkich odczuć społeczeństwem. Żeby mieć pasje, łapać świat i oddychać wszystkim, co jej ten świat będzie w stanie dać. Założyć kiedyś plecak, wygodne buty i iść. Dociekać. Czytać, oglądać, nigdy nie zatrzymywać się na tym, co na talerzu. Zawsze zajrzeć pod stół.

Nie byłam w stanie mówić. Nie było przecież jak przekazać morza głębokich odczuć łebkowi, który liże stopę i zna dwa słowa, ale podświadomie wiedziałam, że mogłabym ją zjeść i wypluć kilka razy, żeby na nowo delektować się słodyczą i absolutną sraczką, jakiej dostawałam na samą myśl, że jest moja. Dwunastego listopada zatoczył krąg rozdział dmnie, o jakim nie miałam pojęcia, a to maleństwo z dwunastej w południe zostawiło za sobą dwanaście miesięcy.

A więc to tak wygląda z tobą styczeń, kwiecień, czerwiec i październik. Tak to jest przeżyć z tobą jedno obejście słońca. Cudownie.

Córce

A gdybyśmy w życiu kiedyś rozdzielone czasem stały
Albo by nas morze wielkie na połowę dzielić zdało
Mimo wszelkich złych monsunów
Fałsz pomówień i uścisków
Jesteś matki dusza lekka
Mama Twoje nosi ciało

A gdyby Cię obce ręce z moich ramion zabrać miały
Z biegiem czasu do swojego oczywista
gniazda
przenieść stopy Twoje chciały
To choć wiem i prawd odwiecznych akceptuję w życiu kolej
Ja już dzisiaj stoję w oknie
Serce bije jakby mocniej
Dokąd pudła wszystkie jadą?

I w nadziei wielkiej trwać chcę
że mi dane będzie patrzeć
jak dorastasz
drapiesz szczyty
łapiesz dobre wiatry w żagle
że mnie żadna moc odwieczna nie doświadczy w życiu tyle
żeby nie móc
by zaprzestać

Ja zobaczę! Złapię chwile!

Gdyby każdy całus matki tak pośpiesznie sprzedawany
Miał przedłużyć linię życia
Nieśmiertelność dałabym Ci dziecko
nieśmiertelność
Nieskończoność bycia.

Rok drugi

– Mógłbyś wyjść? Nie mogę się skupić, jak się na mnie gapisz.

– A co robisz?

– Szukam pędzla do podkładu, tego, co ma Klaudia, od Hakuro. Pamiętasz?

– Nie. – Uwił ręce na brzuchu w kwiat lotosu, nogi skrzyżował po turecku i oparł się o parapet. Przeciągnął ciszę, przemierzając wzrokiem sufit, po czym poderwał się żwawo spod okna i opierając o blat biurka ciężar głowy na własnych łokciach, wyszeptał mi do ucha:

– Ale wydaje mi się, że mam taki jeden pędzel, który mógłby cię teraz zainteresować…

19.

Ostatni rok zleciał jak z bicza strzelił. Jak wszystkie sezony „Przyjaciół" oglądane w weekend z kanapy od początku do końca. Człowiek po dzieciach robi się taki sentymentalny, że sam siebie słuchać już nie może, a mimo to nakręca się jak zegarek od ruskich i zalewa trzewia watą cukrową, lukrem i kolorową posypką. Pamiętam, że po zajściu w ciążę długo zwlekałam z rozmową w pracy. Trzy razy wstawałam, szłam dziarsko do przodu, taranując *open space* w kierunku biura przełożonych i tyle samo razy zawracałam na pięcie, by schować się za zasiekami komputerów. Kiedyś jednak doszłam. Z migotaniem komór i na jednym wdechu oznajmiłam: „Jestem w ciąży". A oni z podobną werwą i na tym samym wdechu, co mój, oddali empatycznie: „ALE Z KIM?!". Jak by to było wczoraj, widzę stojącą siebie, w białym swetrze z wystawionym bębnem, i delegacje z piętra z grzeczności ustawiające się w kolejkach, by go pomiziać i zapytać, czy chłopiec to, czy dziewczynka. Z grzeczności, bo później odwracały się plecami i komentowały do innych korporacyjnych hien, że ciąża. Ciąża-ojajebie-był-seks. Co to ja nie wiem? Ile razy sama podążałam w tych delegacjach, by macać obce, wystające ciała, ile razy. Inne przychodziły za to szczerze, zobaczyć kolejną w niedoli, i przytulając na odchodne, poklepywały po plecach, aby czule wystukać na nich jakby bit, w takt którego pozostałe doświadczone stojące w kordonie do mojej macicy pod nosem powtarzały: „he-he-he-prze-je-ba-ne". To już rok. Od tamtego swetra, od dotykania przez wszystkich, od szoku zmiksowanego z nieziemskim podnieceniem. Dziecko zaczęło chodzić, pierwszymi zębami podgryzało zabawki, miało na czubku głowy pierwszą kitkę, jadło stałe pokarmy, ciućkało klapka Ojca i nogę od stołu. Rok! Na horyzoncie żłobek i rozstanie. Gdzie był ten czas?

Kontrakt Grześka dobiegał końca. Do drzwi pukała wizja powrotu do Łodzi, do pracy i do mieszkania, w którym gościło nas całe dwadzieścia sześć metrów kwadratowych. Kiedy wyjeżdżaliśmy do Lublina, mieliśmy siebie, monstrualnego psa z problemami gastrycznymi i maleńkie dziecko. Teraz wracaliśmy praktycznie w tym samym składzie, ale oprócz psa, który nadal pierdział bez opamiętania, doszedł gabaryt Córki i wszystkie uzbierane na urodzinach zabawki. Grające słonie, szczeniaczki-uczniaczki, szumisie, gumisie i inne dary losu z Tajwanu, wypchane po pachy plastikiem i zapasem baterii. Wszystko błyszczało, świszczało, mrugało, badając naszą cierpliwość, a kiedy nareszcie zwalniało, sygnalizując kończące się moce przerobowe, otwieraliśmy ze Starym wino i czekaliśmy na ostateczną kapitulację. Nie należeliśmy do grupy rodziców dających dziecku do possania jedynie drewniany klocek starannie ciosany w kwadrat z pierdylionem atestów, który miał pobudzać wyobraźnię i zmuszać do nauki liczenia. Nasza Córka miała wszystkie zakazane w ekoparentingu rekwizyty, które dawały nam chwile spokoju, a których to scandi-mamy nie byłyby w stanie przełknąć bez popicia: inne kolory niż biel, szarość i brudny beż. Barbie nieoryginalna, kupowana w kiosku na przystanku, z włosami przyczepionymi tylko do czoła i potylicy, pod którymi błyszczała plastikowa glaca, spodnie z wytartego sztruksu po stadzie innych dzieci, bez spiny, nie od polskiego projektanta studiującego „Szycie z Szarego Dresu" na Cambridge albo gdzieś tam dalej, w Massachusetts. Lalki – zamiast w drewnianych, stylowych lektykach z wyciętym sercem – jeździły w wózkach różowych jak bluzeczki Dżesik i Vanesek. Te brzydkie misie z zezem i paleta wściekłych kolorów cieszyły oczy Krystyny bardziej niż designerskie powozy w cenie kompletu zdrowych nerek. Nie widzieliśmy potrzeby katowania jej przereklamowanym minimalizmem z powiewem norweskim, zresztą i tak zabawką wszech czasów okazywał się zawsze drucik mocujący plastikowe kulosy do pudełka albo kokarda zdjęta z książki. Nie zależało nam na trendach albo byliśmy tak ułomni, że nie potrafiliśmy trendów wdrożyć, sama nie wiem. Byliśmy po prostu na maksa zakochani w córce, a jedyna mądrość, która nami kierowała w macierzyńskim świecie, nazywała się Intuicja.

Gdybym jednak napisała, że byłam ponad wszystko, skłamałabym. Że nie irytował mnie chociażby burdel w zabawkach, minęłabym się z prawdą. Że nie wkurwiał apokaliptyczny monsun wypadający z mikroubrań i zdekompletowane klocki od wujka z Ameryki, które w przypadku sensownego ich używania mogłyby zabezpieczyć kredyt na studia dziecka. Bez przesady! Byłam nadal przede wszystkim kobietą, miałam swoją kruchą cierpliwość, a ta – przez gwałcące mnie dzień w dzień cywilizacyjne przeświadczenie, że bycie matką musi być zdanym na szóstkę sprawdzianem logistyczno-wojennych umiejętności dowodzenia kompanią – dorobiła się zaawansowanej choroby dwubiegunowej i wrzodów. Macierzyństwo nie było niczym zdefiniowanym i niczym definiowalnym, zupełnie jak przestudiowana wzdłuż i wszerz miłość, której poświęcono prawdopodobnie 99% wszystkich piosenek w każdym języku świata, a która to i tak prędzej czy później zamieniała mózgi świadomych graczy w pył. Już na pewno nie było tym pudrowo-różowym produktem, nieskazitelną bryłą, bez uszczerbków rys i pęknięć,

oporządzaną jedynie przez umyte dłonie z czystymi paznokciami, firmującą się zawsze czystą, białą koszulą przedsiębiorczej matki. No na Boga! Czy ktoś z agencji reklamowych klejących kłamliwe babole spędził faktycznie chociaż przedpołudnie z bidą próbującą wcisnąć dziecku na tyłek amfibicznego pampersa? Tego, co wchłania i podsusza jądra jednocześnie, a z którym to w ręku pani Aneta, matka spod Tuszyna, robi trzecią pętlę po mieszkaniu i krzyczy bezsilnie: „Marcelku, mamusia prosi. Nie możesz przecież cały dzień ganiać z gołą fujarą!". Czy ktoś z Państwa z telewizji był w domu Anety i dokształcił się w temacie tego, jak powinna wyglądać wiarygodna scena zakładania dziecku gaci? Tam, gdzie łzy, prośby, groźby, gdzie „kurwa, oszaleję" i „a w dupie to mam, Marcel, wiesz?". Nie? Widać.

Wszystko bowiem po pierwszym poznaniu z dzieckiem zmienia status z tiptopowego zarządzania projektem, gdzie kamienie milowe osiągają się same, a szampan sukcesów i przedsiębiorczości wylewa się z nosa kaskadami, w wolnoamerykankę. Tak. Całe moje rodzicielstwo to była jedna wielka wolnoamerykanka, w której przypadkowo dopuszczane do realizacji decyzje bazujące na przeświadczeniach, przypuszczeniach, nastroju, pogodzie, kierunku wiania wiatru i kolejności liter w słowie „konstantynopolitańczykowianeczka" pozwalały albo wyjść ze wszystkiego z klasą i sukcesami, albo wywalić się pospolicie na garba. Pół na pół. Wyszło na to, że im szybciej odpuszczę zwarcie pośladów i poluzuję lejce, tym szybciej będę zdrowsza, nie doświadczę co zakręt uczucia porażki, a z macierzyństwa dam radę wyssać esencję, o którą tak naprawdę chodzi. Miałam od początku wrażenie, że jako rodzice siedzimy w rozpędzonym kamperze i z zamkniętymi oczami przecinamy skrzyżowania ulic Indii, podczas gdy ja przez otwarte okno krzyczę: „GEROOOONIMOOO", a Grzesiek: „Z DROGI, ŚLEDZIE! GRZESIO JEDZIE", bo on z angielskim to tak na bakier trochę. Posługiwaliśmy się dewizą: „Będzie, co ma być", nie zapominając, żeby robić wszystko z możliwie jak najlepszym skutkiem. To było najzdrowsze postanowienie ostatnich kilku miesięcy dorosłego życia i azymut, który pomagał nam iść szybciej i sprawniej po wyjątkowo wyboistej drodze.

20.

W czasie przygotowań do wielkiego łódzkiego powrotu podjęłam istotną decyzję o dokończeniu nauki prowadzenia pojazdu innego niż marketowy koszyk. Chciałam nareszcie zdać egzamin na prawo jazdy i przestać się oszukiwać, że go nie potrzebuję i że wszystkie letnie eskapady z pachami spasionych panów na wysokości nosa należą do najgłębszych przyjemności. Na samą myśl o WORD-zie, egzaminatorach i ich grobowych minach dostawałam rozwolnienia, ale nie wyobrażałam sobie przecież powrotu do pourlopowej rzeczywistości w pojedynkę, w której z Ojcem dziecka rozmawiam od poniedziałku do piątku jedynie przez telefon, a codzienna musztra pakowania toreb, laptopów i worków z papciami skończy się bez leczenia psychiatrycznego. Oczami wyobraźni odprowadzałam siebie od klatki do żłobka, paradując w wypastowanych butach i wyprasowanej spódnicy, pchającą cały ten pierdolnik i dziecko, którego nie widać nawet zza siat. Widziałam, jak wrzucam sobie wszystko na plecy i grzeję przed siebie upocona, z paskiem od torebki notorycznie zsuwającym się z ramienia. Sam fakt powrotu do pracy, mycia codziennie włosów i zębów, zakładanie stanika częściej niż na pocztę i obowiązek wstawania na czas były straszne. Rozłąka ze szczenięciem była straszna. Jazda czterdzieści minut w jedną stronę zimnym tramwajem – wcale nie lepsza. Dodatkowych przeżyć związanych z wyekspediowaniem dziecka i odprowadzeniem go gdzie trzeba wolałam uniknąć. Zresztą mieć dwadzieścia sześć lat i nie umieć jeździć było kwasem stulecia.

Dotychczasowe osiągnięcia szosowe zamknęłabym w dwóch słowach: 1. „Zdałaś?" i 2. „Nie". Samo prowadzenie pojazdu nie było zdolnością kosmiczną, ocierającą się o doktoraty i habilitacje, lecz kiedy dochodziło do egzaminu, IQ wpadało w pierwszy przedział 0-10. W pustej czaszce zawiązywałam kokardkę utrzymującą jedynie uszy na sznureczku, a zamiast wszystkich zapewnień, że zdam, w głowie brzęczało echo porażki. I tak za pierwszym razem prawie rozmaśliłam rowerzystę, za drugim na rękawie przestawiłam auto w poprzek, a za trzecim wyjechałam bez pasów na długich światłach, chcąc przecinać szosy, góry, lasy i doliny. Przecięłam, a i owszem, ale bramę WORD-u, za którą poproszono mnie o kluczyki i opuszczenie miasta. Kto by pomyślał, że posiadanie dziecka i strach przed chęcią mordu na nim co dwie minuty pozwolą zdać po trzyletniej przerwie za pierwszym podejściem. Wschodnie powietrze albo stawiająca do pionu ciężka lubelska woda wypchnęły mnie na egzamin, który przyklepałam bez większego wysiłku, wprawiając w osłupienie rodzinę.

Chwilę po odebraniu dokumentów zezwalających na swobodne poruszanie się po kraju zaczął się logistyczny *master plannig* powrotu do domu. Nastawał koniec wojen o taniego pstrąga w Lidlu i torebek od Wittchena za półdarmo, których i tak nigdy nie upolowałam, bo nie zdążyłam obudzić się na czas. Nasza wschodnia przygoda miała się ku końcowi, a my nie byliśmy na to w ogóle przygotowani.

Kilka dni wcześniej jak zwykle niezadowolony, opatulony w pierza i czapkę z lumpeksu Grzesiek wrócił ze spaceru z Kisielem. Postawmy sprawę jasno. Nie jest to jeden z tych facetów, który wstawia zdjęcia pupila na Facebooku. Mało tego, pogłaskanie czegokolwiek, co nosiło sierść, graniczyło u niego z cudem. Pies był spadkiem ze związku z przeszłości, w której to chciałam podbijać Anglię u boku przesympatycznego Nicka. Żeby było zabawniej, to właśnie ten psi spadek rozdziewiczył Grześka w posiadaniu zwierzęcia w ogóle. Pięćdziesiąt kilogramów spadku, żeby była jasność. Grzegorz pochodził z domu bezzwierzęcego, w którym to nie ratowano każdego gołębia z przetrąconym skrzydłem w ptasim azylu za miastem i nie szerowano ogłoszeń o szczeniaczkach do oddania minimum raz w tygodniu. Wychował się na płaszczyźnie akceptacji, że zwierzęta są, żyją, trzeba je karmić, kiedy mieszkają z ludźmi, i broń Boże nigdy nie przejechać samochodem, kiedy właśnie wybiegają na ulicę. Miał w sobie, nazwałabym to, oszczędną empatię, ale na tyle dużo uwrażliwienia, by krzywda w jakiejkolwiek postaci wyrządzana kotom, psom czy kogutowi sąsiada nie wchodziła w grę. Prawdopodobnie dlatego, że Kisiel

KLASYFIKACJA
RODZAJÓW BRONI
BROŃ BIAŁA
BROŃ KRÓTKA
RAKIETA ZIEMIA-POWIETRZE
PATYK Z KUPĄ

i Grzegorz obdarzyli się wyjątkową niechęcią, wszelkie przygody związane z psim stolcem przypadały w udziale właśnie Grzesiowi. A to rozwolnienie na pół osiedla, którego nie dało się sprawnie posprzątać, plus umazane od niego biodro psa i heroiczna próba czyszczenia liściem, a to zatwardzenie i wypychanie bobka wielkości złotówki przez kwadrans. Siła złośliwości zawartej w odpowiedzi wyższej instancji przekraczała granice, kiedy przy dyndającym z dupska na połkniętym przez psa sznurku balaście tańczył jak wokół ogniska Grzegorz z długim patykiem, starając się psu pomóc, kulkę na patyk nadziać i wrócić czym prędzej do domu. Byli jak niekochające się rodzeństwo skarżące na siebie rodzicom, które w sytuacjach zagrożenia zdrowia lub życia skoczyłoby za sobą w ogień.

Tamtego wieczoru czarny labrador wciągnął dorosłego mężczyznę przez podwójne drzwi na mocnej skórzanej smyczy do mieszkania, a otrzepując się pospiesznie z zimowej, wilgotnej aury, umazał śliną nogawki spodni i rękaw od kurtki. Grzesiek oprócz tego, że nie przepadał za zwierzętami, niczego się tak nie brzydził jak zawiesistej żelki spod fafli plus wszystkich innych płynów ustrojowych pozostających w bezpośrednim kontakcie z jego skórą. Kisiel dyszał jak pociąg z nosem umazanym flegmą, kiedy pańcio z przymkniętymi powiekami i hamowanym odruchem wymiotnym zdejmował z niego cały osprzęt.

– Sąsiad mnie zaczepił w windzie – zakomunikował, wyraźnie zdziwiony. Podparł się o ścianę w przedpokoju dla złapania równowagi i zaczął zsuwać stopami buty.

– Ten, który mieszka z nami na piętrze od początku, a który to nigdy nawet nie pierdnął w moją stronę, dzisiaj mnie zaczepił, wyobrażasz sobie? – Usłyszałam cichnące zdania, kiedy schował się za ścianą łazienki i zatopił dłonie w ciepłej wodzie nad umywalką.

– Taaaak? I co powiedział? – zapytałam z kuchni, wycierając szklanki.

– Słuchaj tego! Cisza w windzie jak to w windzie, kiedy jedziesz z kimś, z kim nie masz o czym rozmawiać. Dziesiąty raz czytam kartkę o dopuszczalnej masie do przewożenia ludzi i bagażu, gdzie zadzwonić w razie usterki... Nawet „Jebać Motor Lublin", wymazane chyba gilem na ścianie, też wyczytałem, chociaż z tym Motorem to polemizowałbym, jakbym się znał. Ale się nie znam. Więc milczę. Tamten stoi za moimi plecami, nie wiem, na co się patrzy. Wyobraźnia weszła mi na niepokojące *flashbacki* z „Akademii Policyjnej" i „Błękitnej Ostrygi", więc dla pewności spiąłem pośladki. Znaczy się, czułem się niezręcznie... – Wstrzymał oddech, rozpinając klamrę od paska, po czym głośno wypuścił powietrze. – Aż tu nagle... on rozpina kurtkę! – Odwrócił się w moim kierunku i stanowczo podniósł głos.

Spokojne opowiadanie nabrało rumieńca; odłożyłam ostatnią szklankę do szafki, podśmiechując się pod nosem delikatnie. Kochałam Grześka za zbiegi okoliczności rodem z Barei i fakt, że do nikogo innego absurd nie lgnął tak, jak do niego.

– Stoję jak słup soli. Cisza. Myślę sobie: „Okej, jakby co, mam psa. Jest wysoce prawdopodobne, że gdyby mnie sąsiad w tej windzie chciał podotykać, pies przebiegłby po moich zwłokach pierwszy, pognał do wyjścia i na schodach kopyta połamał, tyle bym go widział. Ten pies to jest straszna cipa. Charakterologicznie czarna, wielka cipa, ale przynajmniej wygląda na zabójcę. Tymczasem kurtka u sąsiada już rozpięta. Cisza nie ustaje. Świerszcze słychać. Nagle JEB! Gość się do mnie odwraca, nos w nos w tej ciasnej windzie stoimy, ja już w głowie zdania składam, że nie chcę, bo boli, a on… Zza pazuchy wyciąga zdjęcia! No kurwa jego mać, jak Boga kocham! Milczał rok cały, mieszkając ze mną na jednym piętrze, a teraz mu się przyjaźń na koniec włączyła i mi w tej ciasnej puszcze zdjęcia jakieś pokazuje. I mówi mi: „Pan pozwoli, pokażę panu zdjęcia moich psów. To jest fila brasileiro, paaanie! Rasa pilnująca niewolników w wieku… szesnastym…. siedemnastym… osiemnastym… dziewiętnastym. Mądre. Raz mu pan powie, co ma zrobić, i on zrobi. Usłuchane, posłuszne, szybko się uczą. Wszystko potrafią. No cuda. „C-U-D-A!”.

– No i co ty na to?

– „Piękne”, odpowiedziałem wyjątkowo krótko. Gość mnie zbił z pantałyku. Gębę bym rozdziawił ze zdziwienia, ale w zaistniałych okolicznościach wolałem zarówno zęby mocno zacisnąć, jak i zwieracze. Kto wie, co mogłoby się stać, jakie plany wobec mnie faktycznie miał. Najpierw rozgrzewka o psach, a później „rozbieraj się”. Dziękuję bardzo, telewizję oglądam, nie ufam i chuj. Winda zajechała na piętro, a on nie wysiada. Nawet drzwi nie uchyla, skurwysyn. Stoi i tasuje te foty. Kiwam głową: „No super, bardzo ładne, takie mądre, pan mówi? Ekstra”. A w głowie mam tylko: „wypuść mnie człowieku, mam dom, kobietę, dzieci". Odwróciłem się przez ramię na Kisiela, a tam gęsta ślina na nosie. Czym ja się mogłem sąsiadowi pochwalić w odwecie? Czym zagrozić? Powiedzieć: „To jest podróbka labradora, przy dobrych wiatrach przynosi patyk. W przypadku normalnego podejścia do życia patyk ten zjada, a później rzyga w nocy"? Postałem z nim jeszcze chwilę, pokiwałem głową, ale raczej ze zdziwienia, że on w ogóle mówi, i w końcu wyszedłem z windy przestraszony, zanim zaczął peany na cześć tych swoich austriackich tui wyśpiewywać. Te też widziałem na zdjęciach, zaraz za psami.

Zwinęłam się w kulkę i oparłszy głowę o drzwi szafki kuchennej, ryczałam ze śmiechu. Wylane przed chwilą słowa definiowały Grześka w każdym centymetrze sześciennym jego istnienia. Poczciwa morda, moja najbardziej

uwrażliwiona życiowo sterta ciała z sercem wielkości asteroidy, ze spiętą dupą, z psem na smyczy, za którym nie przepadał, wsłuchująca się w historię o innych psach, których prawdopodobnie tak samo by nie lubił, uczestnicząca w historii austriackiego rancza kupionego za miliony monet. Siła przyciągania kuriozum, jaką mógł afiszować się Grzegorz, nie pozostawiała miejsca na dyskusje. Cały był stworzony do filmowego scenariusza i kasowania grubych pieniędzy za hity na wielkich ekranach.

– Dobra, Romeo. – Otarłam łzy, wyobrażając sobie autentyczną panikę w postępowaniu lubego, który jak komar pod porcelanowym talerzykiem zaczął w windzie trzepotać się z dezorientacją. – Bierz się za pudła. Jak tak dalej pójdzie, nigdy się stąd nie wyniesiemy, a przypominam ci, że przydałoby się jeszcze odmalować ściany.

21.

Mimo wszystkich ułomności, którymi oficjalnie się firmował, nasz pies był kochanym kawałkiem skurczybyka. Przygarnięty z akcji charytatywnej, zamieszkał ze mną długo przed pojawieniem się Grześka, czego ten nie mógł przeżyć, będąc oficjalnie bardzo zazdrosnym o uczucia. Nazwany hucznie labradorem o czarnym umaszczeniu, był w rzeczywistości małym koniem muśniętym jedynie genem retrievera, o średniej masie ciała nieco ponad pięćdziesiąt kilogramów, który miesięcznie przeżerał dwadzieścia kilogramów suchego jedzenia i jakieś dziesięć kilogramów surowej marchwi. Z rasą miał tyle wspólnego, ile Emanuel Olisadebe z obywatelstwem polskim. Biorąc pod uwagę moje ówczesne zarobki i fakt, że po opłaceniu czynszu i mediów zostawało czterysta złotych na życie, nadawał się idealnie. On, jego żołądek z gumy i karmy z królestwa Wielkiej Brytanii przypływające do Europy statkami, podobno jako jedyne nadające sens istnieniu zdrowego brzuszka psa, za które płaciłam jak za pole ryżu w Południowych Chinach. Wirtuozersko więc wpisywał się w życie singielki, która zapragnęła mieć psa już w pierwszym wynajmowanym mieszkaniu zorganizowanym w dawnej pralni na 11 piętrze wieżowca.

Moje pierwsze mieszkanie składało się z pokoju z oknami na zachód, przez które latem w pomieszczeniu panowała piekielna temperatura, a które to mieściło jedynie telewizor i złożone łóżko. Przy rozłożonym spaniu dużym palcem u stopy byłam w stanie przekręcić zasuwę i szarpnąć za klamkę, żeby sprawdzić, czy żule, śpiochy łącznika, nie zgwałcą mnie w nocy. Zakładając w przedpokoju kurtkę, sprawdzałam szczelność okien w sypialni bez przekraczania progu „salonu", a mocząc się w wannie, dolewałam wina ze stojącej na kuchennym blacie butelki. To było całe osiemnaście metrów kwadratowych, w porywach do osiemnastu i pół, kiedy rozszczelniałam okiennice, a w powierzchnię użytkową wliczałam parapety. Pies był mi potrzebny jak meble tarasowe z ratanu i prefabrykowany grill ogrodowy z uszlachetnionego betonu, ale kto nigdy nie uległ internetowej propagandzie o psach z przetrąconą łapą i złamanym sercem, niech pierwszy rzuci kamień. Był. Żył. Nie dało się go nie kochać. Kisiel odegrał klasyczną postawę poszkodowanego stworzenia, wchodzącego w życie utopionej w empatii kobiety, które pobyło przez chwilę słabe i biedne, żeby ostatecznie odkryć swoje prawdziwe oblicze. Spał w łóżku, nie zostawiając człowiekowi ani centymetra miejsca, chrapał gorzej niż dorosły mężczyzna po całonocnym chlaniu i puszczał wiatry w takich ilościach, o jakich się komisjom do spraw zagrożeń biologicznych nie śniło.

Jakby na niego nie patrzeć, jak bardzo go nienawidzić po niekontrolowanej defekacji konara na skórzany puf, którego to chojaka wyrwał i zjadł do ostatniej drzazgi, a który to rozluźnił mu stolec do maksimum – Kisiel był mi miłością. Nie dało się nie kochać żyjących własnym życiem uszu w nadprogramowej wielkości i grubości plus ogona, którym chłostał nogi i nabijał siniaki dzieciom sąsiadki. Nie dało się. Grzesiek miał na ten temat inne zdanie.

Cztery lata po tamtych wydarzeniach, jeden związek i poród dalej trwała właśnie nierówna walka z przeprowadzką z Lublina do Łodzi, w której nomen omen oprócz rocznego dziecka i sterty jego zabawek główną rolę odgrywał pies. Spasiony do niezdrowych rozmiarów, z pozorowaną nieustannie apatią ożywiał się jedynie na każdy szelest zwijanej w rulonik szynki, którą w tajemnicy zjadaliśmy, przysłaniając żuchwę dłonią. Przeprowadzka nie była terminem obcym tej rodzinie, ale ta stała się wyjątkowo niewygodna. Obnażyła skłonności patologicznego zbieractwa i ból nadchodzącego rozstania z kolekcją małych torebek strunowych. Mój już świętej pamięci wuj zapytany, po co mu gogle spawalnicze, skoro nigdy nie spawał, odpowiadał, że ma, bo były tanie i ładne. I ja to wytłumaczenie rozumiałam w całości, wprowadzając w życie zawsze, kiedy czułam, że jest taka potrzeba.

Pakowanie zaczęliśmy od klasycznego schematu, w którym na każdy rodzaj chowanego towaru przysługiwało jedno pudło, rolka taśmy, marker do opisu i rubaszny rysunek będący przejawem niedojrzałości emocjonalnej pakującego. Penis na pudle ze szklankami, penis w talerzach albo penis w ogóle. Rysowanie fallusa, najlepiej z tryskającym żołędziem, zawsze sprawiało tyle samo radości niezależnie od wieku, liczby kredytów hipotecznych i obowiązków rodzicielskich na karku, a ruch nadgarstka zamykający dzieło w trzech machnięciach znaliśmy na pamięć. Jak mawiają zagraniczni: „some things will never change".

Po usystematyzowanej rundzie wstępnej następowała wojna z drobnicą, której rzecz jasna szkoda było wyrzucać, a dla której osobne opakowanie mijało się z celem. I tak między patelniami wariowały moje trzy tampony z czasów przed Krysią, a kluczyk od skrzynki pocztowej z bloku Matki zamieszkał w sportowym bucie Grześka. Upchane po brzegi paczki i zwijane w rulon pościele wywoził Stary na wózku spacerowym jak na taczce, układając tetrisa z kartonów i ikeowych siatek w przepastnym

bagażniku opla vectry. Widok wpakowywanych i wypakowywanych na przemian z samochodu osobowego gratów i kolejne próby ogarnięcia resztek wolnych przestrzeni były zabawne do momentu, kiedy z okna trzeciego piętra zauważalny stał się grymas na twarzy pakującego, przypominający obraz demona z tajlandzkich filmów grozy. Mamrotał coś pod nosem, toczył pianę i kopał plastikowe reklamówki porozrzucane bez ładu w obrębie auta. Wracał windą do mieszkania po niekończące się złogi dobrodziejstw i na widok nowych worków na śmieci, które dopakowywałam z rozmachem, minę zmieniał, jakby wiadro cytryn przetrącił. Popychając przed sobą toboły pouwieszane na uchwytach taniego wózka, przy akompaniamencie pisku małych plastikowych kółek, ledwo dyszących w głębokim śniegu, śpiewał pod nosem o cyganach, wozie Drzymały i wspominał grupę artystyczną Don Vasyla. Kiedy zapakowaliśmy ostatni czajnik elektryczny, toster i suszarkę do prania z urwanym drutem, kiedy wciągnęliśmy przez wąską szczelinę otyłego psa i fotelik dziecięcy z wkładem, usiedliśmy skromnie niczym dwa karyple w hałdach bardzo ważnych rzeczy – wanienek, nocników i nakładek na muszlę dla mikropośladów. Kabel od opiekacza ciągnęliśmy za samochodem do samej Łodzi. Dokładnie trzysta cztery kilometry błogiej nieświadomości.

Oficjalnie wracaliśmy do domu po roku pełnym nauki, pokory, z kolekcją dowodów tego, co ważne, a co na potem. W radiu grali UB40, kochałam UB40. Samochód wyglądał jak komora gazowa. Psa nie było widać zza gratów, za to jego chuch pod względem woni i głośności przypominał, że nadal jesteśmy w komplecie. Przepełnieni miłością, wzajemnym zrozumieniem, „zatrzymaj się, bo oszaleję", „to twój pies" i „Kisiel, zamknij mordę, skurwysynu!", sunęliśmy przez Puławy, Radom i Piotrków Trybunalski. Po szybach ciekła skroplona para, w głośnikach *Red, Red Wine*. Grzesiek łykał Positivum jak cukierki. Pies z kolei przy ograniczeniu prędkości samochodu pruł się jak portowy alert na statku, a przy redukcji prędkości do zera dostawał autentycznej ekstazy, wierząc, że zaraz wyjdzie. Przed samym tylko Radomiem z dziesięć razy myślał, że już dojechał. Mniej więcej tyle samo razy Grzesiek chciał popełnić samobójstwo.

Cztery godziny później, zmęczeni, pokłóceni, głodni i żądni najlepszego na świecie zimnego alkoholu dotarliśmy do mieszkania na drugim piętrze łódzkiego bloku z cegły. W lodówce mieszkały dwa piwa i słoik musztardy. Pakunkami z vectry zasypaliśmy się po sufit. Zamiana siedemdziesięciu metrów kwadratowych na dwadzieścia sześć była wyjątkowo brutalna. Kisiel zdębiał, dziecko szukało drugiego pokoju, no i ten nieszczęsny wucet, który już na początku bezczelnie się zapchał. Mieliśmy po dwadzieścia siedem lat, a scenariusz komedii nie schodził z desek lokalnego teatru.

– Jemy coś? – zapytałam słabym głosem, wykończona, przekopując pudła w poszukiwaniu szczotki do zębów i czystych majtek.

– A zamów – powiedział Grzesiek – najlepiej dużo i tłusto. Nie można w życiu ze wszystkiego zrezygnować. Wystarczy, że mieszkamy w pokoju pod schodami u Dursley'ów. I z podwójnym serem weź to coś! – krzyknął już z łazienki, zanurzając głowę w porcelanie toalety. Pieczołowicie łowił mokrą chusteczkę higieniczną ręką po łokieć zanurzoną w odpływie. – Z potrójnym, jak dadzą – dodał pod nosem. – Niech się cholesterol upomni, a w dupie...

22.

W pakowaniu i rozpakowywaniu zdobyłam złoty medal. Potrafiłam zorganizować pudła z Żabki w dwadzieścia minut i spakować cały dom w trzy godziny. Rozpakowywanie też mnie już nie przerażało, tym bardziej że wiązała się z nim dziwna, niepisana rozkosz układania. Przyjemność ścierania kurzu, mycia frontów szafek i dopasowywania pudełek do wielkości dziur chociażby tylko na następne kilka dni istnienia w ekstremalnym ładzie. Lubiłam to. Uczucie sterylizacji zaraz po ostatnim machnięciu mopem. Rozpakowywanie uwalniało we mnie energię projektancką, a odwijanie ręczników papierowych z glinianych kubków nadawało pseudonim artystyczny „Dorota Szelągowska".

Po powrocie z Lublina doprowadzenie mieszkania do ładu przypadło w udziale mi, zresztą zawsze wolałam sama w żółwim tempie dzióbać po kawałku, niż przekładać pozornie dobrze rozłożone przez samca wyposażenie i narażać się na komentarze, że „życie ze mną jest ciężkie". Wielkie mi novum. Gdy przygotowywałam kuchnię i odgruzowywałam jej użytkowy sens, przypomniałam sobie, że potrzeba przekładania przedmiotów z miejsca na miejsce i cały nawyk kuchennego feng shui doczekały się już kilku interesujących historii, udowadniając nimi idealną zbieżność groteskowych potrzeb charakterów mojego i Grześka. Wkładając szklanki do dolnych szafek, czyli tam, gdzie nigdy wcześniej ich nie było, uśmiechałam się w duchu, zażenowana, że znowu dokonuję aktu sabotażu i nie dalej jak w nadchodzący weekend po powrocie Starego z pracy dowiem się, co myśli na ten temat. Życie fizyczne w znaczeniu oddychania, spożywania posiłków, wydalania i logistyczne planowanie przestrzeni miałam pod kontrolą. Gorzej było z decyzjami, wyborami i nadchodzącą krokami Guliwera rozłąką z rocznym dzieckiem. Od rana do nocy w serce pukała gorycz powrotu do pracy i wizja codziennych, zawodowych wycieczek za chlebem.

Los jest dziwnie skonstruowany. Zmusza nas do polubienia rzeczywistości, w której wstępnie czujemy się niekomfortowo. Wypycha na zupełnie niezbadane grunty, z pomysłem trochę na wyrost i za nas, że prędzej czy później musi się nam to spodobać. Dokładnie takie odczuwanie targało mną, kiedy miałam odejść z obiecującej pracy na rzecz nienarodzonego dziecka. To samo miotało mną, kiedy wspomniane dziecko trzeba było zostawić na poczet biura. Natura zachowywała się jak wszechwiedząca matka, która z każdym podskokiem woła za mną: „Uważaj, bo się przewrócisz", a ja, ścierając politurę o chodnik, wyrzucałam jej, że znowu miała rację. I nie wiem, co bardziej mnie przerażało. To, że wypaliłam się zawodowo, doznałam milowego regresu kwalifikacyjnego, czy fakt podrzucenia szczenięcia w obce ręce i nieustanna burza myśli, co się z nim dzieje i jak sobie radzi.

Sama ze żłobka wbrew pozorom pamiętałam wiele. Może niedużo ilościowo, ale bardzo mocno czuciowo, a każdorazowa podróż w czasie do tamtego okresu wiązała się ze wspomnieniem Mamy taszczącej mnie na rękach pół godziny ciemną nocą. Potem, zaraz po 6:30, Mama zostawiała w cudzych objęciach zawiniątko, żeby zdążyć do pracy, a ja darłam się wniebogłosy. Nie działo mi się nic. Nigdy nie wydarzyło się nic, co mogłoby odcisnąć piętno na maleńkim serduszku, a jednak zawsze kiedy uciekała ukradkiem przez ciężkie szklane drzwi, dopadało mnie uczucie porzucenia. Przerażenie mieszało się ze smutkiem, a potrzeba wtulenia się w Mamę podnosiła się do najwyższej możliwej potęgi. Do tej pory pamiętam zapach ścian łódzkiego żłobka nr 19 i odgłos brzęczącej jarzeniówki w szatni. Na samą myśl oddania Krysi w podobne rejony w nosie świdrował mi ten charakterystyczny zapach ciepłej zupy mlecznej na zacierkach, wymieszanej z wonią pasty do linoleum i małych bucików poupychanych w worki w niskich szafkach ze sklejki.

W przypadku naszej rozłąki to ja potrzebowałam adaptacji i to o mnie się rozchodziło. Kiedy pytano: „Jak sobie radzi?", nie wiedziałam, czy opowiadać o dziecku, czy o sobie. W przeciwieństwie do mnie, Krysia poszła jak w dym, widząc dzieci i zabawki, a ja siedziałam pod drzwiami sali, próbując opanować histerię. Bezradnie, ze ściśniętą parą zapasowych rajstop, kucałam na mikroławce w przedsionku i walczyłam z sobą, żeby nie kopnąć w rachityczne drzwi niczym Steven Seagal. A może to żal zakorzenił gdzieś w trzewiach pewnie bezsensownie pielęgnowane przeświadczenie, że ona za mną nie płacze, że dałam dupy w procesie wychowawczym i nie stworzyłam więzi; nie wiem. Nie potrafiłam się cieszyć, że jest tak bardzo samodzielna, i czekałam na emocjonalny wybuch, którego nigdy nie było. Poradziła sobie książkowo. Ja na tym froncie poległam.

Patrząc na cudze dzieci, jesteśmy nieświadomi. Obserwując inne dzieci, człowiek nie wie ani kiedy, ani jak i ile czasu się rodziły. Nie zna sprawy; nie wie, ile się o dziecko starano lub wręcz przeciwnie – jak bardzo go nie chciano. Dzieci innych ludzi w jakichś zupełnie obcych mieszkaniach opierały się o meblościankę babci i stawiały pierwsze kroki, na innych schodach nabiły sobie pierwsze siniaki. Tamte dzieci są po prostu małymi ludźmi, z prawem do życia w waszej przestrzeni, o których nie wiecie nic. Dopiero własne dziecko uczy, jak wielkiej mocy przynależności można się w życiu dorobić. To jest niepowtarzalne odczucie odpowiedzialności za życie, jedyne takie, które naprawdę znacie od pierwszych sekund istnienia. Dlatego porusza was pierwszy worek z kapciami i znaczek z sową, pierwsze bohomazy na rachunku za gaz. Dlatego obgryzacie paznokcie za powodzenie akcji „żłobek". Trzęsiecie gaciami w obawie, czy odnajdzie swoje miejsce wśród obcych i czy sobie poradzi. Rodzice, a właściwie matki w głębi duszy same stawiają pierwsze kroki na kolorowych dywanach ze wzorem w garaże, bo czują, jakby to był ich kawałek ciała, prywatne serce bijące na cnym gruncie i kolana z waty. Dzieci są i zawsze będą zestawem dodatkowych narządów, które pozostając w innym ciele, żyjąc gdzieś autonomicznie poza granicami maci, będą traktowane jak nierozerwalna część Wielkiego Królestwa. Tak to sobie natura wymyśliła, skubana, tak to stworzyła, a autorom nie należy przecież odbierać własności intelektualnych. Trzeba ten kaliber szanować.

23.

Nie do końca wiedziałam, jak rok będzie w stanie złapać wiatr w żagle i przeprowadzić mnie przez nową rolę w pakiecie, niczym te wszystkie turystyczne autobusy na ulicach Londynu pokazujące jedynie najciekawsze atrakcje. Szybko, sprawnie. Tu Pałac Buckingham, tam wiewiórki jedzące ludziom z ręki w parku św. Jakuba, tu Big Ben. Następny! Zaraz po oddaniu dziecka do żłobka sama musiałam na nowo oddać się korporacji.

W pracy zjawiłam się w styczniu 2015 roku, od początku czując się w niej jak bez ręki. Obecność dziecka obok mnie, posiadanie oczu dookoła głowy i trenowanie refleksu oraz intuicji sprawiło, że w zupełnej samotności dnia codziennego czułam się całkowicie naga. Krysia była już pełnoprawnym obywatelem żłobkowej braci, a ja zmuszałam się do regularnego dbania o siebie. Nakładania makijażu, prasowania garson i prób sprawnego dobrania dwóch podkolanówek w tym samym odcieniu. Będąc zupełnie szczerą, pierwsza myśl o powrocie zaraz po wielkim, nerwowym rozwolnieniu, rzecz jasna, skłaniała mnie ostatecznie do wpisania faktu na listę osiągnięć. Że idę nareszcie do ludzi, których jedynym celem i metą każdego dnia nie jest kaszka truskawkowa w butelce w kwiatki, i że może przypomnę sobie, co robią po pracy ci, którzy nie muszą chodzić notorycznie trzeźwi.

Rysia zachorowała pierwszy raz w dwa tygodnie od przekroczenia przeze mnie drzwi biura, a później łapała wszystko, co można było przejąć od świata. Gorączki, wymioty, zapalenia uszu, sraczki, ropiejące oczy i raz nawet podejrzenie wszy. Mina oznajmiająca, że niestety muszę wyjść z narady i wracać na złamanie karku po dziecko, grana była tyle razy, że zwolnienie i kwit bez powrotu od managementu pozostawały tylko kwestią czasu. Moja wewnętrzna dysharmonia tłukła mnie w łeb bez opamięta-

RYC. WPŁYW WZROSTU TEMPERATURY DZIECKA NA STOPIEŃ PRZEJEBANIA ZAWODOWEGO

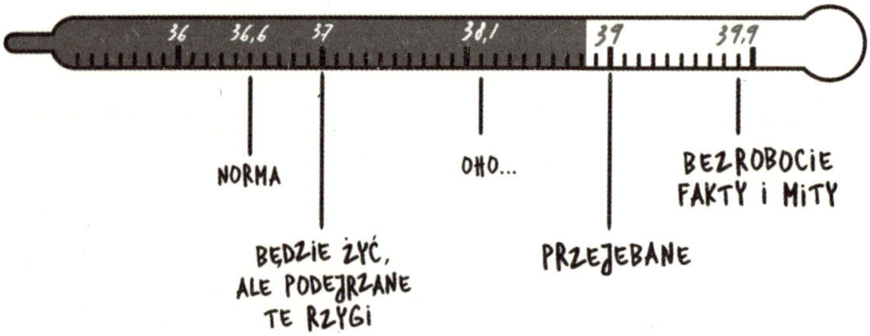

nia. Waliła na oślep sprzecznymi hasłami. Matczyne serce rwało się do powrotu do domu, a siedząc na „ważnych" spotkaniach w korpoulu, zastanawiało się jedynie, czy gorączka spadła, czy dziecko żyje i czy niania organizowana na kolanie przytula, jak powinna. Później wylewałam na siebie wiadro zimnej wody, usilnie sobie tłumacząc, że to są właśnie koleje losu i że nie ja pierwsza, nie ostatnia zmagam się z organizacyjnym piekłem zawodowego powrotu. Stawałam w wielkim oknie, od sufitu po wykładzinę z poliamidu, i zakładałam ręce na krzyż. Walcząc z płaczem i buchającym przekonaniem, że to nie jest miejsce, w którym powinnam teraz być, próbowałam oddać się wędrówce po ścieżkach kariery. Wbrew sobie, uciszając wewnętrzne wrzaski, stałam i niby byłam. Niby się angażowałam.

Choroby nie ustawały. Tłumaczenia w pracy też. Dziwnie to wszystko zorganizowała codzienność. Kiedy kładłam po dwóch stronach wagi najcenniejsze atrybuty, jakim niewątpliwie było własne dziecko i jego potrzeby, na drugiej obowiązki zawodowe, szala nigdy definitywnie nie przechylała się na właściwą stronę. Na stronę jasną i wiadomą. Trzepałam się jak mucha z poparzonym od żarówki skrzydłem nad „mieć" a „chcieć" i zmuszałam do nieustającego więzienia myśli. Często stawałam na dziedzińcach szpitali i miejskich przychodni z deszczówką po kostki. Z wygiętym od naporu wiatru zielonym zwolnieniem zastanawiałam się, jak tym razem przekażę wieści. Kombinowałam, żeby tylko nie zostać w domu, żeby pracować, a kiedy siedziałam w pracy, odliczałam minuty do wyjścia. Zamykając oczy wieczorami, usypiałam z planem wyjść awaryjnych na tapecie. Przewidywałam, knułam te przewidywania, bo czułam, że prędzej czy później skumulowane zapasy pomysłów na czarną godzinę przydadzą się przed umysłową kapitulacją. Depresją. Od poniedziałku do piątku siedziałam w tych czarnych chmurach sama, Grzesiek pracował. Wyjeżdżał w poniedziałek i wracał w piątek, starając się zarobić na dom i dziecko.

Wtedy zaczęliśmy nowy rozdział w sferze kłótni. Zaczęło się poważne, dorosłe życie, a nie tylko zabawa w rodziców z ciepłym obiadem po pracy i skarpetkami starannie złożonymi w pary. Kiełkował we mnie żal. Kosmiczny, tłusty żal, że zostałam sama z macierzyństwem. Miałam nieodparte wrażenie, że to, co robiliśmy przez ostatni rok we dwoje, było tylko wersją demo. Samą landrynkową i przecukrowaną okładką, która zachęca do wzięcia kredytu na resztę życia, a później dopiero pozwala sobie na usterki i nokaut odsetek. Full wersja czekała na mnie po powrocie do standardowej rzeczywistości z pracą w tle i kombinowaniem, co komu na kolację. Jak mawiają: co dwie głowy, to nie jedna. Moja druga wyjeżdżała systematycznie na cały przyziemny, prozaiczny czas szarego przeżywania. Zostawiała mnie z wywarem bycia komuś matką i ojcem. Z meritum terminu „rodzicielstwo", który oprócz podrzucania do sufitu dziecka w soboty i niedziele, oprócz zabierania na lody, frytki i rower, był jeszcze codzienną kupą wyborów i ustępstw, o których Grzesiek nie miał zielonego pojęcia. Trwała mała wojna. Potrzebowałam kochać, tłumacząc sobie, że tak to przecież wygląda u dorosłych, ale nienawiść wywołana przez samotność stawała się silniejsza. Codziennie zalegałam samotnie na placu boju i kalkulowałam, komu dzisiaj ją zostawić, z czego zapłacić, o której odebrać, co wymyślać w pracy, żeby wydostać się wcześniej. To był żal z powodu braku równego podziału, mojego obowiązku rezygnacji z rozwoju, pasji i marzeń przy każdym katarze dziecka – na rzecz pracy, którą wykonywał on.

Jak się czułam? Jak rozpłodowa krowa, pozornie szczęśliwa, którą posadzono na bardzo soczystej trawie, z bardzo urokliwym widokiem na strumyczek, a której jedynym zadaniem było dokarmiać młode, zadowalać buhaja i dbać o ogień tlącego się na środku ogniska. Bez opuszczania polanki, broń Boże. My nie byliśmy równymi sobie, chociaż tak wynikało z założeń. Coś jakby kupno psa po namowach całej rodziny, z którym koniec końców na siku wychodzisz tylko ty. Ja wiem, porównywanie posiadania dziecka do kupna psa jest słabe, ale ogrom obowiązków versus wyobrażenie oczekiwań stawiały mnie mentalnie właśnie na dworze zimną nocą z małym psem w potrzebie, gdy wszyscy domownicy wstępnie zainteresowani posiadaniem pupila siedzieli na kanapie, popijając ciepłe kakao.

Najmocniej bolało mnie poświęcenie. I wcale nie to poświęcenie siebie dla dziecka. Byłam już na takim etapie, że jej obecność stała się sensem istnienia i nigdy nawet przez myśl nie przeszło mi, że mogło być inaczej, że mogłabym jej nie mieć. Wkurwiało mnie poświęcenie dotychczasowego kształtu życia, którego on nie musiał doświadczać i którego to u mnie kompletnie nie widział. Wkurwiała jego beztroska i ignorancja wobec całokształtu sytuacji. Jakby wziął za pewnik, że pan to jest od biznesu i krawatów, a pani od całego dzieciowego sudoku. Nosiłam dziesięć kilogramów bezwładnej materii na rękach przez dystans półtora kilometra, kiedy psuł się wózek i nie odpalało auto. Taszczyłam jak wół na obcasach i w rajstopach wyszczuplających pijących w waginę, których nawet nie miałam jak zgrabnie poprawić, majtające nogami i rękoma ciało na wpół przebudzonego dziecka. Dochodziłam do żłobka z rozpiętą kurtką i szalikiem pod pachą, czerwona i spocona. W drodze kapały mi łzy wielkości grochu, ale ocierałam je z twarzy zawadiacko, powtarzając na głos: „Trudno. Nie rycz. Dasz radę". Dawałam, nie miałam wyboru. Hartowałam się, bo kochałam tę rodzinę. Grzesiek dzwonił codziennie w okolicach 8:30 w wichrze największych wątpliwości i częstował ulubionym: „Jak tam?". To „jak tam" wyprowadzało mnie z równowagi. Nie raz dostał rykoszetem za podejście. Za upewnianie się drogą telefoniczną, czy sobie poradziłam, kiedy on zarabiał dużo pieniędzy nad pyszną, ciepłą kawą ze świeżo zmielonych ziaren. On po prostu dzwonił, żeby usłyszeć: „tak, podołałam, spocznij", żeby już oficjalnie strzepnąć wyrzuty sumienia z ramienia i wrócić do własnych obowiązków.

Po pracy maszerowałam do domu ze śpiącą na rękach Córką. Kładłam ją na niepościelonym łóżku i tonie zmąconej pościeli. Ścielenie łóżka rano było tropikalną fanaberią, na którą nie miałam czasu. Pomału zdejmowałam jej buty i kurtkę, patrząc, jak śpi. Wokół piętrzyło się pranie i sprzątanie. Krysia przebudzała się z odciśniętym guzikiem na czole i wyciągała ręce, dając do zrozumienia, że chce się tulić. Siadałam z nią na krawędzi łóżka i gapiłam się tępo w okno. Dokładnie tak jak wtedy, kiedy zaczynała się rodzić. Tylko że teraz siedziałam i zamiast masować ciążowy brzuch, wąchałam siedzące ze mną namacalnie już, kręcone włosy. Nasza w sumie samotna rzeczywistość umacniała babskie relacje. Byłyśmy sobie wszystkim.

Ciężki okres powrotu do pracy wyrobił mi tyłek ze stali. Nie miałam już najmniejszych wątpliwości, że jestem matką. Matką Polką Walczącą. Nie divą, nie kochanką, nie ziomkiem z osiedla do długich spacerów z otwartą puszką piwa. Matką. To wystarczyło.

24.

Grzesiek został zamknięty we friend zonie w wyjątkowo ciasnym korytarzu. Zachęcony wylewnymi esemesami o sensie istnienia w środku nocy, przybiegał na następny dzień z kwiatkiem, a ja, ładnie dziękując, opowiadałam o wymuskanym playboy'u łamiącym mi serce na milion drobinek. Szkoła rządziła się swoimi prawami.

Przypominam sobie czasem pierwsze wybory i łapię się za głowę. Ani to mądre, ani ładne nie było. Wtedy, kiedy przychodził mnie pocieszać, nie wiedziałam, jak mocno przeżywał każdy uścisk, który dla mnie był koleżeńskim przytulasem na otarcie łez, a dla niego zastrzykiem adrenaliny wszędzie. Tak, tam też. Była w Grzesiaku jakaś chemia, której nawet za małolata nie dało się przeoczyć. Obejść. Może to te płyty nagrywane z ulubionymi kawałkami, może sposób, w jaki trzymał papierosa, nie wiem, lecz kiedy kończyliśmy szesnaście lat, wiedziałam, że za nic w świecie nie chciałabym zrezygnować z takiego przyjaciela. Równie mocno w życiu (W ŻYCIU!) nie położę się z nim do łóżka, oczywiście. W wieloletniej historii znajomości napotykaliśmy na wiele przeszkód, które badały siłę wzajemnego przyciągania i albo oddalały ścieżki na bezpieczną odległość przewiązanego w nadgarstku sznurka, albo całkiem drastycznie cięły zasięgi, jak nożyce ogrodowe.

Kwiecień, 2015

– Mama! Ty wstawiaj żurek do mikrofali, a ja pokroję jajka – rozporządziłam w ciasnym pokoju podhalańskiej kwatery, w której znaleźliśmy się we czwórkę na święta Wielkanocy. Kilka lat po gimnazjalnych przygodach siedział, już całkiem spokojnie, na skrzypiącym tapczanie w góralski wzorek mój Stary. MÓJ STARY.

To były polowe święta z kupną babą i kiełbasą parzoną w elektrycznym czajniku, bo po raz pierwszy w historii rodziny nie znalazł się frajer do prasowania obrusa i równie mało chętnych do zmywania góry brudnych talerzy. Nie byliśmy przesadnie religijni. Temat świąt – jakichkolwiek – traktowaliśmy jak mocno scalającą tradycję, a wszystkie obrządki – jak zwyczaje budujące świadomość pochodzenia u dzieci. Absolutnie nic z przemyśleń duchowych. Załadowaliśmy vectrę wszystkim, co ważne, i pojechaliśmy popatrzeć na odrobinę białego śniegu w szarym życiu. Tamto wielkanocne śniadanie było najkrótszą alegorią pomyślności. Nie miało blichtru, którego nikt nie potrzebował. Zawieszony w rogu na lakierowanej boazerii mały telewizor marki Funai brzęczał w tle filmem o Jezusie, którego nikt nie oglądał. Siedzieliśmy w piżamach, ospale przecierając oczy, a symbolika wielkanocnej tradycji wypełniała się w wyłącznie podstawowym aspekcie. Dokładnie tak, jak marzyliśmy od kilku lat. Bez Espumisanu i „Grzesiek, szybciej, też mi się chce!". Cztery talerzyki od różnych kompletów, kubeczek, dwie szklanki i jeszcze jeden kubeczek, ale bez połowy ucha. Ciasto pokrojone na kawałki na plastikowym wieczku od sklepowego pojemnika, masło nadal w papierze, rozmrożone do konsystencji budyniu. Siedzieliśmy wokół pożółkłej ławy, żując najluźniejsze śniadanie w historii, a z oczu wszystkich można było wyczytać spokój.

Pod koniec dnia, w którym wjechaliśmy na Kasprowy tylko po to, żeby zobaczyć mgłę i kawę z plastikowego kubka, a moja własna matka omal nie uprowadziła za kłaki Grzegorza Markowskiego spotkanego pod Wielką Krokwią, trafiliśmy do ciepłego pokoiku przy Szkolnej. Grzesiek wrzucił tobołki, rozpakował Krysię ze wszystkich otulin, po czym złapał mnie za rękę i gestykulując w stronę Matki, oznajmił:

– Olu, wybacz, ale zabieram twoją córkę na randkę.

To było to. Spontaniczności nie dało mu się odebrać. Potrafił wyjść rano do pracy skoro świt, zostawić mnie w łóżku nieprzytomną i prosić o zamknięcie drzwi na zamek tylko po to, żeby pojechać w miasto na poszukiwanie tulipanów. O szóstej rano. Bywał jedną, wielką niespodzianką, jakie widzi się w amerykańskich wyciskaczach łez, ale tłuczenie szklanki o ścianę też opanował do perfekcji. Te burzowe chmury podniecały mnie w nim najbardziej. Brak spokoju, ciszy i przewidywalności. Dbał o całą paletę emocji, zupełnie nieświadomie wrzucając nas na związkowy roaller coaster. Tamtego popołudnia wysmarowałam porządnie twarz kremem. Zakopiańskie minusy chciały urwać granatowe, odmrożone nosy. Siedzieliśmy w wagoniku kolejki na Gubałówkę, a ja w takt najgłębszych rodzicielskich prikazów negujących gardzenie własnymi dziećmi nawet w chwilach skrajnego umęczenia, przypominałam sobie, jak cudownie było nie mieć ich przy sobie na chwilę. Jak szczeniacko prosto było trzymać w dłoni rękę chłopa zamiast paczki wysmarkanych chusteczek, opakowania po Kinder Bueno, skórki od banana albo jednej z warstw ubrań, która właśnie w danej chwili nie była już potrzebna. Jakie egoistyczne uniesienie wiodło mną na samą górę, które na pohybel prawilnego myślenia o Mamie, Tacie i narybku pozwalały poszaleć i bluźnić ile wlezie na całą tę instytucję przenajświętszej rodziny. W głowie mogłam powiedzieć wszystko, jak na Speakers' Corner w Hyde Parku. Już czułam w ustach smak grzanego wina.

Wypełzliśmy z wagonika za tłumem i zamiast komercyjnie udać się do jednej z restauracji, dać w palnik na wolności i zjechać, Grzesiek szarpnął mnie za kaptur i jak dzikus zawlókł swoją samicę w dzikie chaszcze Podhala. Pominąwszy fakt dwóch fikołków na stromych ścieżkach wydeptanych w śniegu i podartych na całej długości nogawki spodni było stosunkowo miło. Widok niczego sobie i nic, absolutnie nic nie wzbudzało podejrzeń. Kiedy dopchnął mnie na usypany ze śniegu taras, skąd widać było w pełnej krasie uroki gór i Wysokie, złapał nachalnie w pasie za plecami i zaczął coś landryniasto szeptać do ucha. O panie, zmiłuj się. Jak ja tego nie lubiłam. Tych wylewów miłości ponad miarę i łapania brody przy pocałunku jednym, zgiętym palcem jak Humphrey Bogart. On o tym doskonale wiedział, a mimo to podejmował coraz to nowsze próby skazane na salwy śmiechu. Nie mogłam się powstrzymać. Każdorazowa pompatyczność zbliżania się jego ust do moich kończyła się tak samo. Ja po prostu wyznawałam oszczędny romantyzm, a słowo „kocham cię" wypowiadane rzadko nacechowane było mocniej.

– Jesteś i od zawsze byłaś moim największym marzeniem. I w chwilach największego przygnębienia w moim życiu wiedziałem, że ciebie zdobyć chcę, muszę wręcz i pokazać, że jesteś w stanie się we mnie zakochać – zaczął, coraz mocniej zaciskając imadło ramion w okolicy moich żeber.

– Grzesiek... – zdążyłam powiedzieć, kiedy znad Gubałówki doleciał przemiły zapach grzanego wina nawołujący do odwrotu. Chciałam po buziaku, przytulasku, skończyć melodramat i zaszyć się w jakiejś owczej, białej skórze mocząc dzioba w gorących goździkach.

– Nie przerywaj mi! – krzyknął i ciągnął dalej: – Miałem taki plan. Poukładać życie prywatne, przeszłość. Później wychodzić sobie ciebie, mieć z tobą dzieci, mieszkać z tobą i być bardzo szczęśliwym – kontynuował przejętym tonem, który znałam z poważnych rozmów zazwyczaj wyciąganych z niego na siłę. – Brakuje mi tylko jednego – powiedział i zdjął uścisk z mojego ciała, po czym włożył dłoń do kieszeni kurtki.

Wtedy poczułam, po co mnie tam zabrał i dlaczego tak usilnie starał się dowieść, że jest mnie wart. Kolana się pode mną ugięły z przejęcia, a marudząca morda zamknęła się na suwak. Otworzyłam umysł i nastawiłam uszu na najbardziej słuszne i potrzebne pytanie mojego dwudziestosiedmioletniego życia…

– Czy… ekhm. Czy zostaniesz moją żoną, Misiu? – zapytał niepewnie drżącym głosem, a na wyprostowanej dłoni położył małe pudełko ze złotym pierścionkiem. Ten głos przeskoczył przez wszystkie rozdziały naszej znajomości, przez te uściski kumpelskie, które coś obiecywały, a nigdy niczego nie dały, przez kiełbasy z ogniska rozdawane za karę ostentacyjnie i na przekór innym koleżankom, a nie mnie, przez konkursy piosenek kolonijnych, w których on grał na gitarze, a ja udawałam, że znam się na śpiewaniu... i przede wszystkim przedarł się przez tarczę „może kiedyś", udowadniając, że da się i że on w to zawsze mocno wierzył.

– Tak. Bez żadnych wątpliwości. – odpowiedziałam, już ze świadomością gdzieś wyżej. Ileż on ze mną przeżył, ile wytrzymał, ile się nachodził. Aż przypieczętował tak mozolnie wycierane frazesy o miłości starej, która to ponoć nigdy nie rdzewieje. Kiedy zamoczyłam usta w aromatycznym kubku z procentem, patrzyłam na niego w ten sposób. Mieszanka zażenowania, podniecenia i powagi przyrzeczeń pojawiała się na mojej twarzy, kiedy łapał mnie za ramię i powtarzał: „Kocham cię, wiesz?". Wiedziałam. Nigdy nie zwątpiłam, chociaż bywało różnie. Bywało źle.

– I tak się z tobą ożenię… – recytował jak zaczarowany, głaszcząc moją dłoń opatuloną w rękawiczkę. Potem wkraczał z impetem w strefę komfortu, w której dotykanie się nosami podczas wyznań groziło chłostą. I kiedy wywróciłam oczy na lewą stronę, walcząc o centymetry swobody przy akompaniamencie puchowych kurt i jego ciepłego oddechu na brodzie, dodał:

– Ożenię się. Nawet jak zawsze już będziesz taką larwą.

– Grzesiek, wiesz, że to wazon?

– Wiem.

– Czyli wiesz, że jesz chrupki z wazonu?

– Wiem. Miska była zajęta.

Grzesio Coelho

25.

Wiosna 2015 roku była pierwszym rozdziałem naszych bardzo wielu nieprzeczytanych książek. Paradowałam po ulicach miasta z pięknym pierścionkiem z brylantem, już jako narzeczona; Grzesiek zmienił kontrakt, tym razem dojeżdżając z Łodzi do Wrocławia, a ja na zmianę rozbijałam się myślami o żłobek dziecka, choroby wszelkiej maści, zwolnienia, problemy logistyczne i nowe mieszkanie, które potrzebne nam było jak nic innego. Na temat wspólnego bytowania z małym człowiekiem w kawalerce można by napisać grubą knigę, a już na pewno epitafium dla jego rodziców. Za dnia przytulne gniazdo, w którym dziecko pozostawało na wiecznym widoku. Każdorazowy kaszel, płacz, odgłos tłuczonego łokcia o drewniane szczeble stawiał nas na równe nogi i przeprowadzał akcje ratunkowe wyjątkowo sprawnie. Badaliśmy częstotliwości oddechu lusterkiem przy nozdrzach albo sprawdzaliśmy umiejętności przykrywania odkrytych pleców ręką Ojca bez opuszczania przezeń łóżka. In plus.

Kiedy młoda zaczęła sprawnie chodzić i z mistrzowską precyzją opuszczać łóżko przez szczelinę po dwóch wykręconych patykach, robiło się ryzykownie. Pomijając fakt wielkości mandżuru, jaki jej przysługiwał w pomieszczeniu wielkości przyzakładowej portierni, plastikowych kuchenek, pingwinów na patyku, wózków dla misia i innego dziadostwa, które chcąc nie chcąc akceptowaliśmy z miłości, Krysia zaczęła być wyjątkowo ciekawa świata. Nawet po 21:00. In minus.

Bezceremonialnie robiło się, kiedy zapadał zmrok. Wyginaliśmy się nad łóżeczkiem, wprawieni już w odkładaniu jej do spania. Żegnaliśmy się, wysyłaliśmy buziaki (te z dmuchaniem w rączkę), machaliśmy jak małpy każdą kończyną, żeby tylko oddała się podusi łatwo i bez walki. Następnie zasłanialiśmy sypialnię szarą płachtą w dmuchawce, dając jej możliwość skupienia myśli nad mlekiem i butelką, szumiąc jednocześnie staropolskie kołysanki, albo – w przypadku Ojca – coś skrajnie sprośnego z wymruczeniem pikantnych fragmentów. Zasłona dawała nam łudzące poczucie, że jesteśmy swobodni i że dziecko w liczbie sztuk jeden zostało spacyfikowane polubownie na terenie własnego „pokoju". Później gapiliśmy się na siebie jak dwa głodne lwy na kawałek ciepłej, pulsującej sarenki i wierząc, że po ciężkim dniu dane nam będzie jeszcze uśmiechnąć się i powzdychać z rozkoszy, przechodziliśmy sprawnie do rytuałów godowych. Robiliśmy wygibasy na wyjątkowo niskich tonach, uciszając się wzajemnie. Zrzucaliśmy majty, naciągaliśmy kołdrę na głowę. Boże, jaki on mi się wydawał wtedy przystojny, nie szło się oprzeć. Buziaki sprzedawane tu i ówdzie, palce zwinne jak u Blechacza, włosy skołtunione już dawno od samego myślenia i zapora z puchu. Duszno, nie było czym oddychać. I kiedy już miałam wchodzić na wysokie oktawy, jedną nogą niemalże po drugiej stronie tęczy błądzić, gąski z zachwytu za płetwy łapać, ściągałam kołdrę z twarzy, powietrza nabierałam, już prawie, jeszcze chwilka i... i...

– Mama „am" – oznajmiała mała rozczochrana główka, stojąca obok naszego łóżka. Nosem w nos tak sobie trwałyśmy, a ja purpurowa z duszności dziecko do góry nogami oglądać miałam.

– Chryste Panie, Krysiu! Długo tu stoisz?! – Oddawałam pełne troski matczyne przejęcie, a jedyne, co mi naprawdę chodziło po głowie, to czy półtoraroczne dziecko zapisuje już wspomnienia i czy widziało jądra Ojca, nie daj Boże. W tempie pospiesznym naciągałam na siebie odzienie i z gorącego tarła wracałam do roli mamy w niespełna trzydzieści sekund. Mieliśmy wprawę w zamianie alter ego i niemniejszą wcale w organizowaniu przestrzeni wobec potrzeb.

Tak czy inaczej czuliśmy, że czas się wynieść i kupić miejsce, w którym można zamknąć za sobą drzwi nie tylko od łazienki. Marzył nam się dodatkowy pokój, miejsce na graty dziecka i głośny seks za zamkniętymi drzwiami sypialni. Nadal nie mieliśmy za co i wizja polepszania statusu nieodmiennie łączyła się z kolejnym kredytem hipotecznym. Ale, jak to bywa w świecie ludzi, im bardziej czegoś pragniesz, tym sprawniej jesteś sobie w stanie wytłumaczyć konieczność przeprowadzenia wszystkich kroków wiodących do realizacji tego celu. Nawet tych ryzykownych, śliskich, kosztownych i zmieniających całokształt harmonogramu przelewów na resztę życia.

Zanim trafiliśmy na domek na kurzej nóżce, ten z piecem na węgiel i szambem z koniecznością opróżniania co dwa tygodnie, przejrzeliśmy większość ofert w okolicznych blokowiskach, czepiając się absolutnie wszystkiego. Niewątpliwym mistrzem malkontenctwa okazał się Grzesiek, któremu nie podobało się ani ustawienie okien, ani kolor ścian, ani fakt, że drzwi wejściowe są obitymi skórą starymi drzwiami od windy. Mieszkanie niewyremontowane i to zrobione pod klucz też nie. Nawet mu się balkonowy plastikowy kruk na gołębie w jednym z mieszkań nie spodobał, a całkiem nowy przecież był, niedoświadczony jeszcze przez żadną ptasią kloakę. Kilka razy poróżniliśmy się więc w kwestii potrzeb, bo ja miałam już serdecznie dosyć kolejnych wizji lokalnych, a Starego w dotychczasowych notorycznie coś bodło w gałki. Wydaje mi się, że gdzieś w podświadomości dążyliśmy do materialnych rejonów, które zawsze były nieosiągalne dla naszych rodziców.

Pochodziliśmy z rodzin średniej klasy, a całokształt wychowania i wspomnień z domów rozbijał się o próby kombinowania, dorabiania, cudowania – tylko po to, żebyśmy jako dzieci raz w roku zobaczyli morze. Nie narzekaliśmy, czuliśmy się kochani, ale fakt odejmowania sobie od gardła przez naszych rodziców tylko po to, żeby minimum raz w roku odprowadzić nas na kolonijną zbiórkę, wydaje się teraz wyjątkowo wzruszający. My natomiast swoimi uczynkami i planowaniem nadal średniej klasy chcieliśmy wyjść z pewnego rodzaju kasty, w której się wychowaliśmy i choćbyśmy mieli do końca życia trzeć ziemniaki na placki – marzyliśmy o bosej stopie rano na zupełnie prywatnym trawniku. Dom na łódzkim Marysinie wyrósł spod ziemi w tumanach kurzu i śmieciowych ogłoszeń sprzedaży. Był skromny, niewielki, maleńki wręcz, ale biła od niego aura gniazda. Wylewało się „to tu chcę” i choćbyśmy na głowach mieli stawać, nocną wartą się wymieniać, żeby tylko rozkochać sprzedającego – byliśmy gotowi.

Zamiast szukać nierozklekotanego domostwa z uregulowaną sytuacją sanitarną i grzewczą, uparliśmy się na hybrydowy klocek, w którym absolutnie każdy pokój pochodził z innej dekady dwudziestego wieku. Był też węgiel i wizja wstawania w nocy do kotłowni celem zamieszania pogrzebaczem w pyle; było płytkie szambo skutecznie

stopujące przed możliwością wstawiania prania jak wściekli, nawet w nocy; były robale po starym gołębniku panoszące się na podwórku jak u siebie; była łazienka wyłożona białymi płytkami i różową fugą jak w sanitariacie na koloniach w Borach Tucholskich w 1996 roku. Było wszystko, bo to było TO.

Kilka następnych tygodni przewróciło nasze życie do góry nogami. Ja wisiałam na dzwonku właściciela posesji, licząc na to, że kiedyś mi otworzy, Grzesiek jak pojebany załatwiał coraz to mocniej dziwne zachcianki banku, który nie miał zamiaru nam zaufać i dać chociażby wyciąć nerki, żeby tylko spłacać zobowiązanie do grobowej deski. Nocą budziły mnie koszmary, w których ktoś przede mną płacił gotówką przed denominacją albo ktoś podłożył ogień i nie ma o co walczyć. Nie potrafiłam skupić się w pracy. Ikona odświeżania strony na skrzynce mailowej skrzyła się rozżarzona. Jedną nogą spakowani, już jedliśmy jaja prosto z patelni ustawionej na wytartej trawie przed wejściem, drugą nieustannie uważaliśmy na rozwleczony ogon psa w kawalerce na Rzgowskiej. Myśl o tym, co jest, a co być powinno, stała się rzeźnią istnienia.

Pod koniec czerwca 2016 roku odebrałam telefon z banku, w którym przyznano nam kredyt. Nie mogłam złapać oddechu. To był najpiękniejszy kaganiec założony na kufę, jaki mogłam sobie wymarzyć, i najcięższe kajdany drugiej hipoteki, które dały się nosić jak jedwabne rękawiczki. Poziom ekscytacji i szczęścia sięgnął wysokich balkonów. Pierwsze decyzje popijaliśmy tanim Igristoje. Na hejnał, prosto z centrali.

Wtedy jeszcze nie wiedziałam, że mi nie wolno. Nie wiedziałam, że nowe mieszkanie oprócz czystej potrzeby rozłożenia skrzydeł i wzniesienia się w przestrzenie dodatkowych komnat ma znaczenie głębsze i przyda się jak nigdy wcześniej. Pod maminym sercem bowiem mieszkał już człowiek...

... nowy człowiek.

26.

Co nami właściwie wiodło, możecie zapytać, że karczując liany w amazońskim lesie, zachciało nam się nowych sadzonek i wywrotki dobrego nawozu. Gdzie tkwił szkopuł, który z zalanych łzami twarzy umęczonych rodziców jednego dziecka ściągnął lęk i nieporozumienia i świadomie postanowił przejść przez krzaczastą Księgę Dżungli jeszcze raz. Powód był bardzo prosty i nie był nim wcale zastrzyk państwowej gotówki od premier Szydło. Mimo wszystkich przeszkód, kłopotów i wyzwań, jakie stawiało przed nami życie z dzieckiem, macierzyństwo było po prostu zajebiste. Momenty oddające trud bawienia się w rodziców przerastały po stokroć kurz porażek, a „drugie" nie wydawało się już tak egzotycznym hasłem jak „pierwsze".

Nie zrażała mnie nawet postawa rodziny, która zachowaniem i zaangażowaniem „namawiała" na kolejne dzieci jak nikt inny. Za każdym razem, kiedy widziałam dorosłego członka rodowej braci, który targając moje Młode w ramionach, zachowywał się jak pensjonariusz Mariusz z lekką dysfunkcją ruchowo-psychiczną, naklejałam sobie na sweterek naklejkę z napisem „dzielny pacjent" i obserwowałam sceny dantejskie z lekkim niedowierzaniem. Obrazy dopadały zarówno Grześka, jak i moją własną Mamę, nie opanowali oni bowiem umiejętności dzielenia się niczym mitochondrium i nie wiedzieli do końca, skąd zazwyczaj wyciągam pomocną trzecią rękę. Oprócz oczywistego wydostania dziecka z auta, założenia czapki, zapięcia mu kurtki, wpakowania do podręcznego kuferka pieluch, mokrych chustek, gaci na zmianę, otwierałam jeszcze drzwi wejściowe od mieszkania, zabierałam dziesięć rolek miękkiego papieru toaletowego na łeb i trzymając dziecko za chabety tak, żeby nie wpadło pod autobus, goniłam kota sąsiada spod śmietnika do domu, martwiąc się, że na mrozie pewnie zmarzną mu jaja.

Jak każda przeciętna macierz tego kraju, byłam wieloletnią zawodniczką klubu sportowego „Spacerujący Farmerzy". Pod pachą potomek, na nadgarstku zawieszone siaty, dwa i pół kilograma jabłek, dwa i pół ziemniaków, zestaw wkrętarek „Andrzej", bo akurat promocja. Matki przecież dwa razy na zakupy nie chadzają. Nie mają na to czasu. Pakowałam więc w wózek jak zaczarowana. I podręczną wyrzynarkę do trawy, która miała ułatwić dostęp w trudne miejsca, i zestaw dętek na resztę życia, i gofrownicę w kształcie serca. Brałam wszystko, bo wiedziałam, że ktoś czeka i posika się z radości, kiedy położy na tym ręce. Łapy sine, wyciągnięte do kostek, paluchy pocięte plastikowymi tytkami, napuchnięte jak świąteczna szynka. Dziecko ciężkie, miotało się rozpaczliwie. Przy każdej próbie postawienia na nogi dostawało kolan z waty i kładło się na chodniku jak rozjechany placek. Wtedy ja dostawałam lekkiej kurwicy, cały czas w granicach społecznej moralności. Cedzenie „W-S-T-A-Ń" z górną i dolną szczęką nieodrywającymi się od siebie miałam wyćwiczone na szóstkę. Finezyjnie unosiłam przy tym górną wargę, obnażając dziąsło jak koń. Po drugiej polubownej prośbie „Krysiu, podnieś się" zazwyczaj zachciewało mi się siku i zamiast konsekwentnych poleceń i walki na siłę przekazu, łapałam ją za kaptur, wrzucałam pod pachę, zaciskałam muszelkę i z pełnym pęcherzem biegłam do pieczary. Jako matka miałam wyćwiczone do perfekcji trzymanie odruchów na wodzy, kiedy klasycznie upadały mi klucze i portfel, gdy rozsypywały się drobne, grube, kilogramy makulatury w postaci paragonów z osiedlowego spożywczaka, gdy zaczynał dzwonić telefon, Krystyna wołała pić od dwustu siedmiu kilometrów miejskich korków w czterdziestostopniowym upale, a dostępność kończyn pomocnych do rozwiązania tych problemów kończyła się, jeszcze zanim doszłam do tego, co chwycić najpierw. Później wchodziłam na drugie piętro z całym tym majdanem: sina, bordowa, z wielką, grubą żyłą na czole i ze zroszoną potem skronią uczestniczyłam w koszmarze rozerwanej siaty, rozrzuconych wszędzie pomidorów, otwierania skrzynki pocztowej z zapasem marketowych gazet i sąsiadów goniących z: „No, bardzo proszę podpisać. Podwyżka czynszu będzie". Po przekroczeniu progu mieszkania najpierw sadzałam dziecko byle gdzie, byle w domu, ciskałam o parkiet kilogramami chabaniny z promocji, powtórnym awizem i kopią zobowiązania zapłaty za śmieci o 2,50 zł więcej niż w zeszłym roku i rzucałam się na kibel jak tygrysica, bo uwolnione z zacisku siku matki po zakupach z dzieckiem było sto razy lepsze od orgazmu. Kto to przeżył, ten wie.

Ile razy jedynym wyobrażeniem rodzącym się w ciele jak naturalna flora antybakteryjna było machnięcie na wszystko ręką, staropolskie: „Spierdalam stąd!!!" i opuszczenie tej psychozy raz na zawsze. Ze zmianą numeru telefonu, tożsamości i numeru konta bankowego.

I myślałam: Po co właściwie chcemy drugie dziecko? Tak zupełnie szczerze i przepełnieni nieopisaną miłością chcemy drugie. Świadomie! Przecież w tym pojebanym świecie norm tylko się wymaga. A już od kobiety – matki wymaga się ogromu. Takich totemów prawilności, przyjętych przez społeczne przyzwyczajenia, wielowiekowe nawyki. Musi być zawsze świeża i równoważnie po uszy zakochana w swoim dziecku. Musi mieć siłę i chęci, choćby padała na ryj. Musi dobrze gotować i sprzątać, chodzić do pracy i wracać, zawsze na czas odbierać z przedszkola, szkoły, nigdy się nie spóźniać. O niczym nie zapominać. Powinna się uśmiechać od rana do nocy, jak nienormalna. Inaczej przypnie się jej łatkę niezadowolonej z losu, pokrzywdzonej przez wczesne macierzyństwo albo macierzyństwo w ogóle. Ci bardziej spostrzegawczy doszyją niechcianą ciążę i za szybkie zamążpójście. Ludzie zawsze wiedzą lepiej, choćby człowiek na głowie stanął. Przecież gdyby była szczęśliwa i zakochana w swojej rzeczywistości, nie wyglądałaby tak, nie zamykałaby się w łazience na piętnaście minut raz w tygodniu, żeby wylać żale i popłakać. Matce ma się chcieć. Matka nie może zrezygnować, nie może się załamać. Ma być zawsze słodko pierdząca, do

Córki używać słów „kotek" i „córcia", nigdy „gówniarzu jeden", bo o-Boże-nie-przystoi, bo dobry-Jezu-jaka-matka-tak-do-swoich-dzieci. Wymaga się chcieć. Zawsze móc. Zawsze kochać jednakowo mocno. Nie mieć załamań. Nie poganiać w głowie myśli: „oszaleję", „już nie chcę", „nie potrafię". Nie przystoi matce, matka ma być ponad to.

A ja wam mówię, że każda kiedyś gubi totem. W dupie ma wszystko i wszystkich, bez wyjątku, nie chce być tu i teraz. Każda kiedyś oznajmia wszem i wobec, że koniec, nie pociągnie już dalej. I ma prawo. Wy macie prawo. W ostatecznym rozrachunku jesteście zegarkiem z małą dziurką, a w kieszeni spodni nosicie cienki drucik. Zamykacie oczy na małych poligonach i resetujecie swój sprzęt. Natura i instynkty pchają drut głęboko w dziurkę każdego czasomierza. Czyszczą pamięć ze złego i pomagają tykać na nowo. Po prostu. Po burzach, kurwach i morzach łez biegniecie do dziecka, stajecie nad łóżkiem i sprawdzacie, czy plecy przykryte. Takie jesteście właśnie. Wtedy dochodzicie do wniosku, że chcecie więcej. Wtedy się okazuje, ile to wszystko warte. Jesteśmy masochistami, nazwijmy

sprawy po imieniu. Wiedząc, w co się pakujemy, brniemy dalej mimo wszystko, a sytuacja, w której uczestniczymy, przynosi nam niewytłumaczalnie szczęście. Poza tym jest we wszystkim dziwna siła, która piętrzy bałwany piany na ustach nad małymi twarzami przed godziną spania, ale nie jest w stanie otrzepać skrzydeł z gęstego miodu, kiedy już buzie cichną. Człowiek uzależnia się od zawsze dodatniej kalkulacji uczuć w całej kwestii macierzyństwa i nie wyobraża sobie więcej w tym nie być. Potem przychodzą pierwsze występy w żłobku. Albo zabazgrany świstek kartki, na którym zupełnie nic nie widać, ale wiesz, że został stworzony w artystycznym szale tylko dla ciebie. Słyszysz zmiękczone do maksimum słowa wiersza: „Mamo, mamo, coś ci dam, małe serce, które mam" i topniejesz. Tryska z ciebie brokatem w dwustu kolorach. Nic na świecie bowiem nie uczy tak pokory, jak prywatni miniludzie i ich minisprawy. Nic nie uzależnia mocniej i na dłużej niż inny człowiek, którego musisz ukleić od zera na porządnego i mądrego. Tak oto w wakacyjnym miesiącu czerwcu, w pełni świadomi nadchodzącego ślubu, przeprowadzki do domu z ogródkiem i wynikających z tego powodu niedogodności logistycznych, dowiedzieliśmy się, że uwiliśmy kolejne życie, a ja dodatkowo będę zmuszona zatańczyć *Żono moja* na trzeźwo. Porównując moment zero, w którym dowiedzieliśmy się pierwszy raz, że zostaniemy rodzicami, z kolejnym – w tym drugim wygrała rozwaga. Byliśmy już doświadczonymi graczami, a bebechy zamiast wiadomego lęku wynikającego z pójścia w podróż w nieznane wytworzyły dorosłe i rozważne: „Czekamy na Ciebie. Jesteśmy gotowi".

– A i Mamo? – wtrąciłam przez telefon beztroskie zagajenie gdzieś między „u nas też gorąco" i „truskawki jeszcze drogie". Eksplorowałam właśnie tesco, dwa dni po plastikowym teście rysującym coraz grubsze kreski. Miałam pewność. – Mamo, jestem w ciąży.

– Super – oddała spokojnie, jak nie ona – cieszę się, przecież chcieliście – zaakcentowała logicznie i kończąc klasykiem gatunku: – Teraz to się dopiero zacznie – dała pewność, że to właśnie ona jest po drugiej stronie aparatu.

27.

W normalnych związkach ludzie cenią się za klasyczne ficzery. Dobre serce, umiejętność klejenia idealnego ciasta na wigilijne pierogi, czystość odśpiewania *I will always love you* Whitney Houston na czwartkowym karaoke czy chociaż zdolności manualne: majsterkowanie, rzeźbienie w drewnie, ręka do storczyków, głębokie gardło.

Grzesiek zakochał się we mnie na maksa prawdopodobnie wtedy, kiedy wybraliśmy się na pierwsze juwenalia. Standardowo nie było gdzie się wysikać, a ja znalazłam lukę za samochodem osobowym i między ścianą spożywczego a maską renault megane oddałam najdłuższy sik w historii. Mina jego wyrażała dumę z mojej przedsiębiorczości i zaradności, które to pozwoliła w krótkim czasie nie zlać się w gacie i jednoczesne autentyczne zdumienie odnośnie do mocy cieku. Nie wiem, co usłyszałaby normalna kobieta w standardowym związku na pierwszej randce i co pozwoliłoby uwierzyć, że zwabiła muchę w pajęczynę, ale w mojej głowie do tej pory pobrzmiewa pełne dumy: „ALE STRUMIEŃ!”. Był już mój. Wydarzenia tamtej imprezy nie zmieniły nastawienia Starego do oddawania moczu, bowiem kilka lat później, nadstawiając Córkę nad pierwszą wiosenną trawą pod zamkiem w Janowcu, rzucił, a mury niosły echem słowa: „O, widzę, że strumień po Mamusi. Nawet na wietrze nie zakręca…”. Dobrze dobrani ludzie najwidoczniej powinni doceniać małe sprawy, pojemność pęcherza i wyobraźnię w tworzeniu złożonego śniadania z czerstwego chleba, jednego jajka i podwiędłej połówki cebuli.

Przygotowania do ślubu szły jak wszystko w naszym życiu: na wariackich papierach i opierając się jedynie o wielką motykę zaczepioną na słońcu. Nie mogliśmy przecież jak dorośli ludzie poczekać do następnego lata. Kując żelazo, póki gorące, daliśmy sobie na organizację całe cztery miesiące, bo cierpliwość... no właśnie, cierpliwość.

Z cierpliwością było u mnie na bakier. Dokładnie jak wtedy, gdy dostałam od Mamy nowe adidasy – jeszcze w lutym – i chodząc w nich do szkoły z sinymi od mrozu paznokciami, wmawiałam wszystkim, że pogodowo jest już spoko. Lubiłam przecież drętwiejące na mrozie palce i modlitwy o koksownik. Dokładnie tyle czasu więc postawiliśmy przed sobą na usystematyzowanie: obrączki, kreacje, restauracja, goście, fotograf, przeprowadzka, zaproszenia, badania prenatalne, halny hormonalnej sieczki, przeczesywanie poprzeprowadzkowych pudeł w poszukiwaniu czystej szklanki, transport na ślub i z powrotem, nagranie playlisty dla znajomych, *Bielyje Rozy*, *Oczy zielone* i *Na sianeczku, sianie rym-cym, kochanie*. To miał być mały, zupełnie nienapompowany ślub bez kościoła, bez Jezusa, bez sopranistki z *Ave Maria*, bez gołębi i bez wesela, na którym wuj siódma woda po kisielu futruje jak szpadel tanią wódką i śpi z twarzą w bigosie. Na którym epileptyczny taniec-szarpaniec z kuzynem z Wolborza zamienia się w heroiczną walkę o przeżycie stawów i rękawów drogiej sukienki. Na którym płynące plecy kolegi z pracy, owinięte chyba w błękitny celofan z guzikami zamiast w bawełnę, ocierają się o twoje. Mieliśmy cicho i w miarę szybko obiecać sobie towarzystwo na resztę życia, bo co jak co, ale młodzi z dziećmi nie mają czasu na długie posiedzenia z oczepinami i inteligentnymi konkursami zahaczającymi o weselne soft porno.

Sytuacja po raz kolejny rozrzuciła nas po Polsce. Ja w organizacyjnym szale walczyłam z bazy w Łodzi, Grzesiek co mógł, to załatwiał z Wrocławia. Większość decyzji podejmowaliśmy przez telefon, tłumacząc stan rzeczy na iPhone'owym facetime'ie. On np. robił zdjęcia w ilościach takich, że nie mieściły się na dysku, i żeby nie podpaść jeszcze przed podpisaniem cyrografu, pytał o absolutnie wszystko. Przy weselnych bamboszach okazało się, że jednak Bogu dzięki za tę dyscyplinę i że zostawianie mężczyzny samego w sytuacji doboru kolorystycznego czegokolwiek jest wysoce ryzykowne.

Dokładnie na pięć dni przed ślubem bowiem nadal nie miał butów. Dzieląc się krztą zaufania, poprosiłam o samodzielne załatwienie sprawy, podczas gdy sama walczyłam z kiecką, której albo nie było, a jak już znalazłam taką, w której nie wyglądałam jak zaorana beza, to kosztowała ona więcej niż piętnaście kilogramów najlepszej hiszpańskiej wołowiny z Galicji. Z ememesa na ememesa, widząc pomysły na ślubne laczki, zaczynałam coraz mocniej wątpić, że chcę z nim spędzić życie. Z detalu na detal przestawałam mieć wątpliwości co do tego, że tak, kocham gościa, ale chyba go pojebało. Kiedy wyraziłam asertywnie i głośno, co myślę na temat pokiereszowanego pantofla załączonego do komórkowej konwersacji, usłyszałam, że potrzeba władzy i panowania nad sytuacją odebrały mi rozum i przeszły z fazy kontrolowanego trymowania żywopłotu do samowolnego karczowania lasu piłą spalinową. Nie chcąc urazić ducha stylisty, który niewątpliwie gdzieś w nim drzemał, zamiast wywalić wprost, że z takimi butami to ni-chuja-gościu, szukałam na siłę wysublimowanego języka i trenowałam techniki negocjacji. Że takie ja wiem, chyba za wysokie podkucie jak na niego, że odcień brązu może nie do końca podkreślić błękit oczu albo że sznurowadła za długie będą się notorycznie rozwiązywać. Cokolwiek, byleby zmądrzał, wierząc, że doszedł do wniosków zupełnie sam. To są właśnie weselne socjotechniki, szanowni państwo, oto i one.

Kiedy wysłał ostatnie ze swoich stylistycznych wynurzeń, osunęłam się na podłogę i chyba nawet odnotowałam lekki zawał. Na polecenie proste, niezłożone i niezawierające żadnego trudnego słowa na „e" jak „emancypacja" albo „l" jak „lilaróż", które brzmiało: „kup brązowe buty do garnituru", wysłał zdjęcie ażurowych mokasynów w kolorze sraki, które nie dość, że wyglądały jak ciżemy cygańskiego króla, to jeszcze były podklejone wstrętną, czarną zelówą. Chryste Panie. Nie trzymając ich w ręku, czułam nozdrzami wyobraźni, jak śmierdzą chińską fabryką i sztucznymi kwiatami na drucie. W takich butach można było kogoś porwać, nagrać teledysk disco polo o krzywdzącej miłości lub ewentualnie pochować, i to też bez większej sympatii dla chowanego. Na zdjęciu trzymał w ręku jedną wielką kupę w rozmiarze 43, a ja coraz mocniej martwiłam się o powodzenie akcji „TAK". Tłoczony ekskrement, który obok moich wymuskanych zamszowych szpilek wyglądał jak młodszy brat Gilberta Grape'a, gapił się irytująco z wyświetlacza i czekał na decyzję. Stojąc w kuchni z klasycznym facepalmem, pielęgnowałam w sobie pełen szacunek dla wszystkich spłodzonych dzieci i miłosnych orgietek lat 80., w których królowały podobne babole, miętowy garnitur, wąsy i C.C. Catch. Zaczęło się robić nerwowo. Do ślubu została doba.

21 sierpnia 2015

– Dzień dobry, czy ja się dodzwoniłam do Urzędu Stanu Cywilnego Łódź Górna?

Zadzwoniłam późnym popołudniem w piątek, rolując klejącym walcem ostatnie paproszki na czarnym bolerku. Następny dzień był tym, o który walczyliśmy przez ostatnie tygodnie jak lwy, i tym, który miał w zasadzie nie zmienić nic, a zmieniał tak wiele. Nie pamiętam, czy jadłam, wiem, że chciałam pić. Alkohol dawał ukojenie, nerwy szpikował stalą. Ale ja nie mogłam przecież. Dzieci w łonach swoich matek podobno nie lubią orzecha laskowego na lodzie. Nie miałam wyjścia. Rzeczywistość brałam na trzeźwo. Doczepianie rzęs i połyskujące łuki brwiowe też. Kto nigdy nie malował oka tak wysoko, ten wie, co znaczy po raz pierwszy zobaczyć na sobie brokat odrysowany od szklanki.

– Tak, a o co chodzi? – odezwała się nieświadoma urzędniczka, która kończąc dzień, miała za chwilę zasunąć rolety, zmyć szklankę po ostatniej fusiastej kawie i zamknąć salony.

– Proszę pani, ja mam jutro ślub. W sensie ja jestem panną młodą i... powiem wprost. Chciałabym się dowiedzieć, o której godzinie – wywaliłam śmiało, czując podświadomie, że nie jest to zwyczajowe zapytanie na dwadzieścia cztery godziny przed punktem zero. Było mi już wszystko jedno. Znając rozmiary otaczającego nas absurdu, upewnienie się, że rozmawiamy o 13:00, a nie np. o 15:00, było jak najbardziej zasadne.

– Yyy – wydusiła na szybko po drugiej stronie aparatu. Kiedy mówiła „momencik”, głos jej się łamał ze śmiechu; robiła wszystko, starając się nie wybuchnąć „en face”. Myślała pewnie, że mogłabym poczuć się urażona. Gdyby tylko wiedziała, w czym do ołtarza planował iść Małżonek, wiedziałaby, że takie przedślubne śmichy-chichy nie robiły na mnie większego wrażenia. Na pewno nie takiego jak stylowe onuce Młodego i klejone do powiek plastikowe kępki.

– Aaaaalaaaaaaa! Aaa-laaaa! – Słyszałam w tle nawoływanie koleżanki, pomieszane z salwami śmiechu. – Dzwoni panna młoda i pyta, o której ma ślub... ale Ala, Ala, słuchaj tego. O której ma ślub JUTRO!

W tle cały urząd tarzał się po czterdziestoletnim linoleum zalany łzami, pani Ala potwierdziła przypuszczenia, że to jednak 13:00, a mnie coraz mocniej świdrowało w brzuchu.

W przeciwieństwie do Grześka to był mój pierwszy ślubny raz, a i bez całego dodatkowego ciążowego zalewu ckliwości nie należałam do walecznych w kwestiach płaczu. Ja się chyba bałam, że zanim dojdę do Orła, to umrę na histeryczny szloch i niemoc wyduszenia z siebie czegokolwiek. O „ślubujemy” nie wspomnę. Traktowałam to wydarzenie całkiem naturalnie i nie przypisałam mu do tej pory przerysowanej duchowości, a jednak im bliżej było, tym mocniej zastanawiałam się, na czym polega stary dobry fenomen zamążpójścia. Przed nami ostatnie takie dobranoc. Ostatnie takie dzień dobry.

„Świadoma praw i obowiązków wynikających z założenia rodziny, uroczyście oświadczam, że wstępuję w związek małżeński z Grzegorzem i przyrzekam, że uczynię wszystko, aby nasze małżeństwo było zgodne, szczęśliwe i trwałe".

28.

22 sierpnia 2015

Powiada się, że ślub nic nie zmienia. Że dodaje jedynie papier do komody pełnej spraw, w której leżą umowa kredytowa, rozliczenie z PGE i mandat za sikanie w bramie po jednej takiej imprezie. Zwykła celuloza, która żółknie z czasem i którą nadgryza mały pies kupiony dla dzieci trzy lata później. Mówią, że jak się kocha, to i lata bez legalizacji można jechać, że nic nie stoi na drodze. No bo nie stoi. Wiem, co mówią i jak; reprezentowałam tę drużynę i sama roznosiłam prawdy oświecone. Szczególnie wtedy, gdy topiąc się w czerwonym winie, stawałam się Stephenem Hawkingiem nauk społecznych. Nigdy nie wolno odbierać ode mnie telefonu po winie. Nigdy.

A jednak zaciśnięte na palcach Grześka moje palce w pięć minut przed otwarciem drzwi Sali Ślubów przystrojonej napisem „Prosimy o ciszę" zaczęły się niepokojąco ślizgać, bo niewytłumaczalnie dobitnie waląca od środ-

ka świadomość powagi sytuacji rozpoczęła walkę. Całe zamieszanie potęgowało wibracje. Takie wibracje wyższe. Głębsze. I choć nie wycinałam nigdy ogórka w serce, aby włożyć mu go w kanapkę do pracy, choć nigdy nie żegnał go pomadkowy całus odciśnięty na lustrze dzień wstecz, to teraz, stojąc ramię w ramię z facetem, którego znałam od podszewki, moje emocje odstawiły dziwny taniec tego spasionego Azjaty od *Gangnam Style*. A potem zrobiły to jeszcze z dziesięć razy. I jeszcze dwa.

Bo była w ślubie jakaś kosmiczna mgła. Jakiś dziwny ewenement, jak Wielki Zderzacz Hadronów, który Bóg wie co robił, ale wszyscy się nim strasznie jarali. Który niby jest dziesięciominutową formalnością, ten ślub w sensie, ale w zestawieniu z uroczystym anturażem, panią z łańcuchem na piersi odlanym jakby z czterech Dzwonów Zygmunta i solówką urzędowej organistki wymuszającej z klawiszy *Hallelujah*, wchodzi w reakcję tak silnie uczulającą mózg, że w jednej chwili dostaje się obuchem. Świadomość wrzeszczy do człowieka coś od środka, coś jakby: „okurwaaaaaaaa, ale jazdaaa!!!". Po raz pierwszy w życiu zobaczyłam ludzi uśmiechających się tylko do nas i patrzących tylko na nas. Matkę stojącą nareszcie obok Ojca. Ojca w ogóle, którego nie było ponad dwadzieścia lat, a żarzył uśmiech w pierwszym rzędzie, z bukietem białych kwiatów w dłoni. Przed nami stanęła rozpromieniona urzędniczka. Szczerze na nas patrzyła. Kazała powtarzać. Pod naszymi nogami, na brzuchu, tarzała się prawie dwuletnia Krysia w odświętnej białej kiecce w kwiatki; przebierała nogami jak na biwaku, mając za nic hierarchię wystąpień i ważność występujących. Odkąd stanęłam z Grześkiem twarzą w twarz, w towarzystwie zebranych gości, odkąd głośno i wyraźnie przyznałam, że zostaję, że to jest to – w zaangażowaniu, w którym dotąd zanurzaliśmy się po kolana, postanowiliśmy pójść głębiej, aż po pachy. Czułam, że poruszam się autem z sześciobiegową skrzynią i wspinam się na szczyt lekko wyższy niż Gubałówka, na której przecież podarł mi spodnie i wcisnął na palec pierścionek. Pozorne podpisanie kartki, godzinne całowanie babć, ciotek, braci i nauczycieli z podstawówki nauczyło mnie, zwykłego człowieka z Łodzi, że bardzo poważnie podchodzę do tego mężczyzny. Bardzo poważnie.

Był mistrzem w wyprowadzaniu mojej cierpliwości na krawędź dachu czterdziestopiętrowego wieżowca. Był tym samym człowiekiem, który jak żaden inny nie wywoływał u mnie takiego ciśnienia i bałwanów piany na wardze co drugi dzień. Co dzień. Co chwilę. Tym samym, którego nie chciałam znać w dolinach i za którego dałabym się pociąć na szczytach. To był ten, który stał się prywatnym zastrzykiem z adrenaliną i widelcem do dziabania w oko. Jego oko. Byliśmy ludźmi z problemami interpersonalnymi, dwoma kredytami hipotecznymi i psującymi się starymi samochodami. Stara frytura i szklanka wody do środka. Nie znosiliśmy się średnio raz dziennie, ale przewrotnie staliśmy obok siebie mocniej i pewniej niż całe korpo w kolejce po darmowe piwo na talon na jednym z firmowych pikników. Stojąc tam wtedy, w gorące, letnie popołudnie, trzymając za rękę źródło wszystkich moich problemów i wzlotów, czułam, że liczy się tylko bilans, który u nas miał być dodatni. Bilans ma być zawsze dodatni. Zawsze.

A teraz uważaj, Grzesiek, siedzisz? Jeśli nie, to usiądź, będzie wyznanie: Tak. Kocham cię, ty Stary Cepie.

29.

– Miśka, gdzie pieluchy? – Odbił zdezorientowany w obliczu czyszczenia tyłka Krysi i zaczął bezradne marsze po całych dwóch pokojach wolnej przestrzeni nowego domu.

„W dupie", pomyślałam ciepło, przeczesując Facebooka zaobrączkowanym palcem. Ile razy przecież można było wskazywać dorosłemu człowiekowi azymut na pieluchy i własne skarpety?

– Na komodzie! – krzyknęłam z łazienki przez zasieki zamkniętych drzwi. Najwięcej niejasności i prób zrozumienia świata docierało do niego właśnie wtedy, kiedy zasiadałam na tronie i starałam się spędzić czas we względnej samotności, chociaż w liczbie dziesięciu minut.

– Ta? Niby na której?

– Burej, kurwa. Jedną mamy… – wyszeptałam do siebie grzecznie, panując ostatkiem sił nad przypływem szczerości i starając się zachować względnie dobre nastroje zaczynającego się dnia.

– Co mówisz? Nie słyszę.

– NO NA KOMODZIE, DO CHUJA WACŁAWA!!!! – Z uszu poszła para. To był dziesiąty tydzień drugiej ciąży i pierwszy dzień poweselnego chlewu. W kuchni panoszył się taki syf, że bardziej opłacało się polać wszystko benzyną i dopieścić miotaczem ognia, niż zakasać rękawy i pienić „Tymka" na małej gąbeczce.

– Nie ma – odpowiedział pewnie.

– A udowodnić ci? – Poleciało jak pocisk: ostro aczkolwiek stabilnie, z niemuśniętego remontem od dwudziestu kilku lat przytulnego ustępu. Nastała cisza. Bezruch dla kompozycji riposty, która miała szansę zabłysnąć i chlasnąć mi w twarz. Ta apatia – on za drzwiami szuka zmiany na małe pośladki Córki, zdezorientowany jak nietoperz w południe, ja po drugiej stronie, pomnik Sokratesa przyłapany na głębokiej zadumie próbujący w spokoju oddać stolec. Nie było w życiu dwojga żyjących obok siebie dorosłych ludzi nic bardziej intymnego, niż deliberowanie z wucetu o sensie istnienia i czy mam coś ciemnego do prania.

– A nie… Już mam.

– Brawo, Rysiu… – Wypuściłam czule, układając ciało w pozę świadczącą o lekkim upośledzeniu oponenta. Nie było już szans na wolność, nawet w sytuacjach rozwiązywania zaawansowanych problemów fizjologicznych, a w szeregi miał przecież niedługo wstąpić nowy żołnierz.

Na horyzoncie małej działki opadał poimprezowy kurz. Nasze świętowanie, hucznie nazwane weselem, było obiadem dla rodziny i uwitym naprędce grillem na łysiejących połaciach prywatnej trawy post factum. Zanim wprowadziliśmy się na dobre i zasialiśmy chaszcze, nie zdążyło nic urosnąć. I tak było pięknie. Cały ogród poprzecinały taśmy w groszki, na których dyndały małe słoiki po ogórkach i dżemie z wkładami tealight. Drzewo owocowe z małymi śliwkami ubrał Grzesiek w choinkowe lampki dosłownie wieczór wcześniej, na konarze zawiesiliśmy hamak. Całe wesele było po prostu poczęstunkiem dla ważnych w naszym mniemaniu oficjeli, którzy jak nikt inny rozumieli spijanie wódeczki z plastikowych kubków i tyłki usadzone na kilku paletach. Z przechodniego pokoju dzieci wystawiliśmy dwa pokaźne głośniki sprowadzane na specjalne zamówienie z łódzkich Chojen; na początku płynęła klimatyczna muzyka. Przy Modern Talking i *Brother Louie* starszyzna poluzowała lejce. Grzesiek, lekko zrobiony, puszczał oczko spod hydrantu, a na *Sexy Lover* ślinił się do mnie jak napalony jamnik. Uczestniczenie w płynących procentem rautach zupełnie na trzeźwo było morderstwem, ale małe bijące w środku życie miało być przede wszystkim bezpieczne. Starszakowi też oszczędziliśmy widoków. Zamieszkała z dziadkami na noc, na śniadanie i obiad…

Grubo po północy latałam za Matką jak kolonijny wychowawca i skręcałam rozwalone na cały zicher gałki odtwarzacza, które – łapiąc maksimum swoich możliwości – przypominały sąsiadce w domu obok, że „kochana, uwierz mi i już więcej nie dręcz mnie", a *Żono moja* odbijało się jej sąsiedzką czkawką pewnie przez kolejne tygodnie. Próby trzeźwego uspokajania rozlazłej hordy milusińskich, nagle znających każdy jeden tekst piosenki w każdym jednym języku świata, były czasochłonne.

Ktoś spuszczał wodę w toalecie, inny ktoś nasłuchiwał, jak śmiesznie wpada ona do szamba, siedząc tam namacalnie i mieląc nieporadnie kotleta. Buty i kiece zdjęliśmy już dawno, a teraz ci, którzy mieli ochotę żyć swobodniej chociaż przez chwilę, latali w odpiętych koszulach, T-shirtach i zupełnie boso. Z początkowo drętwej imprezy grzecznościowej skończyliśmy na wyjadanych łyżkami z jednej michy sałatkach, wyrazach miłości i szacunku.

– Grzesiu, ja to zawsze cię lubiłam – wisiała na Małżonku Mamusia.

Gdzieś w oddali za furtką inny ktoś zdejmował majtki na środku ulicy, wierząc, że ma to sens. Bez wątpienia przeżyliśmy najlepsze wesele, które w głowach wielu ludzi nie miało prawa bytu. Nie było nadęte. Nie było odświętne. Nie było białe. Nie było skredytowane. Nie zmuszało nas do obowiązkowego tańca z nieznajomymi ludźmi i obijania chochelką zaczepionej na psitce babci pokrywki od garnka. Coś, co w mniemaniu tak wielu było słabe i niedopieszczone, w naszym wybiło się ponad szczyty marzeń. Z tego miejsca chciałabym ckliwie podziękować, bo nie wiem, ile jeszcze nadarzy się okazji do szczerych wylewów tego, co siedzi na sercu, i nie udławić się wstydem, patrząc tym ludziom w twarz.

Świadkowej –

Martyna, dziękuję, że to byłaś ty. W życiu bym nie pomyślała, wiesz zresztą. I za włosy wyprostowane, makijaż, kieckę jak z żurnala i but w czubek. Dziękuję, że jednak nie malował cię Piotr i że nie wyglądałaś jak frontman zespołu Kiss. Chociaż… gdybyś jednak zdecydowała się wyglądać jak Gene Simmons, to i tak byłabyś najlepszą świadkową na świecie, organizującą najlepsze ciążowe wieczory panieńskie w gejowskich klubach nocnych.

Świadkowi –

Piotrek, dziękuję za chwilę grozy przy: „Kochani, wy sobie spokojnie jedźcie na ten wasz ślub, ja tylko zmienię spodnie w domu, bo te właśnie podarły się w kroku", kiedy staliśmy nerwowo przed Urzędem Stanu Cywilnego, czekając na ciebie, twoje nowe spodnie i nasze obrączki. Zdążyłeś!

Pani Ali, mamie Świadkowej –

Za system mocowań słoików na świeczki w ogrodzie, organizację lampek choinkowych w sierpniu i mocowanie puszek do ślubnego fiata 127, które z rozmachem rozrzuciliśmy po całym mieście. Za napis „NOWOŻEŃCY" wymalowany plakatówkami na tekturowym pudełku, doczepiony na szybko do tylnej szyby auta. Za to, że się zdarł pod naporem wiatru, a pod restaurację dojechali już tylko „ŻEŃCY".

Panu Zenkowi – tacie Świadkowej

Panie Zenku, za to żeś pan wstał wtedy z wygodnego fotela na polecenie Małżonki i zjechał jedenaście pięter do piwnicy po te nieszczęsne lampki choinkowe i słoiki. Bez gadania. Szacunek.

Mamie –

Nauczyła, co ważne. Że kiełbasa z grilla i muzyka lat 80. zrobią nam dzień bardziej niż nadęcie i całowanie chleba. Że przeżyliśmy to razem, dziękuję. Że domówki pamiętam takie z sałatką warzywną, spaniem pod stołem pod przykryciem z płaszcza i rozjaśnione włosy „na jajo", które przekonały mnie ostatecznie o bezsensowności rozwiązań w tę stronę. Za duszę wodzireja w dniu wesela i ściąganie z krzeseł na chama leniwych tyłków.

Pozostałym gościom –

Że byliście. Że kotlety, rosół i finalnie grilla tam jedliście. Złożyliście na nasze ręce tyle kartek z życzeniami, że do tej pory pamiętam, ile razy zatrzęsła mi się broda. Pięknie tańczycie disco polo. Pięknie śpiewacie Martyniuka. Jesteście wszyscy tacy zdolni.

30.

Dobrze, że zdążyłam go jeszcze pokochać, zanim dopadł mnie „środkowy strumień" drugiej ciąży. Zanim powtórzyliśmy oberka z nienawiścią i pluciem jadem. Zanim: „A miewa pani myśli samobójcze?" stało się głównym tematem każdej wizyty kontrolnej u lekarza prowadzącego. Niestety, ciąże to nie była do końca moja bajka.

I cóż mogłabym powiedzieć, czego jeszcze nie było. Hormony poszatkowały mnie sprawnie jak nóż kapustę. Mieszkaliśmy oficjalnie w domku na przedmieściach, w którym po kolei odpadało wszystko, co brało się do ręki. Mieliśmy wielkie, murowane na metr szambo i odwiedziny chłepcącej je beczki co dwa tygodnie. Intensywny zapach fekaliów zmieszany z płynem do płukania rozwieszanego w kuchni prania i wonią gorącego chleba – handlujcie z tym. Nad piecem węglowym i jego wszystkimi gałkami staliśmy jak pierwotni w obliczu koła. Brakowało tylko niepokojącego trykania patykiem na dziko tego całego ustrojstwa i ucieczki za winkiel w obawie, że wybuchnie.

Nie wiedzieliśmy nic o dosiewie trawy, uprawie roślin, harmonogramie odbierania śmieci, osi ustawienia puchy tak, żeby na pewno zabrali. Nie orientowaliśmy się, z kim się na ulicy rozmawia, a kogo warto trzymać na dystans. Kiedy Krystyna po raz pierwszy zobaczyła piach, okazało się, że bawiąc się w błocie pod zraszaczem, zachowuje się mniej więcej tak, jakby mieszkała pod równikiem i po raz pierwszy w życiu wybrała się na sanki. Biedne dziecko, skąd mogła wiedzieć, że rok później Tatuś zainwestuje w taki royal wśród piasków w workach z atestem, co to jak się go zje, to się od razu nie umiera, tylko trzeba porządnie wydalić i już.

W samym domu, w jego centrum, królowały robaki różne. Od małych, gryzących kurew-mrówek, które panoszyły się pod kilogramami starych wykładzin i uciekały tłumem przy każdorazowym zapaleniu światła, przez bardziej egzotyczne, wymagające sięgnięcia do Wikipedii i wyszukiwacza obrazów jak obrzeżek gołębi, po absolutne zło – zmutowane potwory hybrydy, które najpierw latały, niby ospale dreptały po parapetach, a jak człowiek próbował je unicestwić, to skakały jak liofilizowane Moniki Pyrek na grubych tyczkach. Była w tym wszystkim ciężka magia. Ryśka biegała na boso od rana do nocy, wychodziła i wracała, jakby mieszkała w murzyńskiej chacie; nie bała się tężca, wścieklizny, tasiemca i rozrzuconych szkieł. Przeciętna, powykrzywiana we wszystkie możliwe strony siatka była mostem z fosą i czterema krokodylami dla okrucieństwa świata, w którym przyszło nam mieszkać. Tak przynajmniej wyglądała w naszych głowach: zamykana na lichy kluczyk furteczka stała się naciąganą na wystające za krawędź łóżka paluszki, ratując je tym samym przed bandą podłóżkowych stworów. Pies blokowy, zamknięty przez większość swojego życia w ciasnym pokoju, nadal nie wiedział, do czego służy komenda: „Idź, pobiegaj sobie". Łaził za nami jak cień, z rozmachem żegnając się z tytułem króla orientacji. Jedyne, z czego skorzystał na potęgę, to z nieprzeciętnego naturyzmu oraz tego, że mógł podnieść ogon gdzie popadnie, pozostawiając mnie w absolutnym polu ze sprzątaniem.

Niechęć między panami pozostawała w normie. Grzesiek nadal starał się omijać Kisiela z daleka. Pies wcale zresztą nie zamierzał zdobywać jego sympatii, a to wnosząc do chaty rododendron wyrwany razem z korzeniami, który później zeżarł i wydalił w postaci półpłynnej, a to sadząc tłuste kloce na moje białe hiacynty, tak ładnie witające zaspane oczy każdego poranka.

– Kochanie – podjął Grzesiek pewnego dnia, stojąc przy oknie w piżamowych spodniach i szlafroku. – Twój pupil zostawił ci dowód miłości. Chodź, zobacz, jak cię kocha… – prawił spokojnie między izbami, a w ręku trzymał kubek z gorącą herbatą. Zmierzając w jego stronę, już widziałam, że im bliżej ja, tym większy kwaśny uśmiech malował się na jego twarzy. Jak Grinch, ten od świąt, który właśnie podpalił komuś choinkę i masturbuje się do łez wylewanych kaskadami przez właścicieli. – No zobacz, czy ty widzisz, jak on cię kocha? – powtórzył i wskazał palcem przez szybę na wielką kupę usadzoną balast na balaście niczym yenga na walczących o przeżycie kwiatach niezapominajek.

– Jesteś okropny, Grzesiek, wiesz? – burknęłam, odwracając się na pięcie. W tle na gazie dochodziła jajecznica.

– No co, nieładnie ci ulepił? – dodał zjadliwie, z nieopisaną satysfakcją. – Niech więcej je – dokończył już pod nosem, odwracając się z powrotem twarzą do okna, po czym upił czaju z kubeczka. – Więcej go karm, większe będzie ci sadził. „Kisielek", też mi imię...

W tle, w korytarzu, leżał rozmemłany pies i jego rozlane fałdy skóry niczym wywrotka bezkostnej galarety. Ogon niespokojny uderzał miarowo, w ekscytacji na każdorazowo wypowiadane imię.

W całym tym obrazku branym na warsztat przez obce oko można było dopatrzeć się wielu pęknięć i nieprzemyślanych maźnięć pędzla, zwłaszcza gdy starano się rozebrać nasz związek na części pierwsze i przyjrzeć się jednej z wielu kłótni przez szkło powiększające. W sensie: gdyby chciano wydać o nas opinię na podstawie pojedynczej swary, wymiany zdań albo reakcji często muskającej o rękoczyn, tak bardzo dokładnie i szczegółowo, wyrok byłby raczej gorzki. Na nas trzeba było patrzeć jak na prace Moneta – nigdy z bliska, zawsze z oddali, delikatnie mrużąc oczy. Wtedy zamiast niezgrabnie nachlapanych ciapek można było zobaczyć coś więcej. Jakiś taki japoński mostek w Giverny albo nenufary. I nie, nie zamieniłabym się. W sumie czasem mi się już nie chciało, czasem myślałam: „Idź pan już w chuj, uciekam". Ale potem znowu na niego patrzyłam i zmieniałam, ot tak, zdanie. Chociaż najchętniej skoczyłabym mu do gardła, kiedy stał w domu i obserwował przez okno, ubawiony po pachy, jak z plastikowym szpadlem przeczesywałam trawnik w poszukiwaniu psich ekskrementów, to nigdy chyba na poważnie siebie wtedy nie brałam. Powstrzymywałam się. Stałam już w wyobraźni z nożem przystawionym zaraz obok jego tętnicy, brałam mocny zamach… zawsze jednak finalnie wyrzucałam ostrze z ręki.

Odejść nam nie było wolno, nigdy. Mieliśmy się starać, by nie zdechnąć jak ten rododendron właśnie, co straszył na werandzie od tygodni. Stojąc na krawędzi, a zdarzało się, w beznadziei podnosiłam zapłakane oczy. Odbijałam się od poczciwej rudej gęby i dwóch najpiękniejszych niebieskich oczu na świecie. Serce mi miękło. Dupa mi miękła. Właściwie to całkiem dobrze, że konsekwencja kulała u mnie już od pierwszych toczonych wojen.

Jakbyśmy się tak zostawiali tyle, ile razy obiecaliśmy, to byśmy w życiu nie widzieli Krysi kąpiącej się w błocie w pierwszym miesiącu wiejskiego życia i tego drugiego planktonu też nie, którego serce mocno już biło pod moim. Gdybyśmy zrezygnowali w trakcie tyle razy, ile chcieliśmy, bardzo możliwe, że zmarnowalibyśmy dużo dobrego i pozbawili się istotnych spojrzeń na własną miarę sukcesu.

Dzieci nie po raz pierwszy okazały się mistrzami mediacji, a w postępowaniach rozjemczych miały stopień mistrza.

– Misia, zrobisz mi loda?

– Nie.

– Warto było spróbować…

31.

Do nowego domu wprowadziliśmy się dokładnie 16 lipca 2015 roku, pięć tygodni przed ślubem, kiedy przesympatyczny właściciel z bólem serca wyraził ostatecznie chęć oddania ważnego kawałka życia w nasze skromne ręce. Nie ma sensu rozdrabniać się nad tym, jak wyglądał proces przenoszenia całego majdanu. Przerabialiśmy już tak wiele podobnych incydentów, że tym razem działaliśmy automatycznie, a wracanie pamięcią do kolejnych scen rodem ze stadionu dziesięciolecia nie miałoby sensu. Były „kurwy", były „chuje", było „gdzie my to wszystko wciśniemy" i „robimy jakąś wódkę wieczorem?" też. Tak czy inaczej, wnoszenie wersalki przez okno i próby nieprzytrzaśnięcia nikomu palca bawią mnie równie mocno dzisiaj, jak dwa lata temu, a teoria, że śmiech naprzykrza się najmocniej w chwili zagrożenia życia stopy/oka/wersalki/kredensu czy jąder, jest jak najbardziej prawdziwa.

Z perspektywy czasu dochodzę do wniosku, że musieliśmy sobie z Grzesiem ufać. Ekstremalnie ufać, bo wzięcie na plecy drugiego kredytu hipotecznego i zakup domu, który nie jest designerskim Welshem Corgi Cardiganem, było dosyć ryzykowne. – Dobra, nieważne, że łazienka wygląda jak zapomniany wychodek na działce wuja Andrzeja. Różowa fuga do białych płytek i szkolna umywalka? Grzesiek, daj spokój, kto by tam chciał siedzieć w łazience. W łazience to się myje dupę i robi siku. Ważne, że odpływ jest, ważne, że ciepło... – brzmiały słowa otuchy, kiedy patrzyliśmy na przestrzeń, realnie licząc, ile czasu i pieniędzy będzie się owa domagać. Do przejścia między kuchnią a pokojem dziecięcym zdążyliśmy się przyzwyczaić. Wyglądała raczej jak wejście do domu Hobbita albo właz do kanalizacji. Metr siedemdziesiąt maks. Ile głuchych dudnięć oddały głowy nieświadomych gości, kiedy układając buty w przedsionku, nie nadążaliśmy ostrzegać, że a) Uwaga, raczej nisko! lub b) Wcześniej mieszkał tu Danny Devito! He, he. Heheszki takie. Bolało?

W całym domu były jedne drzwi, od łazienki. Brak pozostałych wywoływał frustrację z dwóch głównych powodów: chęci uprawiania miłości bez arbitrażu dwulatki i porządnego trzaśnięcia pokazowego od czasu do czasu, kiedy wyprowadzaliśmy się na manowce. W naszym pokoju, w tzw. dużym pokoju, po starych ramach i obrazach królował festiwal cieni, a rolety rozwijające się już właściwie siłą umysłu przypominały delikatnie, ile mają lat, i prosiły jękiem korbek o koniec żywota. Zasobność portfela po niedawno zorganizowanym ślubie i fakt, że już za chwilę trzeba było organizować się dla nowego człowieka, odsunęły remont z całym jego rozmachem na później. Bardzo później, niestety. A szkoda.

Remonty i wizyty w marketach budowlanych należały przecież do „upodobań" każdej kobiety. Do moich na pewno. Na samą myśl o tym, jak może być pięknie, jak możemy pławić się w luksusie kranu bez pokręteł i wizji niebulgocących siajsiorką rur, przed oczami stawała „ulubiona" wycieczka w aleje wierteł i rolek papy. Fantazmat szukania się wśród śrub, gałek i brzeszczotów wszelkiej maści rozlewał na sercu ciepło, szczególnie teraz, kiedy byłam w ciąży, a przyjemność dawał pełen wachlarz skrajnych uciech. Zaczynając od bułki z masłem i ciepłego kakao, a kończąc na nowej skrzynce na listy i zestawie śrubokrętów Małżonka ułożonych w drewutni wielkością, od najmniejszego do największego. Kiedyś dałam się namówić na Lerła Merlę i takie niby szybkie „ja tylko zobaczę, czy jest", a w dwie godziny później słaniając się na nogach, szukałam nozdrzami zapachu smażonej wieprzowiny i źródła wody pitnej. Zabrał mnie bowiem na zwiedzanie. Gdybym tylko wiedziała, jakie sidła zastawią w przybytku majsterkowania, gdybym tylko.

Łaziliśmy po magazynie. Z niemal każdej alejki wyzierały te same dantejskie sceny. Żona, mąż i zbliżająca się wielkimi krokami kapitulacja. Spod każdej półki identyczne dylematy i solidarność, która obcych ludzi łączyła w podgromady. Panie z paniami. Panów z panami. – Halina, jaka Ty jesteś upierdliwa baba – mówił do pewnej damy małżonek, jak mniemam, i nerwowo potrząsał ręką. Jeszcze nie samą Haliną w prawdzie, ale kolejne pytanie o nasadkę jedna czwarta cala i różnicę między wkrętarkami mogło skończyć się dla Haliny różnie, a na pewno marnie. Osobiście z Grześkiem już kilka razy spięłam styki od momentu przekroczenia progu budynku. Przyjechaliśmy wszakże po coś konkretnego, a od pięciu minut staliśmy pod automatem ze słodyczami i debatowaliśmy: Mars czy Snickers, i czy mam pożyczyć dwadzieścia groszy. Automaty natomiast ustawiono pod samymi drzwiami do męskiej toalety, w której po zapachu wnosząc, zesrało się pół męskiej populacji, a drugie tyle miało problemy z celowaniem do muszli strumieniem ciepłej uryny; wszystko to skutecznie odstraszało od dalszych zakupów. Fetor jak na Centralnym dziesięć lat temu zmuszał samych zainteresowanych do opuszczania wychodka na wdechu. Otwieranie drzwi łokciem, praktyka „wyjdę szybko ze spuszczonym łbem, że niby nie ja" i niełapanie kontaktu wzrokowego z resztą kolejki w obawie przed dekonspiracją były nagminne. Tymczasem u nas polowanie na cukier szło w najlepsze.

Jest w marketach budowalnych bowiem pewna pułapka, w którą wpadam systematycznie. Marzę zawsze, że tym razem twórczo i artystycznie, że wybiorę olśniewającą tapetę z ołówkiem za uchem w dwanaście minut, a kończę tak czy inaczej albo pod maszynami vendingowymi, szukając drobnych na batona, albo pod kosiarkami spalinowymi, obserwując, jak mąż podekscytowany pociera pompowane koło jednej z nich, walcząc z nadchodzącą erekcją. Szczytem wyobrażeń o męskości partnera i jego roli technicznej, jaką według pradawnych przekazów powinien być skłonny odegrać w domu, jest widok rzuconych przez niego pospiesznie w ramiona samicy uzbieranych dotychczas fantów – silikonu wykończeniowego białego, pistoletu do tego silikonu, rękawic budowalnych szarych, rękawic budowalnych w kwiaty, baterii paluszków ze cztery kilogramy, a następnie cwał z uwolnionymi od brzemienia rękoma w kierunku wodzireja z mikrofonem. Postanawiam wtedy machnąć ręką na podnietę spływającą tu przecież na każdego samca; przemawia przeze mnie przede wszystkim człowiek i miłość do tego, który by się mógł nowymi nasadowymi ekscytować całą dobę. Szukam go między alejami. Chcę dać zielone światło nowym nożycom do żywopłotu, chcę krzyknąć: „Grzesiu, A KUP SE!". Mam już na końcu języka dobrą nowinę, ciągnę za sobą upocone dziecko, trzy kurtki, soczek z rurką, paczkę Flipsów i nagle mam go. Namierzam. Na sanitarnym. Kończąc poszukiwania za szpalerem kabin prysznicowych, widzę, jak głowa rodziny, ojciec dzieciom, autorytet, orzeł mój, tytan(!), stojąc w odległości kilku metrów ode mnie, pełen skupienia i świadomy ważności chwili rzuca… plastikowymi szczotkami WC do ustawionej pod ścianą muszli. Testosteron bucha mu z nosa. Berła latają bez ładu i składu, lądują gdzie popadnie. Grzegorz się nie poddaje, tłum skanduje: „Grze-gorz, Grze-gorz", a ja pocieram ciążowy brzuch. A teraz, drogie panie, szukające swoich ideałów. Przytoczona scena nie jest egzotycznym wybrykiem jednostki i wchodzi do ścisłej czołówki standardowych zachowań związkowych po zburzeniu murów pozorów i wstydu. To jest oblicze człowieka nagie, odarte z domniemywań i konfabulacji. Jeżeli ktokolwiek ma wątpliwości, z czym borykają się dorośli w długoletnich związkach, odpowiadam: proza codzienności nokautuje plastikowym wyciorem i angażującą skrajne emocje kłótnią o ostatniego zeżartego z lodówki kabanosa. Ale dla równowagi siła tego uczucia zasianego w wygłupiającym się przed połową miasta ciele rozrasta się do takich niebotycznych rozmiarów, że nagle same po cichu liczycie ciśnięte w kierunku klopa szczoty, oddając pod nosem wściekłe: „No dalej! Wygrasz to! Jeszcze jedno berło masz, Grzesiek! Rozjeb system!!!". Ja przepraszam. No jak to nie jest miłość, to ja już sama nie wiem, co nią jest.

Tak czy inaczej, wnętrze domu było marne, a nadchodząca przyszłość wymagająca. Przed Grześkiem – oprócz fundowanych przeze mnie dzień w dzień niespodzianek DYI, jak rozebranie metrów chodnika z kostki brukowej w dziewiątym tygodniu ciąży, pomalowanie przedpokoju w osiem roboczogodzin, rozbrojenie starej szafy z drzwi, które wydały mi się zasadniczo obleśne, i upstrzenie jednego takiego wnętrza bez okien różnorodnością ziela bez szans na fotosyntezę – stanął dylemat na temat drugiego dziecka i natury powtarzającej scenariusz filmu grozy. Jak zwykle miało być różowo. Duchowo. Gładko. Było boleśnie. Depresyjnie. Skrajnie roszczeniowo. Ciąża po raz drugi przerosła mój zdrowy rozsądek, a z człowieka myślącego, czującego i kochającego zmieniałam się w oziębłego, okrutnego bloba w skrajnym stanie depresyjnym.

– Dzień dobry, po ile ma pani te kurtki na wystawie?
– Dzień dobry. Po 150 złotych, ale niestety nie mamy już XL.

32.

Grzesiek wyjechał do Wrocławia, zostawiając nas w Łodzi. Mnie, Krystynę i, jak się okazało, małego chłopca kradnącego przestrzeń w okolicach żeber. Kiedy informowałam Mamę o drugim dziecku, nie wyczułam większej ekscytacji ani w moim głosie, ani w jej odpowiedzi. Wiedziałyśmy, z czym to się je. Kiedy donosiłam o płci, dla odmiany myślałam, że wybuchnę, a na hasło „chłopiec" wytrysnęłam niekontrolowanym płaczem szczęścia. Wychodziło na to, że element zaskoczenia był mi potrzebny do życia bardziej niż okołopochodne elementy miłosne, związkowe i erotyczne, nie daj Boże. Ciąża – najlepsza antykoncepcja na świecie.

Codzienność została w moich granicach. Każdego dnia odwoziłam Córkę do żłobka, w którym zresztą czuła się jak ryba w wodzie. Rozbierałam, przytulałam, odprowadzałam do grupy. W drodze powrotnej spisywałam w myślach listę zadań, których chciałam się podjąć zaraz po powrocie do domu, w przerwie od Starszaka. Listy były przepastne. Prania, zmywania, prasowanie małych gaci na później, selekcja starych ubrań po Krysi na teraz, grabienie pożółkłych liści przed domem, odkurzanie bagażnika astry, przeganiane mrówek spod fotelika narybku, powstrzymywanie rozwoju nowych form życia na żelku z maja, zakupy, wycieczki do Caritasu z workami dla potrzebujących, no wszystko. Na moich listach było wszystko. Ale gdy przekraczałam próg ciepłego korytarza, ścinało mnie z nóg jak jajko sadzone na patelni, nogi plątały się o siebie, a kwestia dojścia do łóżka w jednym kawałku stawała się ekstremalnym zadaniem. Przyklejałam policzek do poduszki, nie zrzuciwszy butów, usta rozchylałam na klasyczną popielnicę i śliniąc pościel, przesypiałam sześć godzin, nie raz zasypiając na odbiór Córki. Budziłam się nieprzytomna, napuchnięta i pognieciona w każdą stronę. W skali potrzeb snu – u mnie brakowało zasięgu. Wyglądałam i czułam się jak Snorlax z Pokemonów, który według Pokedeksa był bardzo leniwy, tylko jadł i spał, a wraz z przyborem masy stawał się coraz bardziej żarłoczny. Z powiekami uchylanymi lekko w obawie przed przyrżnięciem w drzewo, z ekstremalną sennością i głodem takim, o jakim się narodom nie śniło, spałam, żarłam i płakałam przez dziewięć długich miesięcy. Grzesiek udzielał się zawodowo prawie trzysta kilometrów dalej. Dla finansowego ratowania budżetu, ale i dla spokoju własnego pewnie też.

Nad stanem psychicznym i fizycznym czuwała więc Mama. Nie wiem, jak to wszystko skonstruowano, że rodzice wychowujący dzieci w latach 80. – kiedy to królowały przecież mocne fajki i oślepiająca wóda spod lady, kiedy zabranie dziecka na domówkę nie łączyło się z szukaniem trzeźwego rycerza do pełnienia warty moralności, kiedy taniec ciotek na stole w samych stanikach nie łączył się z telefonem na milicję i MOPS – mając teraz pod opieką własne wnuczęta, zachowywali się raczej dziwnie. Dla przykładu skrajne przewrażliwienie mojej Mamy i doszukiwanie się zagrożeń z każdej strony, połączone zgrabnie z hormonalnym halnym i nokautem przeżywania ciąży, udowadniały mi na każdym kroku, że albo umrę na wkurw, albo skisnę w więzieniu, mając na koncie morderstwo. To jak te telefony od przyjaciół dzwoniących co rusz z pytaniem: „I jak tam?", kiedy pod koniec standardowo macie ochotę odpowiedzieć: „Srak tam". Albo okołoporodowy maraton bukmacherski zaczynający się od zakładów:. „Już? Bo my z Tatą myślimy, że urodzisz w czwartek. W czwartek byłoby dobrze. Jest 'r' w nazwie, więc szczęście, ma być ciepło, a jak przy porodzie ciepło, to podobno całe życie z górki" lub: „Urodziłaś? To poczekaj do soboty, bo mam urodziny. Jak się urodzi w moje urodziny, będzie jak ja, czyli zajebisty, wiadomo", i równie potrzebne: „Ooo, nie spieszy się kawaler do wyjścia, widzę. Chyba leniwy, po mamusi. He, he". Takie teksty należy w sobie zabijać. Zanim złożą jaja. Amen.

Żadną tajemnicą nie było więc wieczne rozdrażnienie. Po czasie dziwię się nawet, że nikt nie postanowił wygarnąć mi prosto w twarz, jak bardzo nie nadaję się do społecznego bytowania, a ci bardziej skrajni w czynie nie postanowili np. utopić mnie w studni. Taka ciąża to niesamowity sprawdzian cierpliwości i lojalności dla najbliższej rodziny plus egzamin z trzymania odruchów na wodzy; gonga w nos od małżonka, szarpnięcia za kłaki przyjaciółki albo chociaż knebla z brudnej skarpety współpracowników. Mama zaczęła więc obchodzić się ze mną jak z wydmuszką, ale nie potrafiła niestety się wyzwolić od wyrośniętej do maksimum potrzeby czarnowidztwa. To ta straszna cecha, która jak szarańcza atakuje ludzi po pięćdziesiątce i dąży do absolutnego zapomnienia epizodów, np. miotania łbem do AC/DC na dachu domu trzydzieści lat wstecz lub całonocnego, poimprezowego suszenia mokrych skarpet na sznurku nad gazem, co wtedy było czymś całkiem spoko i według tychże ludzi w ogóle nie nosiło znamion ryzyka. Poziom absurdu zmartwień, jaki narzucała na mnie Mama, osiągnął status „Rysy", a ja wiedząc, że wszelkie przejawy troski płynęły jednak z zaokrąglonych i ciepłych zakamarków jej serca, starałam się milczeć, napawać radością płynącą z odbierania telefonu co dziesięć minut i odpowiadania, że nadal bije mi serce, nikt mnie nie zgwałcił, nie poślizgnęłam się na bananie ani nie zagryzłam Krysi w afekcie.

Puk, puk – usłyszałam kiedyś delikatne upominanie się o uwagę. Puk, puk jeszcze raz – jakby mizianie paznokciem po tłoczonej szybie łazienki, nie łomot. Spokój. Za szybką niepokojąco często pojawiała się sylwetka Maciezrzy; raz prawy profil, raz lewy. Nie odzywałam się. Obserwowałam rozwój wydarzeń. Zamknięta w toalecie, odnajdywałam upragniony spokój, a dzięki obecności Mamy małe palce Córki nie starały się wyrwać z korzeniami kratki wentylacyjnej, dając mi możliwość posiedzenia jak dawniej. Dzięki babci Oli nikt nie ryczał pod drzwiami jak zarzynana świnia, że gdzie jestem i dlaczego pozwalam sobie na tak długie sikanie bez świadków. Do tej pory w łazience zamykałam się już tylko z Monte lub mleczną czekoladą. Obecnie potrzeby fizjologiczne nie zakładały obowiązku ryglowania drzwi, a samotne podróże po etykietach szamponu, krzyżówki Jolki i Sudoku były tylko miłym wspomnieniem przeżytych chwil.

– Misia – wyszeptała Mama niepewnie, z uchem nadstawionym w kierunku mojej na poły rozebranej sylwetki. Widziałam ją przecież przez mleczne szkiełko, widziałam, jak się gnie, żeby usłyszeć dech, szmer, cokolwiek. U mnie flauta skupienia. Tam gdzieś w oddali flauta zmartwienia.
– Miiisia?

Nadal nawoływała szeptem, poszukując kontaktu. Siedząc w jednym miejscu od kilkunastu minut, mieląc w łapie ten sam piękny, biały papier, wracałam pamięcią do czasów, kiedy wyjście na dwójkę nie łączyło się z jakimkolwiek towarzystwem i pozwalało pomyśleć, co dalej z życiem zrobić. To se ne vrati.

– Misia, żyjesz? – dodała nerwowo, aczkolwiek nadal cicho, wydmuszka, wiadomo. Wpuściłam powietrze przeponowo, jak należy; wypuszczałam dwa razy dłużej, jak podają książki. Opuściłam brew znacząco, a twarz schowałam w opartych o kolana dłoniach. Opuszczone do kostek spodnie leżały na różowej kostce starych kafli, z kranu kapała miarowo woda. Za szybą rozmazana twarz kobiety nadstawiającej czoła, które dodatkowo przysłaniała złożonymi w łódkę dłońmi, starając się złapać więcej ostrości. Podniosłam łeb znad wanny i delikatnie, jak delikatnie mnie zapytano, odpowiedziałam:

– Mamo… – Tu cisza nasiliła się. Za lichymi drzwiami ze sklejki podskakiwał na palniku czajnik zwiastujący ciepły napój. Ta cisza była absolutna. Przez ścianę słyszałam brzęczący kaloryfer, wypadające wąsy psa, szum spadających liści w Zgierzu. C-i-s-z-a. – Robię… kupę – odpowiedziałam z krainy absurdu.

Kamień spadł z matczynego serca, słyszałam. Żyła. Ogień piekielny tym razem nie pochłonął ciężarnej.

– Aha – skwitowała, wciąż stojąc o milimetry od drzwi toalety. – To co, herbatki? – dodała, odchodząc w podskokach, a ja i moje poczucie długo pielęgnowanej niezależności pożegnałyśmy się rzewnie. Tamtego dnia. Na tamtej toalecie.

Rok trzeci

33.

To był kolejny cudowny, zimowy wieczór. W ciasnym pokoju panował ulubiony półmrok, który wyściełany jedynie lekkim i jakby mlecznym światłem ciepłej żarówki potęgował uczucie przynależności i bezpieczeństwa. Przy ścianie między oknami stało wciśnięte na styk łóżeczko, czekające już na Jurka, a póki co nadal moszczące Krysię. Wypychało resztki swobody i pozbawiło melancholijnego poczucia, że mamy coś tylko dla siebie. W tym przypadku pokój. Chociaż wolną w nim ścianę. Odkąd termin rozwiązania pukał coraz głośniej do świadomości, a Krysia jakby instynktownie wyczuwała nadchodzący obowiązek podziału Mamy na dwoje, nasze życie zamieniło się w jednoizbową chatę z Urzędowa gdzieś z początku XIX wieku. Na czternastu metrach kwadratowych spaliśmy, jedliśmy, grzaliśmy się pod jedną kołderką. Stworzyliśmy centrum dowodzenia zabawą, znieśliśmy na kupę wszystkie układanki i książki nawet, czasem zupełnie nieświadomie. Brakowało tylko kaflowego pieca pod ścianą, wypieku żytniego raz dziennie, suszenia ziół, skarpet i pantalonów nad fajerkami, licząc na to, że się finalnie izba nie zajmie. Wszyscy na kupie. Plus pies.

Uwalona na rozłożonym tapczanie jak kłoda, byłam takiej wielkości i takiego stanu, że przewracałam tylko oczami. Prawo, lewo. Rolowałam nimi zawodowo, przedstawiając wachlarz emocji od zadowolenia, wzruszenia, przez zniesmaczenie, na zatwardzeniu kończąc. Cera szara jak mazowiecki żwir; wokół ciążowych tkanek, rozlazła w hałdach kołder i poduch, wydawałam polecenia palcem. Nawet lekki wymyk bioder sugerujący pionizację ciała i jego ruch kończył się zawrotami głowy i kłótnią z mężem. O cokolwiek. Słoik dżemu, głośność telewizora, formę upięcia zasłon, wynik wyborów prezydenckich Demokratycznej Republiki Konga w 1963 roku. Zabawne, jak drobiazgowe staje się błogosławione poletko matek.

Nieśpiąca jeszcze Ryśka wierciła się w swoim małym, białym więzieniu od szwedzkiego potentata, zaraz obok łoża rodziców, i w jednej chwili oznajmiła na głos, że pielucha do zmiany. Wcześniej przez dłużej niż dziesięć minut pozostawała w kołyskowym bezruchu, co w normalnych warunkach oznaczało nadchodzącą kapitulację, sen i święty spokój. Każdy rodzic przecież czeka na metę wyścigu dnia i ten niby nic nieznaczący fajrant, w którym wyciąga nogi na stół i w pierwsze tempo przelatuje paluchem na pilocie przez wszystkie kanały w telewizji. Kto nie posiada dzieci, powinien wiedzieć, że wspomniana chwila ulotna to najczystsza definicja odpoczynku, a taki rodzic nie podróżuje w sferze marzeń dalej niż do tego pilota właśnie. Kuba? Baleary? Proszę pana – „Na wspólnej" obejrzane od początku do końca i starczy. Pani ma dobrze.

Wieści z okołościennego frontu wywołały więc lekkie niezadowolenie, bo oto zamiast umierać na łóżku na ciężarne przysychanie, trzeba było wstać i oporządzić. Rozebrać, ubrać, znowu utulić. A tu Grzesiek już świeczki palił. Porozstawiał je wokół mojego ciała jak w grobowcu, licząc na tarło. Oszalał. Z takim otoczeniem, adoracją i podskakującym światełkiem kilku ogarków było mi bliżej do wiecznego odejścia niż do pieszczot. Gdybym nagle zapomniała, że mam permanentną zgagę, każde uniesienie głowy – zainteresowane eteryczną scenografią – odbijało treść żołądka, powolnie przesuwając ją po tylnej ścianie przełyku w górę i w dół. Przypominało, dlaczego nie mam zamiaru się kochać już raczej do końca życia i dlaczego świeczki zamiast potęgującego, seksualnego pobudzenia wywoływały we mnie wyboldowane: „Chłoooopie, litości!". Brakowało jedynie kwiatów z kirem, zapachu kadzidła z małego kopcącego garnka uwieszonego na kościelnym łańcuchu i ministranta z sypniętym rzadkim wąsem śpiewającego przez rzężący megafon *Anielski orszak*.

Na ochotnika wyrwał się Grzesiek. Widział przecież wewnętrzne sflaczenie i zewnętrzne nabrzmienie. Wyciągnął Krychę z łóżka, zakasał rękawy i zaczął sprawdzać. Widziałam, mina nietęga. Krzywił się, jakby zmieniał własne gacie, nie daj Boże, albo jakby harcerską latrynę obozową musiał opróżnić wiaderkiem i małym kubeczkiem. Swoją drogą – cóż za dualizm osobowości można na co dzień przypisać mężczyznom, kiedy płyny ustrojowe niebędące składową seksualnych uniesień zaczynają nagle odpychać, a te inne, sami wiecie które, są w stanie opleść ich konar ogniem gorejącym.

– I jak? Strasznie? – Tyle. Tyle byłam w stanie zrobić, o tyle zapytać w obliczu starszego dziecka, wiedząc, że po domu kręcą się posiłki. Niby czułam, że muszę uczestniczyć, ale siła przyciągania materii do materaca piankowego była silniejsza niż instynkty.

– Normalnie – oddał bez zastanowienia słowotok wyjaśnień.

– No ale jak normalnie, Grzesiek – zaczęłam charakterystyczny kobiecy wywód z naciskiem na „normalnie", gapiąc się w sufit w pozycji na boku. – Przecież zeżarła dwa talerze ogórkowej i zapiła hektolitrami mleka. Tu musi być rewolucja – ciągnęłam jak niewidoma koza, nie będąc w stanie wychylić głowy zza poziomu przewijaka. – Chomicze bobki? Krowi placek? Totalny durchfall? Czy może nie ma już czego zbierać i powinnam szykować nową piżamę? Dasz radę? Może rozkręcać mycie zamiast mokrych chustek, co? Odparzyła się? Są krostki? Przestrzenie ogniste? No, jak jest? Jaki stan? Mów!

Małżonek zastygł w bezruchu nad wiercącymi się kopytami i na poły ściągniętym pampersem. Delikatnie, powoli obrócił głowę w moją stronę, a za nią całą swoją sylwetkę. Po twarzy widziałam, że gdyby przemoc nie była karana, pewnie dostałabym lutę. Tymczasem on jedynie wzmocnił kontakt wzrokowy z ulanym, leżącym na horyzoncie korpusem. Spacerując wzrokiem po górach i dolinach mojego ciała dotarł do twarzy i poirytowany zagapił się we mnie jak sroka w gnat. Powietrze wciągnął, po czym uwolnił.

Małym strumyczkiem, nie za szybko. Podsumowując moje exposé na temat konsystencji stolca Córki i warunków zanieczyszczenia nieletniego tyłka, pełen staranności zrozumienia dla metod działania damskiego mózgu, równie mocno wzbogacony w cierpliwość oznajmił:

– Kochanie… – Cisza. – Gówno jest. Po prostu.

Gdyby na początku lat 90. znany amerykański pisarz i terapeuta rodzinny John Gray chciał wzbogacić swoje naukowe badania o pozycje oczywiste i w ten sposób podeprzeć o mięsisty filar teorię, że mężczyźni są z Marsa, a kobiety z Wenus, mógłby na luzie zamieszkać z nami pod jednym dachem na tydzień. Ta krótka historia zmiany pampersa udowodniła mi jedynie, że częste pytanie: „Czy

ty w ogóle wiesz, o co mi chodzi?" lub „Rozumiesz?" ma tyle sensu, co tłumaczenie Hindusowi, że mięso z krówki jest całkiem smaczne. Ugruntowała również wewnętrzne przeświadczenie, że odpowiedzi mężczyzn „tak" i „rozumiem" są automatyczną linią obrony i wnoszą ze sobą tyle świadomości tych deklaracji, ile ja dwadzieścia lat temu, obiecując matce oddanie piątaka „pożyczonego" na drożdżówkę.

34.

Nie istnieją trudne dzieci. Istnieją tylko mocno zmęczeni ludzie wokół nich i ulatująca cierpliwość. Według otoczenia poprawnie prowadzone dziecko jest ciche, wyważone, spokojne. Ładnie mówi „dzień dobry" i „do widzenia", nie pruje się jak poparzone w restauracji, nie kładzie się na podłodze sklepu i nie zamiata pomponem od czapki wszystkich kotów spod regału. A jeśli zapomni podstaw savoir-vivre'u, zostaje dotknięte spojrzeniem cudzej pogardy, która w mniemaniu tych gardzących powinna to dziecko obchodzić, zmieniać je i budować podstawy metamorfozy. Ewentualnie Mamusia lub Tatuś dowiedzą się, jak to się robiło, jak żyło dekady temu i staną przed wysokim postumentem niby bezstronnej Temidy, aby wysłuchać bezcennych rad. Wiecie, gdzie zdrowi psychicznie ludzie powinni mieć wszystkie złote myśli? W dupie.

Im starsza stawała się Krysia, tym częściej trafiały w nas pytania o to, kiedy chrzciny, szczepienia i czy ta plamka sinawa spod pachy została już zbadana przez pediatrę, dermatologa, plamologa, egzorcystę lub chociaż opatrzona wprawnym okiem braciszków z zakonu szpitalnego bonifratrów. Zaczepiano, czy nie za cienko ubrana i czy w rajstopach się nie poci też. Czy za wcześnie nie siada i czy pamiętałam odwiedzić ortopedę rok po narodzinach dla pewności. Czy podaję witaminy, badam wzrok, słuch, chód i tętno – odhaczono. Czułam, że narastająca potrzeba kontroli zewsząd wyprowadzała nas z równowagi, a na myśl o tym, że po porodzie pewnie się spotęguje, zaczynała mnie boleć głowa. Wszechobecne „ja wiem lepiej" nie dawało szansy na popełnianie błędów, na których, o ironio, można się było czegoś nauczyć.

A my chcieliśmy tylko spokoju. Możliwości bezkarnego spóźnienia się do przedszkola i zapomnienia o wizycie u lekarza. Nie robiliśmy tego zawsze, zdarzało się. W sumie dlaczego by nie, skoro pęd i tempo zmian w wymaganiach świata, w którym przyszło nam żyć, były tak niedorzeczne, że żeby nie zdębieć do reszty w landszaftach dedlajnów, fakapów, asapów, wymagań i wizyt w prywatnych przychodniach wycenianych na minuty, trzeba było po prostu odpuścić. Chcieliśmy czasem otworzyć drugiego czekoladowego Mikołaja zimą i nie martwić się o zęby, zapomnieć o próchnicy i reklamach z gadającą szczoteczką z zezem. To były nasze zęby. Nie dziadków i pań kasujących bilet w miejskim autobusie, z odbitą różową pomadką na jedynkach, które to panie jak nikt inny wiedziały, co nam zrobi dobrze, a co źle. Chcieliśmy nie bić się z wyrzutami sumienia po niedociągniętym szaliku i zapomnianej z przedpokoju rękawiczce. Zupę solić po swojemu, dużo, a nie jak kazał świat – w ogóle. Życzyliśmy sobie, my rodzice bez dyplomu akademii rodzicielstwa, przejść przez wszystkie historie boso i poczuć, jak boli. Zedrzeć na tym całym macierzyństwie palce do mięsa i cieszyć się, doświadczając sukcesu, do którego doszliśmy sami. Porażki też życzyliśmy sobie smakować w zaciszu mieszkania, bez widowni. Przecież to oczywiste. Taki – nazwijmy to – „fiaskowy ekshibicjonizm" uprawiali tylko społeczni masochiści.

Nowi rodzice, pisklęta, którymi nadal się czuliśmy, chcieli czytać książki sami. W spokoju, bez przerzucania podle kartek, zaznaczania nieważnych cytatów i wyrywania okładki. Takie czytanie wyjątkowo mocno nam się należało. Z momentem podjęcia rękawic do rodzicielskiej walki niemal z urzędu otrzymaliśmy prawo albo do tego, by dostać w mordę od silniejszego przeciwnika, albo żeby wystąpić w blasku świateł z podniesioną ręką w geście zwycięstwa. Rezultaty działań były bowiem czystą loterią. Wszelkie próby usilnego rozwiązywania problemów, zanim te się jeszcze pojawiły, panaceum rozdawane przez „doświadczonych" jak dropsy – były jedynie okropnym sabotażem, wandalizmem idei i absolutną dezorganizacją zdobywania sprawności rodzica.

Ludziom trzeba dać mądrzeć i dojrzewać w samotności. Nawet ludziom – rodzicom.

35.

Mimo wszystko zdarzało się, że mnie kochał. To znaczy, on mnie kochał zawsze, ale w ciąży wystawiałam to kochanie na porządne próby. Kiedy widział, jak sunę po mieszkaniu napuchnięta, blada i z podkrążonymi oczami, potrafił się zlitować i pytać, czy czegoś mi nie trzeba. A mnie trzeba było czegoś zawsze. Przede wszystkim wymasowanych stóp, świętego spokoju i wielkich wywrotek jedzenia.

Tak dojechała do nas jeszcze pachnąca i nabuzowana serem pizza, która w hierarchii najbardziej niepolecanych ciążowych uciech stała na ścisłym podium. Pieczarki surowe jak surowy bywa świat, szynka niewiadomego pochodzenia, może stara, może już dwa razy płukana ze śluzu i zapachu zgniłej ryby, żółty cholesterol bulgocący od żaru pieca, podwójny, kapiący z rantów na prawo i lewo. Esencja koszmarów sennych Anny Lewandowskiej i Ewy Chodakowskiej, których rachityczne jagody goji i nasiona chia od samego patrzenia wywoływały torsje.

Moja pewność siebie i krnąbrność, jak wtedy, zimą w liceum, kiedy nie nosiłam czapki, doczekały się ciężaru ręki sprawiedliwości. Dwadzieścia cztery godziny po placku nurzałam grzywkę i zestaw falban wyjściowej sukienki w cuchnącym klopie łódzkiej enklawy życia nocnego i hipsterskiego piwa. To było jedno z tych miejsc, w których posadzony kolega z podstawówki poprosił o browar z sokiem, a obecny na miejscu zastęp od piwowara strzelił w niego grubym laserem z oka, jakby chłopak chciał się napić czterdziestoletniej szkockiej z Polo-Coctą od Społem. Wybraliśmy się na miasto porozmawiać z ludźmi o innych rzeczach niż obciąganie napletka u nowego człowieka, kolkach, obwisłych cycach i rozstępach, a zamiast tego wylądowaliśmy w ciasnej toalecie, podtrzymując mi włosy. Rzygałam dalej, niż widziałam. Pieczarki, które dzień wcześniej wpadały w gardło jak w czarną dziurę, wylatywały sprawniej, niż pył wulkaniczny z krateru. Nie miałam pewności, co się dzieje, ale latające z każdej strony ciała fragmenty tkanek podsuwały tlącą się z tyłu głowy myśl, że mnie Stary próbował otruć i że to chyba z premedytacją.

Chwilę po dantejskich scenach w nieświeżej łazience i z grupą zaaferowanych znajomych pytających, czy wszystko w porządku, dojechaliśmy na oddział położniczy szpitala klinicznego. Klinicznego, czyli ulubionego, bo niepozwalającego się nudzić i niedającego dojść do głosu takim hasłom, jak „wstyd", „krępacja" i „przepraszam, dlaczego czternastu młodych mężczyzn zagląda mi między nogi?". Była noc, na korytarzach głucho. Pierwsza szpryca, pierwsze USG po pizzy, żyje, nadal chłopiec.

– Duży chłopiec, wybierajcie imię – powiedział lekarz – ta trzecia noga to nie może być przypadek – dodał. – Pani niech wypocznie. No co mogę pani powiedzieć, słabo jest – skończył badanie pełen optymizmu, patrząc na moje podkrążone oczy i zapadnięte policzki, a umęczone cielsko jak na rozkaz skleiło się ze szpitalnym betem szybciej, niż mogłam to sobie wymarzyć.

Zamknięta w jednoosobowej izolatce w obawie przed zakażeniem reszty oddziału, dostałam tak naprawdę pojedynczy apartament z widokiem na morze, pełne wyżywienie i suplementy. Spałam nieprzerwanie dobę. Oglądałam telewizję na żeton. Nikt nie zabierał mi pilota. Nikt nie wmawiał, że musimy obejrzeć „Wojny magazynowe", bo inaczej umrzemy. Edward Cullen jeszcze nigdy nie mienił się tyloma odcieniami brokatu jak wtedy, kiedy nie wołano za mną z odległych kątów mieszkania: „Ma-moooo! Zrobiłam kupę!". Zatrucie pokarmowe. Czego można było chcieć więcej?

Po przespanej nocy i całym dniu wstałam jak sarna. Jak łania, w podskokach przeskakiwałam metry zakaźnego mamra, po raz pierwszy od dawna czując się w porządku. Kanapkę z pszennego chleba smarowałam plastikowym nożem i maślanym masłem, jakbym wcześniej masła takiego nie doświadczyła. Smak parzonej z grama liścia na całe wiadro herbaty przypomniał kolonijną lurę. Kawałek sałaty i plaster krakowskiej były najsmaczniejszą propozycją śniadaniową na świecie, a cisza pokoju pieściła mój młoteczek, kowadełko i bębenki jak dobra ciocia.

Drzwi do pokoju uchyliły się, zwiastując gości. Przewodnicząca komitetu powitalnego, starsza położna pani

Barbara Biernacka, trzasnęła starą sklejką o rozpadającą się ścianę, trzymając pod pachą skład metalowych klipsów z opisami schorzeń. Miała krótkie włosy, zakręcone na najmniejsze wałki, i loczki spłukane w niebieskofioletowej cieczy. Brwi odrysowane od kątomierza czarną henną i starannie wyszpachlowana turkusowym cieniem powieka wniosły za sobą na teren pokoju chłód, pięćdziesięcioletnie doświadczenie i serce z kamienia.

– Grzesiak! – ryknęła.

– To ja – odpowiedziałam przestraszona, unosząc lekko rękę. Naciągnęłam koszulę w misie na uciekające żebrami w kierunku pleców piersi, nogi złączyłam, odkrztusiłam krakowską. Od dawna nikt nie krzyczał, a po kilku dniach w szpitalnym SPA zapomniałam technik obronnych znanych z prywatnego pola.

– Do badania – zakomunikowała, pokazując teczką na drzwi zabiegowego. – Zaraz, zaraz, a co to pani Grzesiak? Majtki?! A PO CO PANI MAJTKI NA POŁOŻNICZYM?! – wrzasnęła na trzy piętra, po czym zaniosła się gromkim śmiechem. Za nią studenci w liczbie dwudziestu kilku krztusili się śliną, chichotali i sapali. Szpitalny smaczek o bawełnianych majtkach rzucony w eter przez przewodniczącą obchodu rozbawił do łez, jakby Basia wyrwała się z równie zabawną drwinką o choince, że czemu nie jest głodna? Bo jodła! Małe, wiotkie ciała różnych narodowości, różnych wielkości, z różnym zaczesem zakrywały się zeszytami w kratkę ze sztywną okładką, trzęsąc się nierównomiernie, jakby Barbara sprzedała właśnie cesarza wśród figielków. Siedziałam jak klasyczna Grażyna, uśmiechając się głupio do ludzi, zgubiona w totalnej dezorientacji.

– Nie wiem, żeby nie przeziębić kwoki? – odpowiedziałam. – Żeby mieć gdzie wkleić podpaskę i nie zaszczać wam łóżka? Pani wie, że ja jak kichę, to nie kontroluję już zaworów? Poza tym ja tu mam zatrucie pokarmowe. Takie góra dół. Słyszała pani o mokrych bąkach? – dodałam błyskotliwie, śmiejąc się z dowcipu. Odkręciłam Żywca Zdrój i przełknęłam obficie kunszt riposty. Brygada kształcących się ginekologów wygięła usteczka w posępne podkowy. Pochłonęli chłodnym wzrokiem czerwone od chichotu policzki, jak gdybym rzuciła największym sucharem w historii. Bawiły nas inne podmioty. Definitywnie.

Doprowadzona przed drzwi gabinetu, czekałam na wywołanie do oględzin. Siedziałam na niewygodnym drewnianym krzesełku przymocowanym do metalowych nóg, w asyście innych pań w seksownych bawełnianych koszulinach. Szkolne taborety rozstawione na całej długości korytarza przypominały lata nauki. Blada noga zarzucona na nogę, naznaczona czarnymi, odrastającymi kłaczkami dawnej depilacji i dwie stopy w beżowych skarpetkach wciśnięte na siłę w klapki typu japonki odstraszały zewnętrznych gości. W kordonie wyglądałyśmy marnie. Jak zgraja emerytek pogiętych i pomiętych, walczących z piętnem zapomnienia. Jak to było być kobietą. Jak to było, kiedy nam jeszcze zależało. W którym momencie wciśnięcie skarpety w klapki ze sznurkiem i widok trepa japońskiej gejszy na końcu własnej nogi zaczęły spływać po nas jak po kaczce. Wymemłane, owinięte szlafrokami w kolorowe rysunki, siedziałyśmy na grzędzie, czekając na jaja. W ciszy dokształcałyśmy wzrok i wyobraźnię, pieczołowicie przeczesując ryciny z odbytych porodów.

Krew. Flaki. Flegma. „Antoś dziękuje za opiekę", „Martynka pozdrawia z pierwszych urodzin", „Gdyby nie panie z oddziału położniczego, Marcelka nie byłoby dzisiaj z nami".

– Następna – dobiegł zza drzwi suchy głos, przerywając ciężką zawiechę, i wypchnął ciało pod lupę doktorskiego oka.

W pomieszczeniu wielkości małego, dawnego, dziecięcego pokoju siedział profesor Brzalski. Wokół niego piętrzyły się góry studentów w białych kitlach, próbujących histerycznie zająć najlepsze miejsce obok. Na środku pomieszczenia stało łóżko ginekologiczne rozłożone „na za piętnaście trzecia" z jebitną lampą skierowaną ku „międzynożu". Całość gabinetu skąpana w butelkowej zieleni starych, peerelowskich płytek zachęcała wręcz do relaksu, zapomnienia i nucenia piosenek Ireny Santor.

– Pani to z czym do nas przyjechała, pani przypomni? – zaczął, a wzrok kilkunastu par gałek ocznych odbił się od niego i zawisł na mojej sylwetce. Wśród żaków – Adonis. No kurwa jego mać, Panie Boże, co on tam robił? Teraz? Kiedy leciało ze mnie jak z kranu, a golenie łona było gimnastycznym ósmym cudem świata, stanął przede mną taki oto o, totem, i się patrzył. I słuchał. I brwi unosił z przejęcia, kiedy opowiadałam o konsystencji i odcieniu wymiocin. Nieczęsto tak wygłaskane lico i włosy postawione na pachnąca pomadę dostawały przyzwolenie na uniwersyteckie przeczesywanie pieczary. Fakt obecnej w zagłębieniach ciała lampy z oświetleniem i kosmiczną niemalże lunetą też nie pomagał. Ten młody człowiek był zdecydowanie za przystojny, żeby kopać w moich grządkach i przebierać te podwiędłe pomidory.

– Zatrułam się, panie profesorze – zaczęłam skromnie, wślizgując się z gracją foki na łóżko – pokarmowo się zatrułam.

– Pacjentka się zatruła – profesor rzucił narracją w stronę studenckiej braci, wiodąc męską, szeroką dłonią po szyjce macicy, po czym wtrącił ulubiony frazes, ten o rozluźnianiu. Jakby wciskanie do pochwy nogi od stołu i organoleptyczny remanent narządów płciowych miały przypominać popijanie małego cappuccino na plaży w Monte Carlo. Zza pleców dobiegł mnie szmer szalejących po kartkach piór na naboje i długopisów z pogryzionymi końcówkami. – Szyjka w normie, płód żywy, rozwarcia brak – dokończył zapis.

– Mieliśmy gości i wstyd się przyznać... mąż pizzę do domu zamówił... – zaczęłam, widząc z perspektywy pleców jedynie czubek własnego wypchniętego pępka i kępkę siwych włosów na czubku głowy Brzalskiego.

– PIZZĘ! – uniósł głos, wprowadzając szpitalny suspens. – A skąd?! – Wynurzył się z krocza. Zdjął lateksowe rękawiczki, strzelając nimi, po czym zrolował je w kulkę i wyrzucił do śmieci.

– No... z pizzeri – odpowiedziałam nieśmiało, podnosząc ciężar ciała na stelażu łokci. Nadal zalegałam na fotelu w szpagacie.

– Z pizzeri, pizzerii – kontynuował lekko protekcjonalnie. – Ale z której, droga pani?

– A, o to chodzi. Z Benia, panie profesorze. Na Górnej.

– Benio, proszę państwa. Benio na Górnej. – Profesor odwrócił głowę w stronę Adonisa i jego kolegów, zsunął okulary na czubek nosa jak Ambroży Kleks, po czym dodał: – Czegoś się jednak dzisiaj nauczyliśmy... – Tu zrobił pauzę. Towarzystwo z medyka pośliniło palce i rozdziewiczyło czystą kartkę w kajecie. – Jak się ma już dosyć i się chce otruć żonę, to się zamawia w Beniu na Górnej.

– Z podwójnym serem – dodałam nieśmiało, z głową opadającą za oddziałową leżankę.

– Z podwójnym serem – zaakcentował, majestatycznie trzaskając pieczątką w karcie choroby.

Wracając do izolatki przez tłum młodej inteligencji polskiej odprowadzającej wzrokiem do samych drzwi, w zmechaconej koszulinie z różową lamówką i rozpinającym się centralnie na sutku guzikiem, byłam jak zwierzątko. Nic tak nie gruntowało poczucia własnej wartości, jak opowieści o próbie zabójstwa z przeciągiem między nogami. Grzegorz przyjeżdżał codziennie, przynosząc domowe kanapki i kilogramy zdjęć Krysi, która wyglądała na szczęśliwą. Pielęgniarki, widząc wałówki od męża, pytały, czy na pewno wiem, co robię, zważywszy na ostatnie próby zamachu stanu.

Po pięciu dniach projektu wypoczynkowego zaczęłam tęsknić. Jak zbity pies leżałam w białych prześcieradłach, tasując palcem zdjęcia na ekranie telefonu. Śpiewane przez Ryśkę do słuchawki piosenki o pieskach rozmiękczały skostniałe serce. Chciałam do domu. Zatoczyłam koło, czując głód obecności własnego dziecka, którego przecież nie odczuwałam, kładąc się kilka dni wcześniej w szpitalne poduchy. Nabierałam pewności, że zniechęcenie, przemęczenie i modlitwy o wolność od rodziny, domu, psa, rachunków, podatków, rat i monitów nie nosiły znamion przestępstwa. Kiedy wracały bodźce wyższe i dobre, czułam się spokojnie, mając pewność, że uczestniczę jedynie w chybotliwych stanach przejściowych. Naturalnych, mających prawo bytu. Mówienie na głos: „Dzień dobry. Mamusia ma dosyć" działało oczyszczająco i robiło mi dobrze.

Nieraz chciałam uwolnić swą matczyność. Spuścić z siebie jak z balona przerysowane różowe wypociny, które wbrew chłodnemu usposobieniu zalegały we mnie głęboko. Kiedy patrzyłam na nią śpiącą, zdarzało mi się liczyć jej małe palce. Wąchać włosy. Bez powodu, po prostu. Głaskałam cherubinowe loki i ulizywałam przedziałek jak psychopatka.

– Krysieńko… – wyszeptałam rankiem do ucha, tak infantylnie, jak mogłam najmocniej. Rzeka lukru ciekła pod łóżkiem, a w rzece tej ja. W łupinie orzecha, wiosłująca małą łyżeczką w ulepku herbaty. Człowiek może mieć kilka fakultetów, doktoratów, tytuł szlachecki i paszport Polsatu, a i tak w obliczu własnego dziecka zamienia swój mózg w gąbkę chłonącą wszystko, co słodkie. – Kochanie – zaszumiałam jeszcze raz delikatnie, zbliżając usta do nosa Córki – wstajemy.

Krystyna niechętnie uchyliła oko i poruszyła nosem jak norka. Przeciągnęła się rozkosznie i przetarła napuchnięte od snu powieki.

– Mamuś… – zaburczał mały człowiek spod hałdy pierza.

Próbując doszukać się reszty jej ciała zakopanego w pościeli, uniosłam kołdrę. W twarz buchnęło ciepłe powietrze z nocy.

– Tak, Kotuś? – odpowiedziałam zainteresowana, czekając na emocjonalny wylew z ust dwulatki. To pierwsze, niezgrabne jeszcze „kocham cię” kosztowało przecież więcej niż tysiąc słów…

– Mamusiu. Strasznie śmierdzi ci z buzi…

36.

Dobiegając do końca przygody z Synem w brzuchu i będąc jedną nogą na polu podwójnego macierzyństwa, nadal nie wiedziałam, gdzie będę rodzić, gdzie zamieszkam z nowym potomkiem oraz jakim numerem telefonu firmuje się położna, która w chwilach bólu porównywalnego z miażdżeniem żeber walcem odbierze w środku nocy i zapewni, że pomoże. W ogóle planowanie drogi do szpitala, kiedy nie wie się, w jakim województwie dojdzie do rozwarcia, było zadaniem kosmicznym. Grzesiek siedział we Wrocławiu, ja non stop dojeżdżałam na Dolny Śląsk. Decyzja, gdzie się zakorzeniamy, nie zapadła do samego porodu.

Małżonek natomiast, spokojny jak mazurskie jeziora, nie rozumiał zupełnie zdenerwowania i ciągłego poganiania, a rozstawiony w ósmym miesiącu ciąży przewijak chrzcił każdorazowo głośnym: „Nie za wcześnie?!". Ulubionym tekstem bowiem u schyłku ciążowej rzezi stał się działający na mnie jak płachta na byka alert „mam czas". „Mam czas", czyli *top one* każdej brzemiennej na koniec trzeciego trymestru, która nie wie, czy mieszka w Łodzi, czy jedzie do Wrocławia, czy może jeszcze lepiej – rzuca plany i wywozi graty nad morze w myśl ostatnich propozycji zawodowych męża.

Widząc, jak mocno nie rozumiał powagi sytuacji, szukałam w głowie rozwiązań. Wertowałam wyimaginowane pozycje: „Poród w samochodzie – fakty i mity", „Jak suka psa. Techniki przegryzania pępowiny zębami" i „ Plandeka TIR-a dobra na pierwszy becik". „Mamy czas" – odpowiadało na każdy zarzut, nie rozumiejąc, że zaciskanie kolan działa, ale na ewentualne wstrzymanie moczu na Woodstocku. Bo na pewno nie na rodzące się dziecko, rozwarcie na dychę i wzmożone naciski na okolice odbytnicy. Grześ jako mężczyzna w ogóle firmował swoje wypowiedzi najtrafniejszymi hasłami z planety Mars, których odpowiednie używanie w kontrze do wywodów kobiet często nadawało rumieńca sprawom. „Potrzebujesz tego aż tyle?", „Poważnie już nie masz pieniędzy?", „Za ile będziesz gotowa?" i „Przesadzasz" wchodziły w ścisły skład kwasów wylatujących z zarośniętych rudą szczeciną ust. A ja przecież czysto hobbystycznie upychałam góry żarcia, owoców, proszków do prania, płynów do zmywania i pampersów w paczkach po sześćdziesiąt w małe torby Mazrywki. Przecież kiedy wyjeżdżaliśmy na wakacje, Mamusia, pakując dziecko, psa, pudło na sraczkę, pudło na mdłości, coś na mrozy, coś na tropik, słoiki z marchwią, Flipsy, bujaczek, stojaczek, wózki, nocniki, batoniki, baseniki, rower, rolki, badmintona, piłkę i pięć paczek kaszki morelowej na wodę, robiła to z potrzeby duchowego doświadczania męczeństwa. Ogólnie ceniłam sobie od czasu do czasu zarzucić kram na plecy i sprawdzić, jak daleko dojdę, zanim finalnie walnę na japę. Co innego pan. Sceny pakowania męskiego plecaka na wypady godzinę przed odejściem, zwinięte w kulkę trzy pary gaci, skarpetki, T-shirt, sztyft pod skrzydło na smród i szczotka do zębów wykruszały z fundamentu sensu posiadania mężczyzny w ogóle starannie kładzione na przestrzeni lat cegły. Istotne, że mapa się zgadzała na GPS-ie i że akapity Krzysia Hołowczyca od dzisiaj czytał Czesio z „Włatców móch". To przecież było niesamowicie zabawne. Niesamowicie. He, he.

Każda kobieta również przesadzała. W mniemaniu takich Grześków przesadzała głównie wtedy, kiedy pytała cztery tygodnie przed wyznaczonym terminem, gdzie ma rodzić, bo nie wie. Który szpital? Jaka trasa? Jakie zwyczaje? Jakie opinie? „Przesadzasz", automatycznie rozdawane przez mężczyzn, miało w ich mniemaniu nadawać narracji upragniony spokój. Dzieci nie rodziły się przed terminem przecież, nie w filozofii Grześka. Dawno temu damy wiły młode w polu, noworodki żyły, miały się dobrze, baby wracały do wykopek z betem na plecach, a wieczorem pochłaniając miskę żuru z kiełbasą, przy okazji zagajały męża: „Ty, obczaj to. Zobacz, co ja dzisiaj urodziłam w polu". O co tyle hałasu, mieliśmy jeszcze cztery tygodnie. Miesiąc na konkretny plan!

Obwożąc się po wrocławskim Brochowie, zwanym pieszczotliwie Bronksem, okupowanym przez Cyganów, do których stosunek miałam dość ambiwalentny, w poszukiwaniu dobrego szpitala i opinii, która w wyszukiwarkach internetowych wskazałaby więcej niż dwie i pół gwiazdki, utknęliśmy w trakcie jednej z wielu wymian zdań zaczynających i kończących się słowem „rozwód".

Głęboki luty, śnieg. Nakazuję mężczyźnie zatrzymać samochód. Z małym, przepowiadającym skurczem macicy, gapiąc się na poprzewracane na Konduktorskiej śmietniki, oznajmiam, że odchodzę. Mężczyzna nawet się nie obrusza. Odchodziłam już cztery razy w ciągu pięciu miesięcy. Ewentualnie czterdzieści, biorąc pod uwagę okres narzeczeństwa; uodpornił się. Grzegorz nie chce się zatrzymać, udowadniając, gdzie ma całe larum, pozostając w dość chłodnym odbiorze wątłych zdolności aktorskich Małżonki. Podejmuję więc kroki arbitralne. W toczącym się z górki oplu vectrze rocznik 1999 otwieram drzwi pasażera i zaczynam hamować nogą. Wygląda to tak, jakbym

zapomniała spakować do auta parasolkę, kij od golfa albo przytrzasnęła pasek od płaszcza. Jestem spocona jak świnia. Hormonów po korek. Ciąża orze gruczoły potne lepiej niż klimaks starsze panie. Zdejmuję więc szalik, czapki nie noszę już od końca drugiego trymestru. Rzucam: „No zatrzymaj się, do kurwy nędzy!!!" w decybelach na granicy progu bólu i przyrzekam, że: „Jak się nie zatrzymasz, to cię zabiję". Później dzwonię do Matki, z rozpiętym płaszczem na zatrzaski biegnę alejami parku, przeganiając podchodzące pod nogi złośliwe chlebojady kaczki, z oczu lecą potoki łez. Odbywam właśnie histeryczny cwał przez Park Brochowski, z przerośniętym bębnem, z którego wystają dwie nogi – nabite patyki do szaszłyków próbujące nadgonić częstotliwością ruchu trybików tempo rzucanych w stronę Małżonka inwektyw.

– Mamo, przyrzekam, że jak nie wrócę zaraz do Łodzi, jak jeszcze raz się mnie zapyta, czy nie przesadzam, to będę rodzić w więzieniu! – drę się do słuchawki, rozmazana, biegając wokół oczka wodnego, trzciny, zdezorientowanych łabędzi i ławek.

Grzesiek spokojnie włącza awaryjne, pukając się z politowaniem palcem w czoło. W zaparkowanym na jezdni samochodzie opiera łokieć o szybę i przykleja nos do okna. Czeka, obserwując uważnie, kiedy się wyhasam i zmęczę. Wie, że się zmęczę na pewno. Mam ponad dwadzieścia kilogramów nadwagi. Z tą swoją brodą do kolan i naciągniętą na uszy czerwoną czapką z lumpeksu wygląda jak pracownik socjalny albo opiekun chorego na przepustce. Po kwadransie furii i kilku rzuconych w kaczki wyschniętych bułkach później wysiada z auta w obawie przed życiem wrocławskiej fauny, łapie w pasie delikatnie i odprowadzając do opla, pyta, czy nie napiłabym się herbatki. Uspokajam się. Wypuszczam z ręki kamień. Nadal zanoszę się płaczem jak dziecko.

Szach mat rodzącej. Tydzień później rozpakowuję wyprawkę dla Syna w domu na Marysinie. Jestem w Łodzi. Mam pod ręką Mamę, Ojca, Sąsiadów. Wiem, gdzie przyjdzie mi rodzić, znam położne. Czekam. Małżonek wraca do Wrocławia. Cieszymy się oboje. Bardzo. On też obawia się porodu w zakładzie karnym lub na oddziale zamkniętym miejskiego psychiatryka.

Wracał z długich delegacji i kładł się ze mną pod jedną pościelą. W jednym łóżku, jak w luksusowej kolejce. Złość mijała na chwilę. W pociągu naszym było ciepło i zawsze dojeżdżał na czas. Czasem zasilał się najzimniejszymi nogami na świecie. Tymi, co się bladym świtem przebudzały w przejściowym pokoju i przybiegały do wagonu. Pociąg otwierałam jedną ręką, zapraszając zmarzniętych podróżnych. Wciskałam Krysię między siebie a konduktora – Ojca. Ten przekręcał się do ściany, wytyczając kierunek jazdy. W plecy jego jak rzep wtulało się dziecko. Do dziecka Mama i Brat. Ostatnia zamykałam za wszystkimi drzwi. Kołdra na łeb, łapa na Ojca i Młodzież. I tak jechaliśmy, dopasowani wypustkami ciał, na ostatnią godzinę przed dzwonkiem, zanim telefony pod łóżkiem zawyły wściekle, goniąc życie do życia.

37.

– Miśka, mamy mleko? – zawołał z kuchni. – Zrobiłbym sobie kawy, ale w tym domu jak zwykle nie ma mleka... – burczał pod nosem standardowy, kuchenny lament. Leżałam w pokoju, pod trzema kołdrami, przez okna wpadało marcowe słońce. Niepewne jeszcze, blade, ale wyczekane tak długo, że nawet zalane chłodną mgłą skandynawskich frontów łagodziło kołatanie serca i napięcie panujące w domu od dawna.

Była sobota. Siedzieliśmy skupieni jak konie wyścigowe ustawione w rzędzie na Wielkiej Pardubickiej, czekając na zwolnienie blokady. Wypatrując najmniejszego szmeru bebechów, przeżywaliśmy czas tu i teraz, wyblaknięci. Trochę jak komputerowy wygaszacz ekranu oszczędzający energię przed zamaszystym pchnięciem myszką i podjęciem akcji na pełnych obrotach. Przeżuwając lekkie kanapki z żółtym serem i holenderskim pomidorem, gapiliśmy się tępo w „Co za tydzień". Jak zaklęci topiliśmy wzrok nie w treści, a w Olivierze Ja-

niaku i jego sprężystej grzywce, która przez całą emisję nie doświadczyła nawet mikrouchylenia od paraboli grubego wałka stylistki tefałenu. Zaliczyłam już wcześniej to dziwne uczucie wyłączenia. W okolicach Bożego Narodzenia, w przerwie od kręcenia pętli na brudnych szybach papierowym ręcznikiem, siadałam na komodzie i z zimną kawą zawieszoną w kubku między kolanami gapiłam się przez pół godziny w pudło, w którym reporter głosem dojrzewającego ministranta klarował o zasadzie budowania chlewni dla stu loch w cyklu zamkniętym. Na dwa dni przed gwiazdką, będąc w totalnej dupie, pół godziny o świniach. Z wiadrem przy nodze i mrugającą „en face" choinką siorbałam zmęczona pędzącą przez ciało kofeinę, pochłaniając wytyczne uboju tucznika i ceny skupu żywca.

Tym razem Janiak, Beauty Boy. Grześ wszedł do pokoju, zanosząc się śmiechem. W ręku trzymał małą czarną i mieszał w niej łyżeczką z tłoczonym wzorkiem. Wyglądał jak zawsze rano. Był zmiętolony, niewyraźny, nasiąknięty nocą. W normalnych okolicznościach idealny do zarzucenia ramion na szyję i mruczenia w kark, na którym widniał blond meszek odrastających włosów, pachnący jak papierki z drogerii.

Okoliczności były jednak poważnie niesprzyjające. Od trzech dni nie oddałam stolca. Okupant na zajętym terenie nadal nie miał zamiaru opuścić brzucha polubownie. Gazy. Zarośnięta brzoskwinia. Rozstępy i sączące wstępną siarą piersi. Bezdech. Mocz chcący się oddawać często, aczkolwiek licho. A potem lejący się strumieniem wartkim jak ze strażackiej sikawki. Nadkwasota. Napuchnięte stopy. Znowu gazy. No nie, sorry.

Mąż sypiał bez koszulki, lekko się garbił, na tyłku nosił te same bokserki z odpinającym się drobnym guzikiem na fistaszku. Tamtego ranka wyraźnie chciał się podzielić zabawną historią, ale nie był w stanie powstrzymać odruchu przy każdorazowym powrocie do hecy. Zmuszał do patrzenia na falujący w takt tego rżenia kałdun i ulewającą się z kubka ciemną plujkę.

– Noooooo? – zaczynałam niecierpliwie przestępować z nogi na nogę i zagrzewać do puszczenia pary. Sama miałam ochotę się pośmiać. Widząc zero współpracy, wracałam do sprężystej koafiury Janiaka, wchodząc w znaną wszystkim ciążową hibernację. Zawiechę, zimowy sen misia. – Jak się już uspokoisz, Grzesiek, i daj Bóg nie udusisz, to podziel się – dodałam – ja poczekam.

– Poznałem w pracy gościa, zapomniałem ci opowiedzieć – zaczął nareszcie, dorzucając w zakamarkach zdań jeszcze kilka cichnących sapnięć i parsknięć. – On ma brodę, ale nie taką byle jaką. To jest coś, czego ja w życiu na oczy nie widziałem, a jak mnie mija na korytarzu w biurze, mam ochotę się na niego rzucić i wyłotoszyć tego bobra. Każdy włos z osobna czubkiem nosa, jak w cycuszkach zamieszać, co wiem, wiem, jest trochę chore – podjął temat, przechodząc z ciszy do totalnej narracyjnej ofensywy.

Temat brody i jej pielęgnacji nie był niczym nowym w naszym życiu. Odkąd Grzesiak odkrył, że wygląda korzystniej z zasłoniętą twarzą, i sam wyhodował puszczę, jarali go zadbani panowie z kłaczkiem. Na widok porządnie uplecionej szczeciny pod nosem frunął triumfalnie dwa centymetry nad ziemią, potrafił się nawet obejrzeć przez ramię. Swoje włosie skrupulatnie miętolił, gładził, czesał i stylizował przed wyjściem z domu. Raz nawet testował na rauszu w środku nocy szampon z jałowca, powtarzając jak mantrę: „Czujesz, jak pachnie?! Lasem! Lasem pachnie!" – po czym wciągnął do ćwiczeń nie mniej „zrobionego" Danielsem kumpla. Egzotyczny widok dwóch dorosłych mężczyzn pieniących sobie brody o 2:14 nad starą żeliwną wanną, dyskutujących o nucie sosny w gęstowiu kwiatów polnych. Co tam się... to ja nie... Do dzisiaj zamykając oczy, widzę korpulentne ciała i zachwyt płynący z kątów starego klozetu:

– No powiem ci, Grzesiu, zajebisty fakinszit – powtarzał kolega z bałwanem piany na policzku, a cała żeńska widownia stojąca vis-à-vis, zastygając w bezruchu na podartym, kuchennym PCV, podziwiała opisy przyrody z ustami rozchylonymi w „A". Co jeszcze byłoby w stanie wprawić mnie w osłupienie po tylu latach znajomości? Przecież wysyłany po kilogram cukru za trzy złote wracał ze szczotką z włosa dzika do czesania twarzy, w którą to ponoć misternie wtykała włosek po włosku starowinka, bidula z łódzkiego okręgu przemysłowego, niemająca innego źródła dochodu ponad to. To się nazywa dobre marketingowe bajanie rodem z Telezakupów, które Grzesiek łykał jak młody pelikan żabę. Szczotka kosztowała osiemdziesiąt złotych. Rozmiarowo przypominała piętkę chleba. Tyle właśnie znaczyły dla Grześka nowinki stylistyczne i świat starych salonów fryzjerskich rodem z Dzikiego Zachodu.

– Mhm – podjęłam lekko zaciekawiona. Wyobraziłam sobie człowieka, z którym płacę prąd na pół, współwychowuję dwoje dzieci i któremu kłaniają się w pas poważni sąsiedzi, a który to szamocze się, odważnie zatopiony w podszerstku kolegi. – Oprócz tego, że to jest chore, to co w tym śmiesznego? – zapytałam.

– Pochwaliłem mu się, że mam taką specjalną szczotkę do czesania. Pomyślałem, że jak znajdziemy wspólny temat, to będzie moim kolegą, a wtedy ja bezkarnie patrzyłbym, jak mu cebulki błyszczą w słońcu, sama rozumiesz. I mówię mu, że kupiona, że wintydż jak należy, że historia za nią wzruszająca, ale że nijak nie spełnia zadania. Że czeszę i czeszę, a broda jak żyła własnym życiem, tak żyje.

– I? – Zmrużyłam oko, czekając na zgrabny konsensus.

– I on mi odpowiedział, że on ma taką za sto sześćdziesiąt i takie samo gówno jak moja, ty sobie wyobraź. Okazuje się za to, że świetnie i nieporównywalnie wyczesuje mu kota! – Skończył, dusząc się śmiechem. W pokoju świerszcze. Świerszcze i to zipanie niebezpieczne, przy którym zanosił się wprost ze ściany przełyku przejmującym rzężeniem. Przybrał kolor purpurowy. Oczy omal nie wypadły z orbit.

– Grzesiu – zareagowałam, póki było jeszcze z kim rozmawiać – czy ja powinnam wiedzieć, co ty mu odpowiedziałeś? Czy ja chcę to wiedzieć, no powiedz mi.

Podświadomie czułam, że potrzeba solidaryzowania się męża w temacie owłosienia twarzy była silniejsza niż godność.

– No jak on mi o kocie, to pomyślałem, że my już w sumie kumple. Posłusznie przyznałem rację, potrząsnąłem głową, rozumiejąc ból wydanych bez sensu pieniędzy. Prawdopodobnie wtedy przyznałem się, że moja też nie czesze za dobrze, ale za to świetnie drapie po jajach!! – ledwo dokończył, łapiąc gilowe bąble z nosa, po czym rozkaszlał się, nie nadążając z przełykaniem śliny. Karuzela żartu wpadła w zagięcia nieskończoności i nie miała zamiaru zwolnić. Wchodząc z opowiadaniem w niebezpieczny zaułek, próbując nabrać powietrza w płuca, zawrócił na pięcie z ulanym od kawy kubkiem. Słyszałam, jak rży jeszcze w toalecie za zamkniętymi drzwiami.

Opuściłam wzrok, uciekając od telewizyjnych celebrytów, i zakotwiczyłam go na brzuchu. Wiercił się i gibał w takt pulsującego tętna. W tle echem odbijał się od ścian Stary i historia o czesanych jądrach.

– Widzisz, Synku – zaczęłam, kładąc rękę na pępku – a mnie się Matka dziwi, że tak często opowiadam o zabijaniu w afekcie. Przecież gdyby nie ty i Krysia, tobym już dawno Ojcu przestrzeliła kolana.

Później pytał jeszcze kilka razy, czy po takim incydencie powinien witać kolegę uściskiem dłoni czy tylko przez skinienie głową, a opowieść sprzedawał na rodzinnych obiadach, odbijając się od reakcji takich jak moja.

Czasami stawał się Leonardem DiCaprio oddającym ostatnie, dryfujące na wodach Atlantyku drzwi. Czasami Tomem Cruise'em przypierającym mnie do ściany po popołudniowym lunchu z winem i bagietką, na tarasie u wybrzeży Florydy. Czasami był jednak lekko upośledzonym bratem, opowiadającym o prasowaniu skarpet, lewym wahaczu od nissana i gazach po fasoli. Taki właśnie był. Różnorodny. Niewyjaśniony. I kochał się drapać.

#MIŁOŚĆPANIE

– Mam awarię. Pieluchy na sztuki dostanę?

– Nie ma.

– Ale jak to? Przecież to apteka, prawda?

– No tak, takie dla dzieci mam. Ale dla dorosłych tylko w paczkach po dziesięć.

38.

Zostawił mnie. Posiedział tydzień z musu, nastawiony na „już" po płaczach i drodze krzyżowej, którą mu zafundowałam na sam koniec. Że rodzę, że czuję, jak wychodzi. Że nie mam już siły i że fizycznie czuję się chora. Wcale nie błogosławiona. Psychicznie nie lepiej. Po prostu wziął, wsiadł w auto i pomachał zza furtki termicznym kubkiem z gorącą kawą:

– Wracam do Wrocławia. Podniosłaś larum, że rodzisz, a nie rodzisz. Raz, że ryzykownie jest mieszkać z tobą 24/7 na pięćdziesięciu metrach kwadratowych w tej psychozie, a dwa, że zwolnią mnie, jak tak dalej pójdzie. Misia, muszę wrócić do biura. Przyjadę do was zaraz przed terminem, będę przed 14 marca, obiecuję, okej?

„Okej", pomyślałam, a broda zatrzęsła się niekontrolowana, przybierając kształt orzecha włoskiego. „Jedź w pizdu, gorzej nie będzie", przebiegło przez głowę. I tak nie rodzę, chociaż tak bardzo bym chciała. Zamknęłam za nim drzwi. Do domu wpadło chłodne powietrze.

Wiosna niepewnie próbowała wtargnąć w granice ogrodu, ale przeszywające zimowe podmuchy lutego nie zamierzały poddać się bez walki. Cała byłam bezwładem. Napuchniętą, nadmuchaną tkanką funkcjonującą w hibernacji. Chodzący kokon. Wbrew pozorom radziłam sobie i mimo wszechobecnej niechęci nastawienie do nadchodzącego wydarzenia nie wywoływało we mnie lęku. Może to doświadczenie, którym już się firmowałam, może chęć jak najszybszego rozwiązania sprawy – nie wiem, ale codziennie kładłam się spać przygotowana na wojnę, ubrana w wyprasowane mundury i z odbezpieczoną bronią.

O meble i zasłony odbijał się co rusz dzwonek komórki, w której na zmianę pytali, czy nie urodziłam, czy żyję i co u Krysi. Chciałam nie odbierać. Leżeć, zakryta puchem i warstwą olewczą, nawet nie dotykać zielonej słuchawki. Nie miałam siły odpowiadać, że nic, że wielkie gówno się dzieje, że tracę zmysły, kurwa jego mać. Staję się tylko z godziny na godzinę coraz bardziej nieszczęśliwa. Gdybym przespała jakiś sygnał, SMS-a, gdybym nie doturlała się do aparatu, pokracznie starając nie wywinąć orła, gdybym pozostawiła sprawy samym sobie, Chryste Panie. Do drzwi zapukałyby służby specjalne, CSI Miami i Krzysztof Rutkowski w kwadrat ciosany. Odbierałam więc. Prawą rękę przystawiałam do lewego ucha jak koksy z telewizorem pod pachą, nie mogąc zgiąć się w łokciu. Opuchlizna zaatakowała wszystko. Każdy centymetr ciała, wszystkie tkanki. Agonia. Chciałam Go już wziąć na ręce. Powąchać. Usnąć obok, patrząc na mały nos i usta wielkości kopytka, zwinięte w półksiężyc.

Środa, 09.10.2016

Wyszłyśmy na spacer. Krysia nie jeździła do żłobka od kilku dni. Bałam się, że się zacznie na zakręcie albo że zemdleję, prując siedemdziesiąt przez łódzkie arterie. Umyłam włosy, pomalowałam oczy, dziecku ukręciłam kitki. Wykaszlałam ze szklanego słoika ostatnie krople podkładu na dłoń, później rozsmarowałam go na twarzy. Chciałam się ruszyć, rozhuśtać, dać sygnał wnętrzu, że jestem gotowa. Wsadziłam Krysię w uwalony, ulany smarem bagażnika wózek z odzysku, który ledwo wiązał koniec z końcem. Opatuliłam w kurtki, szaliki, wyposażyłam w prowiant. Sama zamotałam wokół brzucha szary płaszcz na troczek i naciągnęłam czapkę na uszy. Łaziłyśmy wokół osiedla. Łapałyśmy pierwsze wiosenne słońce na spragnione witamin twarze i śpiewałyśmy piosenki. Ostatni raz we dwie. Ostatnie właśnie takie rundy honorowe.

– Koniec wycieczki – zaczęłam pod nosem – chce mi się siku. Albo i nie, nie wiem. Zaraz pewnie zachce kupę. A poza tym mam kolkę, zadyszkę, zgagę i pierdzę jak stary. Mam serdecznie dosyć. Do sklepu po mrożonki i w tył zwrot – rozkazałam pochylona nad wózkiem, gadając do małej głowy człowieka przypominającej owoc kiwi. Krysia na hasło „sklep" zatrzepotała językiem, prosząc o drożdżówkę, nóżkami machała bezwładnie i wesoło, nie dotykając jeszcze ziemi.

W robieniu zakupów niezwiązanych z listą i pierwotnym celem miałam stopień mistrza. Obwarowywałam wózek w same pyszności, nominując się często do tytułu „Matki Roku". Mrożony Giuseppe, pyzy z mięsem kulane przemysłowo i żelki, w sam raz na zbilansowany posiłek dla ciężarnej i dwójki jej nieletnich dzieci, w tym jednego instant. „Ważne, żeby nie chodziła głodna i zjadła coś ciepłego”, brzęczało z tyłu głowy. Kluski z wody są ciepłe. *Mission completed.*

Po zakupach w osiedlowym dyskoncie obwiesiłam wózek jak Tuareg wielbłądy, modląc się o sprawny powrót do domu. Mosiężne wrota do sklepu projektował wizjoner artysta razem z pierwszymi meblościankami na wysoki połysk, stąd fakt otwierania się dwóch skrzydeł wiatrołapu do wewnątrz wywoływał we mnie zawsze te same serdeczne wyrazy pozdrowienia partyjnych innowacji, towarzyszy w marynarkach i dawnych odwiedzin zakładów pracy z goździkiem i paczką pończoch. Zawisnęłam na wózku na wysokości klatki piersiowej w bezdechu, koniuszkami palców drapnęłam klamkę na froncie. Wysunięte spod plastikowej opaski loczki zlane dawno łojem i zniechęceniem wszelakim zsunęły się na twarz, zasłaniając wizję. Spod płaszcza popieścił gorący buch i przyjemny zapach ogrodu zoologicznego w środku upalnego lata. Z olbrzymim brzuchem i małą, przecudnej urody dziewczynką zaczęłam pełnoprawne MMA z klamką, żelaznym okratowaniem i tym skurwysynem wiatrołapem, który miał być tylko wejściem, a stał się stacją na trasie ciążowego Runmageddonu. Próbujące przedostać się za mną torby pękały w szwach jedna za drugą. Wyleciały bułki, Prince Polo, rozsypały się cebule.

– No do kurwy nędzy, niech mnie ktoś stąd wypuści!!! – rzuciłam kilkukrotnie pod przykładnym maminym nosem; w oczach pojawiła się dobrze już znana „pasja” w robieniu zakupów z dzieckiem przy dwudziestokilogramowej nadwadze. Ostatecznie wózek i wszystkie pudła z mrożonkami wyszarpnęłam.

Na murku przed posesją sklepu, z nóżką na nóżkę i w najszczerszym uśmiechu, no *mon Dieu* patrzcie ich, pokiereszowane mordy zakrapianych wódą koalicji lokalsów. Pan Rysio, Pan Zdzisio, Pan Marek i palony na trzech kiep ruskiego szarpipłuca. Panowie grzeczni zawsze w oczekiwaniu na pieniądz, bułeczkę, jogurt lub jabłuszko głową skinęli, zgodnie z etykietą, i zdartymi co do joty głosikami przywitali się prawilnie

– Dzień dobry, kierowniczko.

– Dzień dobry – odpowiedziałam sucho.

Teraz to mnie zauważyli, ale jak się tłukłam z drzwiami jak NRD-owska sztangistka, niewiasta o urodzie nikczemnej, żaden z kopyta nie zerwał. Nic nie dostaniecie – pomyślałam i próbując ujechać najdalej, jak tylko potrafiłam, oczom moim ukazało się… wirujące… czarne… kółko. Przyjęłam do wiadomości, okiem odprowadziłam to kółeczko. Kółeczko od mojego zjebanego wózeczka. Jak poetka na środku chodnika, wodząc palcem za kawałkiem plastiku odjeżdżającym w nieznane rejony gęstowia, z otwartą gębą i nostalgią w lekko zwilżonym oku stałam i uwierzyć nie mogłam, że los tak perfidnie ze mnie drwi. Gdy już szarpnęłam dziecko na tylnych kółkach jak na taczce do *mi casa* numer dwadzieścia jeden, z mrożonym Giuseppe i kluskami dyndającymi bezwładnie na wygiętych w rogalik rękojeściach spacerówki, zabrzmiał za mną pomocny głos Zdzisia, zatrwożonego najwidoczniej ciężką sytuacją.

– Kierowniczko! Czy ja bym mógł ten wózek zagospodarować na własny użytek? Skoro nie ma kółka i w ogóle…

– He, he, he, he, he, he – zaśmiałam się szczerze, najszczerzej jak można w dziewiątym miesiącu ciąży, pchając dwanaście kilogramów Córki na zdezelowanym sprzęcie w plamy, w szumie plastikowych tytek i w skrzeku pouchylanych po nokaucie pudeł z mrożoną pizzą. – Otóż nie. Nie możesz – dodałam, pokazując najserdeczniej, z głębin empatycznych pokładów człowieczeństwa, jakie uzbierałam w sobie przez dwadzieścia pięć lat życia, środkowy palec dla uwielbienia pomysłu Zdzisia. Odwróciłam się na popękanej pięcie i kontynuowałam pchanie kramiku. Zdzisio dodał tylko cichnące za plecami:

– Ale po co ta agresja...

– Stoję na krawędzi – zaczęłam monodram, odgarniając tłustą grzywkę z czoła zamaszystym ruchem głowy. – „Nie mam nogi, Panie Kaziku, pożarli mi ją moi współtowarzysze. Jeszcze ich mlaskanie słyszę...”.

– Mamo, wsiadaj w taksówkę, nie mam już czasu…

39.

Czwartek, 10 marca

Z podsuniętego pod okna łóżka sturlałam się niesprawnie na dziesięć póz, dwadzieścia stęknięć i trzy bujnięcia, żeby wpaść w magiczną ciążową sinusoidę i drgania ułatwiające wyjście z progu. Jak wielki cepelin z mięsem w środku lądujący na dwóch nogach, po prostu zlałam się z poziomu materaca, podążając za grawitacją. Grzesiek wyjechał zaledwie wczoraj wczesnym rankiem, a ja czułam, jakby go nie było całe lata. Dobrze, że znaliśmy już tę relację, w której największe odruchy obrzydzenia i odtrącenia odchodziły. Kiedy tylko znikał z pola widzenia, coś w środku zaczynało za nim tęsknić. Było mi dużo łatwiej, wiedząc, że nie popełniam błędu życia, wiążąc się po prostu z pierwszym lepszym, miłym chłopakiem, który mnie nie zdradził, nie pobił, nakupował kwiatów i postawił dwa obiady, lecz z człowiekiem, którego na co dzień kochałam. Na co dzień, czyli kiedy właśnie nie miotał mną szatan i worek hormonalnych strzępków. Z rozkopanych zasiek ciepłych przykryć wystawały dwie małe stopy i plecy, całe na wierzchu. Zatrzymałam się tam. Zawiesiłam myśli na widoku rozczochranych włosów i ściśniętych w pięści dłoni zarzuconych nad głowę. Podobno takie ułożenie ciała u dzieci świadczy o poczuciu bezpieczeństwa, a wszelkie tego typu złote myśli pielęgnujące przekonanie, że w procesie wychowawczym jednak się do czegoś nadaję, działały kojąco. Przystanęłam nad Krysią, myśląc, jaka jest nieświadoma, niezmartwiona i nieposiadająca w sobie lęku przed zmianą. Była dokładnie wszystkim, czego brakowało mnie. Starej, przerażonej matce, niebędącej w stanie ułożyć w głowie nawet planu działania przed wspólną podróżą samochodem, a co dopiero myśleć o skoordynowanym procesie stawiania na nogi dwóch dobrych, uczciwych i świadomych jednostek społecznych. Zanim wdrożyłam się w nadchodzącą organizację dnia, kawę, kanapkę i falę telefonów z każdej strony, stanęłam nad nagimi częściami małego ciała i sprzedałam każdej po całusie. Później przykryłam, pogłaskałam głowę. „Śpij jak najdłużej", pomyślałam. „Potrzebuję tej ciszy, jestem już bardzo zmęczona. Bardzo".

Na gazie dochodziła woda. Nalałam wrzątku do kubka z łowickim wzorkiem, do tego wkroiłam porządny plaster cytryny. Chwaliłam sobie momenty, w których nikt do mnie nie mówił, a taktem przewodnim stawał się miarowy bełkot bebechów starej lodówki. Burczenie i systematyczne zmiany rytmów sprężarki działały jak mantra. Siadając obszernym okrakiem na zniszczonym taborecie, miałam szansę odpocząć.

W łazience rozkręciłam gorącą wodę i czekałam na moment błogiego galopu plazmy przez wnętrze tkanek, która uwalniała się podczas zanurzania niemal we wrzątku obolałych lędźwi i zbioru skrzętnie kolekcjonowanych schorzeń. Była dziewiąta rano. Dopity w połowie kubek herbaty postawiłam w rogu wanny na szerszej jej części, a sama polewałam gorącą, spienioną wodą wielki brzuch niepewności, lęku i zmartwień. Jak my sobie właściwie damy radę, co ja sobie myślałam, robiąc drugie dziecko, niezła egoistka, a jak stracę pracę, a jak będzie wojna, a jak nam zabiorą dom, a jak Grzesiek straci pracę, Boże. Ile czarnych kłębów potrafi zebrać rozciągnięty nad nowym człowiekiem kawałek skóry wypełniony płynem. Wokół cisza. Przy otwartych drzwiach łazienki tykający w kuchni zegar i kapiący kran. Była 9:15, totalny bezczyn, jałowizna. Zamknęłam oczy. Jeziora moje nad wyraz spokojne. Przycumowane na Mazurach małe łódki uderzały ospale o molo macicy. Słyszałam te wszystkie metalowe mocowania obijające się o siebie. Woda pluskała o leciwe drewno przystani. Nie było niczego, tylko łopotanie żagli na delikatnym wietrze i śpiewane rzewnie przez cuchnącego rumem marynarza szanty. I gdyby nie narastające od dawna przekonanie, że jest chujowo, źle i umieram, że czas zakończyć tę agonię, wydostać go ze mnie i uwolnić ciało, przywrócić mu autonomię, to mogłabym przysiąc, że na ułamek sekundy jakaś mistyczna, wyższa siła właśnie wyciągnęła do mnie rękę; może nawet nie rękę, tylko krzywy, obgryziony palec, i chwilę przed rozwiązaniem sakwy nowych, nieznanych dotąd przygód matki dwójki, pokazała, jaka jestem… piękna.

No szlag by to, ludzie! Jaka ja byłam piękna w tej starej żeliwnej kadzi obrysowanej niestarannie położonym, czerwonym silikonem, przelewająca fale wystudzonej już wody z burzynami mydlin wokół nóg, rąk i żeber. Jaka cudowna w ulaniu, zwinięta w embrion, leżąca na prawym boku, starająca się zmieścić w wannie cały ciężar długiego przeżywania okupacji i własne, jakże trudne jestestwo. Kapitalna jak to, że dane nam było żyć ze sobą w symbiozie dziewięć miesięcy, co prawdopodobnie odbije się na przyszłej relacji i zbliży do siebie bardziej niż kogokolwiek innego. I ta myśl, dokładnie na przebłysk przed startem najwspanialszej wycieczki w progi bólu, o jakich się ludziom nie śniło, że jednak: „No hej! Ale zajebiście mnie skonstruowano! Tam w środku, w pieczarkarni, urosła mi mała pieczarka. Mój własny grzyb, którego znam. Wiem, ile włożyłam w niego troski, jak się martwiłam i jak martwić będę. Ile podlewałam, nawoziłam, ile do niego gadałam". Słup światła zszedł z nieba jak na Jasia Fasolę, rozjaśnił skrzące się w mydlinach wypusty i opony. W starej, działkowej łazience zrobiło się eterycznie, metafizycznie i niewytłumaczalnie dobrze. Znaleźliśmy czas, żeby się ze sobą pogodzić. Późno, ale się udało.

9:20

Łup. Delikatnie. Poczułam to. Czekałam tyle czasu. O ile to nie fałszywy alarm, a zamiast dziecka na świecie nie miałam za chwilę przywitać zatwardzenia/rozwolnienia/Bóg wie czego jeszcze, impuls powinien się powtórzyć. Czekam.

9:25

Ryms. Znowu tu jest. Dużo mocniejszy, dłuższy, treściwszy. Skurcz. To musi być skurcz. Z pozycji leżącej podciągam się do siadu niezgrabnie. Źrenice rozszerzają się. Czuję napływającą do wszystkich układów adrenalinę.

9:30

Jeb! Jak w szwajcarskim zegarku. Jest! Silny jak jasna cholera, boli. Zaczynam się zastanawiać, jak wyjść z wanny bez strat. Dotyka mnie pierwsze zaskoczenie. Krysia rodziła się jak śnieżna kulka, małymi krokami turlała się po osi czasu i świadomości, przygotowywała mózg do puenty. Teraz czuję, że nie mam czasu na plany, wizje i zastanawianie. Moja pieczarka jest dosyć aktywna. I uparta.

9:40

– Grzesiu. Wracaj szybko. Zaczęło się – wyplułam do słuchawki, topiąc się we łzach.

Jak mała dziewczynka rozpłakałam się, zaczynając brać strach na serio. Wokół zero wsparcia, ani jednego dorosłego homo sapiens potrafiącego dzwonić po pogotowie. Ja sama, jedna jedyna, postępująca tempem pendolino akcja porodowa i dwuletnie dziecko w zapasie. Za progiem korytarza, na łóżku, przecierała bowiem zaspane oczy Ryśka, a mina jej wskazywała na totalną dezorientację.

– Jak to, już?!! – zapytał jak zawsze zaskoczony. – Wczoraj nic, N-I-C, a teraz, kiedy jestem trzysta kilometrów od domu, rodzisz? – mówił do mnie, niedowierzając, a w słuchawce dało się słyszeć zamieszanie, bieg, szmer porządkowanych papierów i trzaskające drzwi samochodu. – Misia, nic się nie martw, słyszysz? Obiecuję, że zdążę! – dodał, po czym się rozłączył.

9:45

W przechodnim pokoju dzieci, na oczach Córki, odchodzą mi wody. Płynę. Zaskoczenie drugie. U Krysi doszło do przebicia pęcherza przez lekarza. Ogarnia mnie dziwne uczucie braku kontroli nad sytuacją i nieopisany hiper lęk, że ZA SZYBKO, wszystko za szybko! Wokół nie ma rodziców, sąsiadów, nie ma nawet obcych, kogokolwiek do przejęcia dziecka pierwszego lub łapania drugiego w ręcznik. Czuję, że poród jest w absolutnym natarciu. Wciskam pospiesznie dżinsy z gumką i obszerną, lejącą bluzkę. Przed dom wybiegam w tych samych skórzanych trampkach, w których rodziłam Krysię. Wszystko mnie boli, ale wierzę w swoje małe zabobony. W torbie czeka starannie wyprasowana, zmechacona koszula z żółtą lamówką. Ta sama, w której przywitałam pierwsze. Ta sama, w której przywitam drugie.

9:50

Pod furtką mijam się z Mamą, która błaga, żeby poczekać na Teścia. Nikt jak Mama nie chce ze mną jechać do porodu, ale czuję, że niestety nie poczekam, bo skończę z Synem na trawie. Razem z Mamą dociera Tata i jego strzała, która nostalgicznie ma dowieźć mnie na poród, o ile się po drodze nie rozleci. Tata mówi na samochód „szerszeń". Nie wiem dlaczego. Nie chcę wiedzieć. Golf 1 rocznik 1995 – tym mnie powiozą. Mama płacze, widzę, że się boi.

– Jeszcze sekundę – dodaje – Krzysiek już jest na światłach, już skręca, zaraz będzie – trajkocze.

– Sorry – dodaję romantycznie, nostalgicznie i wyjątkowo głęboko – ale „zaraz” to mi rozsadzi dupę. Nie mam czasu. Tata, odpalaj szerszenia! – rzuciłam hasło klucz, a turbiny, spaliny i inne sprawdzone niemieckie podzespoły zapaliły się ogniem czerwonym i zatrzęsły w gotowości.

Po długich piętnastu minutach drogi, podczas której dwa razy mówiłam: „Nie jedź Włókniarzy, bo korki", a on pojechał Włókniarzy, gdzie bolesność skurczy doświadczał każdorazowo na swoim udzie lub przedramieniu za karę za drogowe nieposłuszeństwo i sprowadzenie nas w największy czopek miasta, po złamaniu wszystkich możliwych przepisów kodeksu ruchu drogowego i wejściu w absolutnie każdy zakręt z piskiem jak w Gran Turismo, dojechaliśmy do szpitala. Na kolanach do izby przyjęć. Niemyśląca trzeźwo na fotel. Bezdech, brak ciągłości dostarczanego powietrza. Pamiętam lekarza bez włosów. Pamiętam badanie. O 9:15 piję herbatę. O 10:10 jak przez mgłę przebija się: OSIEM, MAMY OSIEM CENTYMETRÓW! Wózek!

Nagle nie ma się już czego bać w kategorii fizycznej. Są specjaliści, jest sterylnie, położne w liczbie kilku wchodzą naprzemiennie do sali w kolorowych crocsach i różowych, bardzo schludnych kitlach. Każda pyta o kod pocztowy, numer buta, długość fiuta i średnicę, zawartość szpiku w szpiku i schorzenia dziadków dziesięć pokoleń wstecz. Po kilka razy. W różnych kombinacjach. Po drugim takim intelektualnym wynurzeniu zaczynam być niemiła.

Po lęku fizycznym atakuje za to ten głębszy, duchowy, który jak nikogo innego chciałby zobaczyć w pokoju mojego największego sprzymierzeńca, przyjaciela i filar w całym zamieszaniu. Fundament sensu wzięcia się w garść i urodzenia zdrowego dziecka. Nic mnie bowiem nie przerażało tak bardzo jak to, że obok nie ma Grześka. Byliśmy może wiecznie spięci i w ostatnim czasie trudno było o okazywanie sobie szacunku, miłości i żądzy, ale myśl, że ma to przegapić, a ja urodzę sama, była rozdzierająca. I tak długo wstrzymywałam. Spoglądałam na zegarek, wierzyłam. Przecież obiecał, że będzie, a ja wiem, jestem pewna, że nie kłamał, że mu na nas zależy. Natura niepokorna chciała za to już. Nie pytała, ile kilometrów zostało i czy wymienił baterie w aparacie. Chciała bez zbędnych ceregieli, udowadniając, ile jesteśmy warci w obliczu wyższych wartości, rozwarcia i partych. Co się działo potem – rzeczywistość. Był ból, ale ból musi być. Ten ból przypomina, po co się jest i co czeka za rogiem. Łzy, oddech, który łapałam, ale jak z zarzuconą na głowę reklamówką, jak karp w siatce na święta; niepokój, że zostałam sama, sztab ludzi do łapania za ręce. Sztab ludzi, którym bezgranicznie dziękuję. I kiedy poczułam, że to już i ani chwili dłużej, że nie ma „jeszcze chwilę" i „oddychaj głęboko", że wielki, zmutowany arbuz naciska od wewnątrz miskę miednicy, starając się wydrzeć przez odbyt niemalże, podciągnęłam kolano pod brodę, czekając na decydujące starcie.

– Rodzimy! – wypaliłam na pół oddziału. Nastawiona bojowo i naszprycowana epinefryną, zakleszczyłam dłonie o metalowe wykończenie łóżka, dając sobie możliwość większego doładowania kopa. Kiedy już wierzyłam, że muszę podołać sama, zamykając powieki, mocno fałdując je na gałkach i wsysając w płuca ostatnie, pełne podmuchy powietrza, do sali wpadł Grzesiek.

– No, dzień dobry – wystartował spokojnie i pewnie jak akwizytor, który w zanadrzu miał jeszcze: „Mają państwo chwilę, żeby porozmawiać o garnkach?", lub „Dwanaście pięćdziesiąt. Pani już da to trzynaście, nie mam jak wydać", i podciągając rękawy w zielonym surducie z maszyny na parterze, rozejrzał się po obecnych. – Ja jestem mężem tej pani, mogę? – zaczarował gremium, wskazując skinieniem głowy wolną przestrzeń przy łóżku, zaraz obok mojej głowy.

– Zapraszamy, rzutem na taśmę – dodała spode łba położna, trzymająca ręce między moimi nogami, w napięciu oczekując na wystrzał i hożo poruszając naciągniętą na usta maseczką z gumką.

Już dawno jego widok tak mnie nie ucieszył, dawno nie dodał super mocy. Jego obecność zdjęła mi z ust plastikowy worek. „Masz szczęście", pomyślałam. Złapałam haust powietrza. Żyję, oddycham. Zdążył. Chwycił mnie za rękę, zacisnął pięść wymownie na mojej i przysunął głowę do swojej piersi.

– Już jestem. Dasz radę – uspokoił sztorm.

O 12:17, dosłownie cztery minuty po tym, jak Grzegorz wpadł do sali i próbował sprzedać garnki, 10 marca 2016 roku powietrze rozdziera płacz małego chłopca. Z Ojcem i Matką wita się Jerzy. Od totalnej odmowy współpracy do ofensywy absolutnej przeszedł, nasz bohater, w dwie i pół godziny.

Patrzę na dziecko i wyciągam po nie ręce. Krzyczy. Sama ryczę, jak gdybym zapomniała, co to jest dorosłość i że emocje można trzymać na wodzy. Już nic nie boli. Przestaje. Odwracam się w lewo i zamiast twarzy męża widzę tylko czubek pochylonej w moją stronę głowy. Gęste włosy. Buzia zatopiona w dużych, odpowiedzialnych i spracowanych dłoniach dusi się i dławi. Płacze. Nie mamy kontaktu. To jest ten słynny przedsionek świadomości i punkt zapalny w dochodzeniu do tego, co się właśnie wydarzyło; punkt, w którym mamy prawo nie stykać. Nawet na krótką chwilę. Każde z nas na sobie subiektywnie wytyczony termin staje się wolnym, nieograniczonym i samowładczym podmiotem, który zmaga się z czymś wielkim, trzaska się ze świadomością i do niej dochodzi. W sobie tylko znanym tempie. Ramiona jego nie pozostawiają wątpliwości. Szamocą się bez rytmu i taktu góra–dół, odkrywając wszystkie karty, rozpracowując prezentowany stan zawodowo i z oczywistością. Jesteśmy do szpiku kości wzruszeni i przejęci. Czym były te wszystkie stany nienawiści, podłości i werbalne poszturchiwania przy tym, że właśnie kładą mi na brzuchu wypompowanym jak stary balon zza szafy, umorusane, lepkie i ciepłe tak bardzo życie. Trzymając własne dziecko, nieważne, czy jest to dziecko pierwsze, drugie czy piętnaste, doświadczamy wyjątkowo moralnego i wewnętrznego oczyszczenia, przed którego obliczem, żebyśmy nie wiem jak wysokie mieli o sobie mniemanie, stajemy się TYLKO trzymaczami kompletu rąk, nóg i reszty narządów. My, dorośli, obyci, zamieniamy się w małe, powyginane nad Nowością ludki, które z wypasionych i napuchniętych od pychy mózgów przechodzą w absolutny umysłowy miał – dokładnie w tyle, ile zajmuje nam zatrybienie. Zrozumienie, że obślizgły blob z zamkniętymi jeszcze oczami, którego do nas niosą, którego nam w tych wszystkich farfoclach, flegmach i plwocinach pokazują, to człowiek. Nasz osobisty triumf stworzenia, za którym trzeba będzie od dziś chodzić, którego trzeba będzie karmić, dla którego trzeba się będzie zmienić. Wtedy dowiadujemy się o sobie więcej niż przez całe życie, a wybrukowane do tej pory, do tego „tutaj", poglądy i przeświadczenia przestają się nawet zgłaszać do odpowiedzi jednym, wygiętym wskazującym. Nie ma na świecie piękniejszego uczucia i powodu do bezkarnego, bezwstydnego płakania na głos niż te. Porodówka to takie wyjątkowe miejsce, które widziało więcej szczerych, pozbawionych pozorów i blefu twarzy niż wszystkie konfesjonały razem wzięte. Dzień dobry, Synu. Fajnie, że już jesteś.

Nos jak groszek.
Rączka jak piętka chleba.
Jurek, ogórek, kiełbasa i sznurek.
12:17/10.03.16/4030/58

40.

Byliśmy sobie razem. Wszystko było nieznane i sztywne pomimo tego, że przecież nie dziewicze. Wiele można było o mnie powiedzieć, od wszelakich mnie wyzwać, ale słów „cnota" i „dziewica" to ja się starałam raczej unikać.

A więc byliśmy, tu skończyłam. To jakby usiąść na ławce na przystanku autobusowym obok człowieka, którego się absolutnie nie zna, a kocha nad życie i wie się, że trzeba go tulić, pieścić i całować, ale w związku z dopiero trwającym procesem poznawczym nie za bardzo się wie, jak się do tego zabrać. I czy wolno. Czy wypada. Czy – cześć, tu Mamusia, kocham cię, Chłopczyku, daj się trochę potarmosić – nie jest tak naprawdę nieważne i lekceważące teraz, kiedy ów Chłopczyk dopiero zstąpił na planetę jak Clark Kent w swojej muszelce, i to właśnie ten fakt jest jego egzystencjonalnym priorytetem.

Leżeliśmy w pokoju sami, z płaskim telewizorem na pieniądze zawieszonym w rogu. Ja i moje zawinięte w cztery koce burrito, w głębokiej nocy patrzyliśmy na siebie nieprzerwanie. Zero ojców, innych matek i wujka, który chce potrzymać, cioci, która musi zdjęcie. Tylko ja, mały Jurek i najbardziej romantyczne, wrażliwe, przeciągnięte spojrzenia w oczy. Zamiast starych, bzyczących jarzeniówek nad leżanką tliła się sympatyczna lampka z Kubusiem Puchatkiem. Na ścianach nie widać było wydrapanej widelcem apoteozy łódzkiego Widzewa ani riposty na działania NFZ-etu. Oddział po remoncie. Nie mogłam narzekać.

Atrybutami obowiązkowymi na oddziale poporodowym były fikuśne laczki, koszula z misiem, ewentualnie w kwiatki, rozpinana z łatwym dostępem do centrali, długa. Cycki długie, komplet jeden, nieodpinane – wersja teleskopowa, garb, czerwone oczy. Plecionka, okablowanie wokół ciała jak przy puszce telekomunikacji u teścia na klatce i chód pingwina z kopytami ściśniętymi w scyzoryk, który to chód w Ministerstwie Dziwnych Kroków zająłby zaszczytne miejsce. Oprócz wyglądu matek i ich charakterystycznych zachowań, do identyfikatorów porodówki należały jeszcze empatyczne salowe. Delikatne kobiety, „czule muskające" klapkami o szpitalne linoleum, doskonale rozumiejące przecież środek nocy, zmęczenie i to, że każda z nas przed chwilą wypchnęła przez dziurkę oponę od Jelcza.

11 marca 2016, godzina 4:47

Zasnęłam. To znaczy zamknęłam oczy. Funkcja czuwania nie pozwala na totalny odlot przez pierwszych kilka tygodni. Zgaszone światło i zaciągnięta niedbale roleta wpuściły wyrozumiale pomarańczowawe światło ulicznej latarni. Nagle z hukiem otworzyły się drzwi, pozostawiając metalową klamkę zatopioną w nowym tynku sali 119.

– OHESUS, Grażyna, ale ciemno! – Wyleciała pierwsza i jeb te halogeny w środku nocy, w pokoju jak jaskinia ciemnym, ścierą mokrą zdzieliła z podskokiem ułańskim, zostawiając mokry ślad. Moje źrenice jak u sarny na krajowej jedynce, która właśnie dostała reflektorem TIR-a po gałach i już wiedziała, że nie zdąży, skurczyły się w dwa wątłe paproszki. Bam! Mopem po wszystkich metalowych elementach wyposażenia. Sru! Była 4:50. Basia kijem w śmietnik za dziesięć punktów, zaraz za Basią Grażynka, do taktu badylem od szczoty po nogach łóżka. Kombo krzesłem o kaloryfer najwyżej punktowane. I patrzę, co robią, dwie wątłe istoty, a te szarpią wory ze śmietniczek jak policja Wiplera, strzepują odrywane dziko siatki z rolki, wymieniając pusty worek na pusty, ścierają mi kurze z Funaia, dając możliwość sterylnego oglądania powtórek „Rodziny zastępczej" lub rozdania kart Wróżki Semiramidy zaraz po piątej, gdybym jednak nie miała co robić, i pod nosem opowiadają, nie szczędząc decybeli, jak zwiał nocny na Barlickim dwa dni temu i jak Grażynka musiała wracać z kapcia.

– Odpoczniesz po śmierci – wyszeptałam w szorstką, ostemplowaną poszewkę, w którą ubrano kraciasty koc. W tle unosił się kurz bitwy o najlepsze oklepanie poduszki na oddziale i wyprasowane na szybko rozłożoną dłonią prześcieradło na łóżku, na którym i tak nikt nie spał. Jerzy, niewzruszony, nawet nie zafurkotał nozdrzami. Zaraz za dziewczynami do sali wpadła położna; nabuzowana po dwóch porannych kawkach i długim elemie linku zacwałowała w delikatnym jak radzieckie czołgi trepie. I jeszcze w drzwiach, z pełnym zrozumienia zdaniem, oddała wszystko, za co kochałam szpitale:

– GRZESIAK, KUPA BYŁA?!!

#SAMCUKIER

– Dokąd idziesz? – rzucił za mną pospiesznie, chybocząc się na starym drewnianym krześle w kuchni.

– Do kosmetyczki, na depilację.

– Auć – zaskwierczał i syknął jak kawał wytapianego boczku. Z miną schowaną w grymasie i bólu, dodał empatycznie: – Boże jedyny… I ona tak ci będzie rwała muszelkę? Na żywca? Pęsetą?!

41.

Do domu wróciliśmy w sobotę. W pokoju było pięknie i czysto, a w powietrzu unosił się zapach upranej w Loveli pościeli dziecięcej, woń nowego człowieka. Zapach noworodka powinni sprzedawać na chandrę we flakonach, albo chociaż powinno się go zamykać w malutkich słoikach i chować na później, kiedy jako stare konie pójdą za życiem i wracać będą tylko na święta. Albo żeby pożyczyć pieniądze.

Krysia poznała Jurka jeszcze na szpitalnym oddziale, kiedy razem z Tatą przyjechali nas odebrać. Emocjonalnie poradziła sobie zawodowo, nie odbiegając zupełnie od swoich dorosłych krewnych, a to, z jakim zaciekawieniem i przejęciem stawiała od drzwi maleńkie drepty, żeby po raz pierwszy go dotknąć, nie zmieściło się w skali słodkości. *Cuteness overload*, mój Boże. Siedziałam w oczekiwaniu na wypis w tych samych klapkach japonkach, w tych samych bawełnianych skarpetach wciśniętych między sznurki, i znokautowana nadmiarem wrażeń ostatnich czterdziestu ośmiu godzin, patrzyłam na dwójkę swoich dzieci. Z oczu kapała wata cukrowa i brokat.

Dom wyglądał jak skansen. Odgruzowany, czyściutki, wręcz jakby objęty nadzorem konserwatora ochrony zabytków. Każda łyżka, doniczka i kocyk starannie ułożone wpasowały się w swoje miejsca. Firanki skrzyły na biało, a z podłogi mogliśmy jeść. Ile razy kłóciliśmy się o bajzel i porozrzucane wszędzie ubrania, części domowego wyposażenia czy śmieci, sama już nie pamiętam. Ile razy, nie mając więcej cierpliwości do ponownych upominań, byłam gotowa zmienić podwórko, zostać singlem, ale dzieci. Jak spoiwo, klej kosmicznej jakości, trzymały nas obok siebie, nie dając tak łatwo odpuścić.

Patrząc na zastany horyzont, śmiałam się w duchu, licząc, ile mogłam stracić, przegapić i oddać zupełnie za darmo. Gdybym jednak postanowiła nie walczyć dalej, gdyby on postanowił, nie stalibyśmy tu i teraz, patrząc na zawinięty w becik, ułożony na łóżku mały naleśnik i jego siostrę, która próbowała zwrócić na siebie uwagę świecącym grajkiem na gumce. Tym razem przejęty i dumny nie zawiódł i pokazał, jak to jest być dla kogoś dobrym. W starym wnętrzu i otoczeniu niepomalowanych od kilku lat ścian, z rozwaloną roletą, zdekompletowanym zestawem garnków i nieszczęsną łazienką z lamusa, stworzył pałac dla mnie i dla dzieci.

Jerzy był za to wyjątkowo spokojnym noworodkiem, jakby w nagrodę. Nie płakał, lekko kwilił. Nie miał kolek, nie wymiotował. Dawał się kłaść na łóżku i patrzeć na siebie jak na kolejny cud świata. Surrealistycznie wynosił na ołtarze przekonanie, że porodzenie dziecka to jakaś nadprogramowa moc i plus dziesięć do socjalnego fejmu, a przecież dzieci rodziły się co sekundę tu czy tam, w Polsce, na Mauritiusie, w Berkeley i w Radomiu. Były wszędzie, jak małe pieski sprzedawane z pudeł, a jednak dawały swoim matkom to samo, niezmienne od lat, poczucie środowiskowej wyższości.

Razem z Jurkiem ciało opuściła chęć zabicia męża i nawet zaczęłam znowu kochać. Siebie, jego, dom, w którym mieszkaliśmy. Dużo myślałam, dużo patrzyłam, jeszcze więcej się przyglądałam i dostrzegałam. Doceniałam – już zupełnie na luzie, nie mając ochoty wyskoczyć z dziesiątego piętra albo rzucić mu się do tętnicy – że jest. Że mi przestał przeszkadzać. Że w sumie dobrze, że jest. Podziwiałam jego zaangażowanie przy dzieciach, włoszczyznę przyniesioną ze straganu i kuraka od chłopa jeszcze z opierzonym kuprem, bez ulepszaczy. Patrzyłam, jak skrobie marchew, i uspokajałam zszargane wcześniej nerwy: „No dobra, on jest w porządku". W codziennym zamieszaniu i w rzece przyziemnych czynności układałam z powrotem zburzone przez hormony klocki. Grzesiek po prostu nie mógł ode mnie nigdy odejść. Nie miał prawa mnie zostawić i to wcale nie dlatego, że mieliśmy dwoje dzieci. Nie dlatego...

Gdyby tak zechciał iść w cholerę i już nigdy nie wrócić – myślałam czasem, zawieszając wzrok na ścianie. Cholera, przecież ja bym cały rok jeździła na zimowych oponach – dochodziło do mnie. Za daleko miałam na strych, drabina się chybotała w każdą stronę. Już się tam widziałam. W klapeczkach prawilnie, nóżka za nóżką, taszczę te opony, spadam. Nogi połamane, ręce połamane, ja gips od pasa w dół plus ręce na wysięgnikach, dzieci płaczą, ja płaczę. I zrób tu komuś herbaty. Nie, mowy nie było, ja bym sobie bez niego nie poradziła. Albo ten płotek przed domem, co to się wiecznie rozklejał i odpadały z niego sztachety. Wyobrażałam to sobie. Stojącą w Grześkowej komórczynie, próbującą przedrzeć się przez hałdy złomu, kosiarek, pędzli, farb i innych rupieci w poszukiwaniu młotka i gwoździa, niosącą dobrą nowinę spod stłumionego światła żarówki na drucie, wywołującą imię jego nadaremnie i absolutnie nieprzychylnie.

Nie, to dla mnie za dużo. A poza tym – kończyłam dywagacje, schodząc z tematu opon – kto by mi te ryby na parze robił w połogu i brudne włosy całował, powtarzając, że jestem piękna. Kto by dzieciom głupie przyśpiewki na babcię sprzedawał i uczył, że „babcia zjadła kapcia". Kto by na kartce wydartego papieru po mojej osobistej stłuczce i przetarciu na marketowym parkingu napisał – „stukn**ąłem** Panu auto, proszę o kontakt", oszczędzając mi szowinistycznej dysputy i wskazówek, jak prowadzić samochód. Kto by im Kult śpiewał, kto Spiętego?

– Fajnie, że to wyrzucasz! – Przybiegł do mnie wyraźnie poirytowany. – Chyba będę zmuszony przejrzeć wszystkie inne śmieci. Za grosz szacunku do rzeczy! – Słyszałam wypuszczane pod nosem coraz ciszej zdania, kiedy oddalał się z powrotem do kuchni. – No, KURWA! – Tym razem podszedł wręcz agresywnie i z tym samym grymasem na twarzy zapytał: – TO TEŻ?!

Rozłożył przede mną dłoń, na której turlał się mały, krawiecki naparstek.

– Tak – zakomunikowałam zaskoczona, wycierając papierowym ręcznikiem kieliszki do wina. Całe dwa, które się w naszym domu ostały, też. Mam ich ze dwadzieścia. Po co ci naparstek?!

– Ty jesteś poważna?! – Zmierzwił swoje wikingowe, rude brwi i skitrał skarbek głęboko w skrzynce na narzędzia jak Smeagol.

– Kobieto, czy ty wiesz, ILE JA RZECZY MUSZĘ CZASEM DOPCHNĄĆ PALCEM?!

42.

W okolicach rozhulanej wiosny i porządnych majowych upałów Grzesiek zmienił kontrakt i zaczął dojeżdżać codziennie do Warszawy. Wychodził w nocy, wracał w nocy. Liczba historii dotyczących warunków pociągowego zakwaterowania i różnorodności gatunkowej pasażerów była cyniczna i druzgocąca. Miał dar przyciągania niedorzeczności, co w chwilach powrotów do domu niesamowicie ubarwiało szare życie, w którym tak szybko rzucono mnie na fale podwójnego macierzyństwa. W związku z sytuacja zawodową i koniecznością ogarnięcia się w rzeczywistości do tej pory abstrakcyjnej, spoczął na mnie obowiązek opieki nad obydwoma chrupkami bez żadnej taryfy ulgowej, ekstra matki na etacie czy choćby ciotki. Na samą myśl o pierwszych próbach podwójnego fotelikowania i ubierania dzieci na śnieg w puchówki kręciła się w oku łezka i to wcale nie taka ze wzruszenia, a klasyczne „mama, kupę!" chwilę po pełnym umundurowaniu w zimowe skafandry udowadniało, że dobrze czasem w życiu napić się alkoholu. Dużo napić.

Moja codzienność była wyreżyserowana co do minuty. Rano nie wstawałam o wyznaczonej godzinie, jak kazał budzik, ponieważ ogarniała mnie hibernacja, a samo siedzenie w domu z dziećmi dawało poczucie nieskończonego bezpieczeństwa. Przestawiałam drzemki minimum trzy razy, zanim oderwałam głowę od poduszki. Oprócz tego, że bezpieczniej, w domu nie było presji podołania, udowadniania, że z dwójką w pojedynkę to nic wielkiego, nie było obowiązku prostowania pleców dla cywilizacji, kiedy tak naprawdę z nadmiaru wrażeń i wyzwań wyrastał garb, a sama byłam bliska szurania nosem po asfalcie. W domu nie trzeba było grać jednostki społecznie sprawnej, matki utalentowanej, zorganizowanej, i nie kiwać jak małpa w cyrku głową wszystkim, którzy niby nie wprost, lecz z ukradka oceniali, czy się nadaję. Czy nie strzeliłam sobie w kolano decyzją o kolejnym dziecku tak szybko? Spóźniałam się więc, zasypiałam. Na własne życzenie wprowadzałam codzienny chaos i dezorganizację, tłumacząc się na okrągło dziećmi. Kolejno spędzałam Krysię z łóżka, karmiłam Jurka, próbowałam ubrać jedno i drugie jednocześnie, ogarnąć siebie. Odnosiłam wrażenie, że co mi akurat wyrosło przed nosem i wpadło w ręce „do zrobienia", to zostało zrobione, a co nie zaległo na wydeptanej ścieżce między sypialnią a wyjściem z mieszkania, ginęło w przepychu innych, bardzo istotnych kwestii, na które nie starczało dobry. Kwestii różnych, które usychały, gniły, zaczynały śmierdzieć. Potem. Wszystko na potem.

Kochałam dzieci bezgranicznie i bezwarunkowo, ale nie raz jeszcze, zanim opuściłam dom, zaczynałam walczyć z emocjami. Chwila wpięcia ich do samochodu i zamknięcia wszystkich drzwi jedynie na zatoczenie rundy honorowej wokół auta i zajęcia miejsca kierowcy była cichym ulubieńcem porannych eskapad. Patrzyłam zza szyb, jacy są piękni, uśmiechnięci i jak niewinnie machają rękami i nogami. Zupełnie dźwiękoszczelnie, czyli jak lubiłam najbardziej. Następnie wracałam, gotowałam, sprzątałam, dawałam się zobaczyć przestraszonemu Jurkowi w chwilach wybudzenia, śpiewałam, mruczałam, wyjmowałam nabrzmiałe od mleka piersi, karmiłam, biłam dobrem. Stawałam się oazą. Zaraz potem monsunem i ruchomym piaskiem. Kiedy zaczynali się przepoczwarzać wspólnie, na trzy cztery, jak z synchronizowaną menstruacją, z szelestem opadały mi ręce. Znowu zaczynałam płakać, tak po ludzku zmęczona. Resztkami sił kładłam ich spać, ponownie zmieniając się w dryfującą kłodę drewna na morzu spienionym bałwanami. Mamusią potrzebną, kochaną i bez dyskusji oddaną sprawie, znającą piosenki z przesłaniem i kręcącą na palcach blond loki. Kiedy uprzątałam pola bitew i obserwowałam w ciszy dwie buzie moich śpiących karaczanów, które w swojej kruchości, bezbronności i poczuciu bezpieczeństwa otwierały lekko usta, skraplając na poduszkę ślinę, myślałam: „Wow, przecież to jest coś pięknego. Stado". Mimo wszystkich wylewanych telefonicznie do słuchawki obiekcji co do równego wkładu w wychowanie dzieci, mimo wcale nieodchodzących sprzeczek z Grześkiem o to, jak bardzo powinnam doceniać, co mam, i odpuścić pretensjonalny ton, ten o ciężkości i niesprawiedliwości, mimo braku pary rąk do pomocy wyrastającej z dupy niemalże – patrzyłam na zaspaną konstelację powodów, dla których gotowa byłam zabić bez odrobiny zawahania. Rzucić się na każde wystawione poza granice kołysek łapy, działające w nieznanej mi intencji. Dzieci to wyjątkowo trudny sprawdzian z pokus, frustracji, fascynacji i cierpliwości, który nie pozostałby obojętnym testem nawet w najbardziej pacyfistycznych i stabilnych emocjonalnie głowach.

A najgorsza była presja. Nawet gdy dawali popalić i rozdzierali pełne pretensji gardła upominające się o swoje, kiedy Krysia kładła się na podłodze sklepu i waliła pięściami w kafle, a Jurek przebudzał się w foteliku i oznajmiał to charakterystycznym, furiackim rykiem,

to ja bym dała radę. Nie złamałabym się. Wewnętrznie podołała i nie dała się wyprowadzić na manowce, co za tym idzie – pokazała, co sądzę na temat tak uzewnętrznionego okazywania potrzeb i próby owinięcia sobie mnie wokół nieletniego palca. Ale te masy wokół. Armie zniecierpliwione, cmokające, patrzące wymownie w chwilach najtrudniejszych, oczekujące reakcji. Wywierające presję podjęcia kroków.

– No niech pani coś z tym zrobi. – Pary oczu patrzyły na prześcigające się w spazmach dzieci płaczące zupełnie bez powodu.

– No ileż można słuchać tego pisku. – Odbijały się miny zniesmaczone w kolejce do kasy, kiedy udowadniając córce, że nie zje trzeciego lizaka tego dnia, walczyłam przede wszystkim ze wstydem odbioru reszty drepcącej za nami kawalkady. Sapiącej w kark z pretensją: „Działaj! Reaguj! Uspokój tę hołotę!"

– A sami coś ze sobą, kurwa, zróbcie! – wyrywało się niepokorne serce, lecz usta zamknięte nie podejmowały dyskusji. Pakowałam mandżur z prędkością światła, cała spłoszona, a mury moje, fundamenty spokoju, waliły się jak domki z kart. Byle ciszej, byle zabrali ze mnie wzrok. Pękała bariera cierpliwości i zaczynałam popełniać błędy. Krzyczałam, wyginałam się nad dziećmi jak chora i frustracyjnie plułam śliną, nie nadążając otwierać ust do rodzących się w głowie ciągów zdań.

Presja była suką, matką chrzestną większości tragedii wychowawczych i kacem wyrzutów sumienia odnośnie do tego, jak mogłam dać się złamać pod naciskiem tych wszystkich płaskich, nietrójwymiarowych ludzi i tak po prostu ulegać? Za to Grzesiek, wracając na sam koniec zażegnanych wojen, wieczorem, stawał się wydarzeniem dnia. Rozpędzona Krysia przecierała skarpety, buksując kopytami w miejscu, kiedy migał w oknie parterowego domu. Później otwierał drzwi, wołał głośno: „Cześć! Jest tu moja córeczka?" i łapał w ramiona to, co się właśnie na nim zaczepiło. Tak graliśmy w dobrego i złego glinę, dzień w dzień to samo, niestety na moją niekorzyść. Mama wychowywała, zabraniała, dawała ultimatum i groziła palcem. Tata... Tata się bawił i podrzucał pod sufit.

– Jak było dzisiaj w żłobku? – pytał obowiązkowo, chcąc stanowić w życiu dzieci filar.

– Dobrze – odpowiadała zupełnie niewinnie. Jakby dwadzieścia minut temu nie zakończył się właśnie mały, przydomowy blitzkrieg, jakbym wtedy właśnie nie zamknęła się w łazience, płacząc w ręcznik i wrzeszcząc: „ZA CO?!". Anioł, pozorant z alter ego bardziej lubianym, spokojnym, grzejącym u Tatusia w objęciach stabilne, niczym niezagrożone miejsce, patrzył na mnie wymownie, chcąc się upewnić, że było, ale minęło.

– A Tato? – zaczęła już pełnoprawną konwersację, bawiąc się guzikami od jego koszuli. – Dzisiaj w żłobku na leżakowaniu Mati pokazał mi siusiaka...

$E=MC^2$
BO MURZYN MA CZARNEGO

Można tomy napisać i starannie szyć wyjaśnienia, kiedy dziecko wchodzi w okres „a dlaczego", a ty, starając się zachować kamienną twarz i przeprowadzić chłonną głowę przez almanach wiedzy wszelakiej, odpowiadasz z sensem. Łapiesz łańcuch przyczynowo-skutkowy. Starasz się.

Można też łykać jak cukierki leki uspokajające, żeby mieć cierpliwość na naukowe wyjaśnienia przełomowych w życiu dziecka zagadnień: „Dlaczego zrobiłaś mi kanapkę?", „Po co mi dwie kitki?", „Dlaczego pies robi drugą kupę na tym spacerze?", „Nie jemy piachu spod buta?", „Dlaczego nie chcesz zjeść mojego gila?", „Czy w Dniu Kobiet wolno prykać?" – a i tak szarpnie tobą jak szatan, kiedy na kolejne pełne sensu wyjaśnienie padnie osiemdziesiąte drugie „A dlaczego?". Żeby nie wiem jak długo walczyć z moralnością i chęcią sprzedawania samych głębokich wartości, żeby nie wiem jak pacyfistyczną naturą się firmować i jak konsekwentnie walczyć o przesłanie, gdzieś tam na końcu, na kresie stanie:

– Bo Murzyn ma czarnego.

43.

Czas nie znał dla nas litości. Dopiero błagaliśmy o cud i rozwiązanie, dopiero marzec, płaszcz na troczek i uciekające koło od wózka, a tu już lipiec, spakowany taki pierwszy opel na tydzień lambady i wyjazd z dziećmi nad jezioro.

W wypadach dalej niż do Matki firmowała nas nieodparta cecha przebierania auta w straganowy wehikuł do sprzedawania włoszczyzny i ziemniaków z bagażnika. Jak Karyna i Sebix cięliśmy szosy z szybami zasłoniętymi przez kolorowe torby plecionki, racząc się odgłosami włączanych na każdej dziurze zabawek z melodyjką. Mała astra w gazie, zapakowany na dach bagażnik z demobila niejednokrotnie otwierający się przy silniejszym wietrze i wciśnięte na tylną szybę dmuchane piłki w ciapki dawały niepohamowane uczucie, że śmierdzi od nas cebulą. Zanim zdążyliśmy rozpakować worki, zanim docelowo strzeliły metalowe zawleczki na puszkach zmrożonych piw wydartych z zapasów, wystawialiśmy głowy przez uchylane na kołowrotek okna i wąchaliśmy wolność. Przyrzekłabym, że wtedy właśnie przebiegało po mnie uczucie spełnienia. Szczęście w najczystszej postaci.

Wakacje nie bywały już takie jak kiedyś. Nie były zlepkiem wydarzeń zahaczających o godność i pozbawienie życia, nie urywały filmu na każdym zakręcie i były zmuszone budżet podzielić między jedzenie i picie, a nie jak wcześniej – między alkohol lekki i mocny. Do tego galopująca, postępująca dojrzałość nie tolerowała już głośnego słuchania techno puszczanego z kaseciaka u sąsiada na kampingu obok, do którego tekstów urywających łeb i odbijających śledzionę definitywnie nie pisał Jacek Cygan:

Taka, kochani, chodzi legenda. Mama wysłała Hejzela do sklepu po ser biały. Przyniósł żółty. Mama się pyta – dlaczego żółty? Dlaczego?! – BO NIE MA BIAŁEGO!!!

Wchodził bas. Na całym ośrodku wczasowym wchodził BAAAAS. Facet niewiele młodszy ode mnie i Starego na hasło „NIE MA BIAŁEGO" dostawał wzwodu. Rzucał się jak poparzony w okularach przeciwsłonecznych, z wiotkimi nogami i rękoma bez kontaktu z bazą. Siedząc naprzeciwko dosyć poważnie – wakacyjne gremium jak akademicka Magnificencja w gronostajach, siorbiąc Perłę Export ze szklanki, krztusząc się starannie zamarynowanym „ę bątą" w miodzie kawałkiem karkówki – próbowaliśmy słuchać Tomasza Organka. Tarzanie się po trawie odebraliśmy jako dość osobliwe hobby. A przecież nie dalej jak dwoje dzieci temu pieczołowicie prowadziliśmy dochodzenie do tego, kto nam się zlał na namiot w Mielnie i czy picie wódki z urżniętej butelki zamiast kubka, na masce starego BMW, jest dopuszczalne.

– Jezu, ale dudni – odezwała się poczciwa dusza ze starczego okrętu spokojności, naciągając rozpiętą połę bluzy na klatkę piersiową.

– Martynko, no dudni, tam się ludzie bawią – podjęłam, zakładając skarpety frotte do sandałów, z nogą założoną na nogę. Nieroztropnie przeżyte chłodniejsze wieczory sponsorowały zapalenie pęcherza, anginę, gila. – Nie wiem jak wy, ale ja idę na „Fakty" – dodałam i przeniosłam projekt relaks na teren pokoju.

„Fakty", ja pierdolę, zabijcie mnie od razu. Razem z zajęciem macicy, drugim kredytem hipotecznym i planowaniem opłat za AC i OC zmieniło się więcej niż tylna kanapa zajęta przez dwa foteliki samochodowe. Byliśmy spokojniejsi. Mądrzejsi. Siwsi. Jedliśmy więcej karczku niż kiełbasy. Tanie podróby Coca Coli nie smakowały nikomu, nawet w największej potrzebie, a do głosu dochodziły takie fanaberie jak Jack Daniels. Wieczorami wychodziliśmy na spacery, sącząc ulubione trunki przez słomki. Zaczęliśmy doceniać ciszę i spokój leśnych zakrętów, a fakt małego zainteresowania ludzi ośrodkiem oddalonym od cywilizacji w stopniu znaczącym stał się nieopisanym atutem. Dzieci zabieraliśmy wszędzie. Na każdym kroku i w każdej chwili towarzyszyły nam dwie mordeczki.

– Tu usiądźmy. Chodźmy na molo. – Wskazałam drewnianą kładkę, na której siedział wędkarz. Opatuleni w koce, wyjątkowo ospale i bez zadęcia spoczęliśmy zaraz obok kija, wodząc wystawionymi paluchami za ganiającymi się ważkami. Śpiącego w chuście Jerza wyciągniętego z supłów i kokardek położyliśmy między nami. Mały wykąpany, najedzony i wycmokany po tyłku od A do Z dzieciak ubrany w za dużego pajaca po siostrze spoczął między Matką i Ojcem na drewnianych deskach nadbrzeżnej rampy. Z głową ulokowaną na piankowym klapku zamiast poduszki i zawinięty w czarną kurtkę harringtonkę spał nieprzerwanie, wsłuchując się w nadjeziorne echo. Ciszę. Żaby. Był nieskazitelnie piękny, bezbronny i zależny od woli starszych. Kruchy jak jajeczko.

Pociągnęłam przez słomkę w żółte paski łyk spienionego piwa z sokiem malinowym. Odstawiłam plastikowy kubek przed kolanami skrzyżowanymi po turecku, wzrokiem odprowadzałam Krysię bawiącą się na brzegu łopat-

ką i wiaderkiem. Wyciągnęłam aparat, zrobiłam chłopcu zdjęcie. Przeglądając na szybko efekt spontanicznego naciśnięcia spustu, dowiedziałam się, a właściwie upewniłam, dlaczego uważam i wyrabiam w sobie to subiektywne, egoistycznie uwielbione uczucie, że dobrze chowamy, sprawdzamy się i – odważę się stwierdzić – dzieci są przy nas szczęśliwe.

Nieważne było, co kto do ucha szeptał, kto doradzał i karcił odważnie lub nie, anonimowo lub zupełnie spersonalizowanie. Nie brałam tego na klatę. Szkoda prądu na wszystkie obce habilitacje. Nie brałam słowotoku żadnego, nie zastanawiałam się nad frazesami o konsekwencjach, bo tak oto, o najmądrzejsi wszyscy, leżał przede mną na drewnianym mostku Syn miesięcy cztery, zawinięty w skinheadową kurtkę, pod głową tani laczek, i spał. Kapeć zamiast poduszki i bandycka kapota wokół pasa, a mimo to wewnętrznie czułam się kosmicznie spokojna i wiedziałam, że jest dobrze.

Życie w zgodzie ze sobą było rześkie dla głowy. Życie niepróbujące się dostosować było łatwiejsze. Może leniwe, niereprezentatywne, ale jakie proste.

– Mama weźmie Młode na noc. Idziemy do kina?

– Na całą noc? Ja to bym się przespał…

44.

Legendy miejskie głosiły, że na każdą, nawet najbardziej wyboistą ścieżkę partnerską i wychowawczą w pewnym momencie zstępowały z nieba posiłki w postaci dziadków. Dzieci przejmowała instancja wyższa, a ludzie łapali okazje miziania się po dłoniach nad światłem świec, z przygrywającym za plecami Bryanem Adamsem. Jedli tagliatelle bez dzielenia go między otwarte na wysokości kolan dzioby i – co ważniejsze – jedli ciepłe. Po prostu wychodzili gdzieś tak, żeby co dwie minuty nie oglądać się za siebie i nie stawiać przecinków w zdaniach, jak z zespołem Tourette'a: „Chcę cię widzieć!", „Wróć!", „Nie liż chodnika!!!", „Wyjmij bratu kredkę z ucha!!!". Życie z dwójką mikronów, umęczenie i coraz częściej powtarzające się w przydomowej przeglądarce internetowej hasło „jak upozorować samobójstwo i wyjechać na Baleary niezauważonym" doprowadziło do łaskawości babci, która dostrzegła kruszące się już w kącikach oczu pęcherze, zmarszczki i plamy. Dostaliśmy przepustkę do kina. Mój

Boże, chwalcie narody. Pepsi z syropu, popcorn, „muszę siku" jeszcze przed ostatnimi napisami i najczarniejszy sen socjopaty, czyli porządne tarło o kolana innych oglądających, będące następstwem, a fu, pełnoprawnej rozmowy:

– Przepraszam. Przepraszam. Przepraszam. Mogę przejść? Przepraszam... przepraszam...

– Proszę.

– Dziękuję.... Przepraszam. Przepraszam

O organizacji wyjścia nie było mowy. Byliśmy dość usatysfakcjonowani, kiedy udało się dostać na czas do teścia na obiad, kiedy pranie nie wysypywało się z kubła tak, że nie można było swobodnie otworzyć drzwi od suszarni, kiedy ziemniaki na obiad gotowały się na gazie jeszcze przed 18:00. O starannym doborze filmu i kontemplacji nad treścią mogliśmy pomarzyć. Wychodzenie z domu było akcją zrywczą, nagłą, stawiającą na pospolite ruszenie, w której im szybciej, tym lepiej. Zanim babcia albo dzieci pozmieniałyby zaplanowany porządek dnia, ktoś się zesrał na rzadko, rozpłakał albo po wstępnych akcjach opętańczych pociech, wyznaczony opiekun przypomniał sobie nagle, że jednak nie może z nimi zostać, bo musi przeczytać *Potop*, przemalować garaż i wypolerować rodowe srebra. A w ogóle to boli go noga.

Zdecydowaliśmy się wyjść w okolicach 20:30.

– Na pewno coś będzie – odpowiedział spokojnie Małżonek, zakładając kurtkę, i zaprosił do samochodu, notorycznie ziewając.

– Stary, weź nie ziewaj – dodałam, poprawiając usta czerwoną szminką. Zmarszczyłam brwi. – Trochę taktu, może więcej ekscytacji, co? Pragnę przypomnieć, że taka chwila może się długo nie powtórzyć. Sobota! Weekend, człowieku! Cieszmy się tak, jakby nie trzeba było wracać – skończyłam, spryskując kark tanimi perfumami.

Grzesiek podskoczył ze sztucznym uśmiechem, przybijając piątkę piętami, i pomachał dziatwie na dobranoc banknotem stuzłotowym.

– Dokąd idziecie? – zapytała, łapiąc znany nam dół, Krystyna, a kwestia odpowiedniego odbicia tej piłki dawała szanse na ewentualne dalsze powodzenie akcji. – Do pracy. Idziemy do pracy – odpowiedział Tatuś, szarpiąc mnie za ramię. Posyłając całusa, zamknął drzwi. Przedłużanie pożegnań zawsze źle się kończyło. – Chodźmy już, poważnie – dodał na dworze. – Zanim usłyszysz, że ryczą, bo zostaniesz pocieszać i nic z tego nie wyjdzie.

To był pierwszy wypad od narodzin Jurka. Ekscytacja porównywalna do tej nocy przed komunią świętą i pierwszym rowerem typu góral. Podskakiwaliśmy na wytartych siedzeniach jak nastolatki. Grzesiek podkręcił radio na cały regulator, z głośnika ryknął Krzysio Krawczyk, szaleństwo! Zawieszony na wstecznym lusterku Wunderbaum kręcił się wokół własnej osi i szarpał na każdej złapanej dziurze. Tak bardzo wolni, tak bardzo młodzi, gniewni, yeaaaah! Miasto, patrz na to!

Po dwóch zakrętach i z wiejącym na twarz ciepłym powietrzem samochodowego ogrzewania, z intensywnym zapachem żółtej choinki kupowanej na szybko na Orlenie, łeb zaczął mi się niepokojąco chwiać, a z ziewaniem wtórowałam na całego i coraz poważniej roztrząsałam temat, czy aby na pewno musimy iść do kina. Czy by tej kilkugodzinnej wolności nie wykorzystać w inny sposób, nie wiem, zaparkować auto w krzakach i iść spać bez przerywania. Tak trzy godziny ciurkiem. Kuszące. Grzesiek, przecierając oczy rękawem i starając się nie wjechać w latarnie, uchylił okno i wykonał kilka kontrolnych rozszerzeń powiek.

– Chryste Panie, ścisz to – syknął zza kierownicy, kiedy za Krzysiem wrzucono na falę Skrilleksa. – Nie mogę się skupić, jak chechła, nie wiem, na pilarce kątowej brzeszczotem, co to w ogóle jest? – Zabrzmiał powiewem świeżości, definitywnie gubiąc wcześniejsze podniecenie.

Dojechaliśmy do kina. Stanęliśmy w kolejce do kasy. Tak jak i reszta miasta. Idąc za głosem serca i pielęgnując hipsterską modę na spontaniczność, nikt nie zarezerwował miejsc. Stojąc z Grzesiem na końcu sznurka desperatów wybierających seans po 21:00, próbowaliśmy sobie przypomnieć dlaczego: a) nie śpimy w samochodzie pod wejściem właściwie, b) odeszliśmy od staropolskiej tradycji rezerwacji. Patrząc na siebie posępnie, z rękoma włożonymi w kieszenie, skinęliśmy jedynie głowami w smutku, a Grzesio dodał hartujące osobowość i odbiór rzeczywistości, stare dobre:

– Nożeż ja pierdolę.

– Dobra, nie poddawaj się – pocieszałam – najwyżej nas posadzą na odwróconych wiaderkach po kiszonej kapuście w tym przejściu między ekranem a pierwszym rzędem, albo ciebie gdzieś samotnie w rogu na górze, a mnie po przekątnej na dole. Nie wyjdę stąd. Za długo na to czekałam.

Dostaliśmy ostatnie dwa siedzenia w trzecim rzędzie na film, który przez większość czasu podejmował temat kopulacji. Dwie godziny z łbem zarzuconym na szyję patrzyliśmy, jak się ludzie szturchają. Po pierwszej scenie smagających od tyłu goły kuper głównej bohaterki dużych jąder jakiegoś pana z wąsem Małżonek poprawił się w fotelu i jakby ochoczo przystąpił do pochłaniania fabuły. Senność odeszła niepostrzeżenie. Na kolejnych scenach też się poprawiał, prostował i wytężał wzrok. Zupełnie inaczej niż w Teatrze Wielkim na *Strasznym dworze*, na którym po prostu usnął. Zresztą, i ja nie byłam bez skazy. Przed pierwszym aktem piłam czerwone wino, a przed trzecim raczyłam się już podwójnym espresso. Na tej podstawie można by uszyć z nas kulturowych ignorantów, ludzi o bardzo małym rozumku, ale kto posiadał dzieci i zmuszony był służyć im od rana do nocy, ten wiedział, że ciepłe pomieszczenie, przygaszone światło, wygodny fotel i trzygodzinny sopran pokonałyby mamuta, a takie kombo zaliczało lepsze pierdolnięcie, niż popijanie leków wódką.

Tym razem żadne z nas nie zmrużyło oka. Dwugodzinne podziwianie kreatywności łóżkowej Polaków i zażenowanie budujące w widzach nieopisaną żądzę spowodowało, że z każdej opuszczającej salę kinową twarzy można było wyczytać plany na resztę wieczoru. Z każdej, która po powrocie miała wolne łóżko, nie dzieliła się z resztą stada materacem i mogła spokojnie paradować przez salony z opuszczonymi majtkami. Grzesio też wyraźnie poczerwieniał. Pokonując korytarze wyjścia ewakuacyjnego, przestępując z nogi na nogę, pytał jak zacięty:

– Noo, jak ci się podobało? BO MNIE BARDZO. Tobie też tak mocno? Mnie na maksa, akcja za akcją, pach pach pach…

Trudno, żeby było inaczej, skoro znaczna część seansu zahaczała o sypialnię i gimnastykę artystyczną, a tematy okołołóżkowe przykuwały uwagę męża jak nic innego. Po powrocie do domu i zwolnieniu babci wyraźnie podejrzanie dreptał za mną, zanim padłam zakopana w pościeli. Walczył na różne sposoby, ale ekstremalnie późna godzina i powieki cięższe od stali pokonały umizgi w przedbiegach. Przez kilkanaście minut ogłuszającej ciszy i oślepiającej czerni nocy, przyciągając moje plecy do swojej klatki piersiowej, mruczał do ucha:

– Misia?

– Mm?

– A ty wiesz, jak mój kumpel z pracy nazywa łóżko?

– Zmień płytę Grzesiu…

– Tak śmiesznie, powiedzieć ci? – drążył.

– Nie.

– Jebodron – wyszeptał tonem Krystyny Czubówny, z wyraźną nadzieją na zmianę frontu. – Fajnie, nie?

– Świetnie – oddałam – tak nieprzewidywalnie i nieprzeciętnie oryginalnie. Śpij.

Grzesio był inteligentnym człowiekiem. Zajmował się poważnymi zadaniami w pracy i firmował się szeroko rozciągniętym szacunkiem wśród kolegów. Był poważnym ojcem dwójki naszych dzieci i stateczną głową usadzoną na porządnym trzonie. Lecz w każdej kropli krwi nieprzerwanie od lat płynęła cząstka gimnazjalisty. Powiew pierwszej erekcji i świerszczyków upychanych w kanale wentylacyjnym łazienki rodziców. Dokładnie więc dobę po poruszającym seansie i walce z tłumem multipleksu ryknął na mnie w samochodzie stanowczo, tak po męsku, że on to wszystko przemyślał, że to nie może tak być i w ogóle. Że koniec. Że musimy…

… my musimy kupić sobie wibrator.

– Tak, wibrator – powtórzył przekonująco, machając przed oczami ściągniętym z Internetu zdjęciem wielkiej plastikowej ręki z wystawionym na sztorc grubym palcem wskazującym. – Dobrze usłyszałaś. Myślałem o takim, patrz – kontynuował, maltretując pikselozą z krzywym paluchem. – Najwyżej jak ci się nie spodoba, to dzieci wykorzystają w szkole. Podobno można nieźle ściągać na sztuczną rękę… tak słyszałem – gadał nieprzerwanie, a poważne dotąd oblicze, martwe i bez emocji, zaczął rozjaśniać delikatny uśmiech dążący do kapitulacji. Jeszcze chwilę próbował o bolcu i potencjalnych zastosowaniach awaryjnych, o drapaniu po plecach, dłubaniu w nosie i przycisku do papieru, zanim zakrył twarz ręką i wyleciał w powietrze własnego śmiechu. Sułtan sucharów.

– Stary, a głupi… – Machnęłam ręką na gotujące się policzki i rozlany rumień. W tle przygrywało miarowe tykanie kierunkowskazu czekającego na zmianę świateł. Kiwałam głową z politowaniem w jego rytmie. – Czy ty kiedyś wydoroślejesz?

– Nigdy! – zawołał Grzesiek spontanicznie, robiąc durną minę. – Dorosłość jest przereklamowana.

Sierpień 2016, rocznica

Wyjechaliśmy na weekend do Lublina. My i nasze dwa dorodne owoce miłości. Nie to, że tak bardzo potrzebowaliśmy ich obecności, aby smakować związek. Nie. Nie mieliśmy ich z kim zostawić.

Młodzież na wyjazdach nastawionych na seks to taki urozmaicający wypad przecinek. Kiedy na przykład o czwartej rano, po cichym współżyciu w łazience, otwiera się na kiblu paczkę kiełbasy, delikatnie niczym snajper bombę, żeby tym papierem nie obudzić połowy miasta, a spod puszystej, białej kołderki drogiego hotelu na starówce, jak, kurwa, radar NASA, satelita albo surykatka, wyłania się głowa, zaspane oczy i twarz z odciśniętym guzikiem poszewki, i pyta czujnie:

– CO JESZ?!

Jest 4:15. Siedzicie już we czworo, opierając się o piękne, romantyczne wezgłowie łóżka. Kontemplując ciszę lubelskiej nocy, pochłaniacie rodzinnie paczkę kabanosów z szynki i prażynki.

45.

Kobiety były, są i będą bardziej skomplikowane, niż im samym się wydaje. Patrząc na absolutnie szary, normalny, bezekscesowy dzień i na to, co przy nieodświętnym i pospolicie prostym obrazku przyszło mi dzisiaj do głowy, stwierdziłam, że panie są chyba namiestnikami sił wyższych na ziemi, a jedną z ich ponadprogramowych cech jest obowiązek analizy każdej sytuacji. Stanów rzeczy wydarzonych, przypuszczalnych, niemożliwych wręcz do zadziania, ale będących potencjalnie możliwymi. Snucia hipotez, scenariuszy, domniemywań, eksploracja wyjść awaryjnych, kalkulacja. Czy starczy mleka do rana, czy gaz nie zdrożeje, czy jabłoń w ogrodzie nie za stara i czy da radę podczas kolejnej burzy, nie kończąc koroną na stole w kuchni. Czy nie umrę na raka, a co ja właściwie zrobię, jak zachoruję na raka, prawda? Wszystko. Kobiety rozpracowują wszystko. Kiedy przychodzą na świat dzieci, zdolność do mielenia piachu na drobniejszy mnoży się i potęguje. Tryby puszczają spawy rozgrzane do czerwoności. „Co zrobię, jak...", „Czy wiem, co kiedy...", „I co teraz...?" do porzygu. Mózg rozjebany. Doszczętnie.

Tamtego sierpnia Grzesiek pracował w ogrodzie. Kosił trawę nową kosiarką, którą kilka miesięcy wcześniej zamówił przez Internet. Tą samą, przez którą nie odzywaliśmy się do siebie przez kilka godzin, kiedy zmaltretowana ciążowym tonażem, żniwami hormonalnych zamachów i obecnością hiperaktywnej starszej siostry nienarodzonego jeszcze potomka prosiłam o pomoc w przygotowaniu jej do spania. Tą samą kosiarką, która przywitała mnie, kiedy pogięta w paragraf, sapiąca jak stara lokomotywa spalinowa zaczęłam rozkładać łóżko, szukać piżamy i ulubionego małego misia od babci Oli, a którą to Grzegorz, przepraszając priorytety, ładnie rozstawił, wyjął z kartonu na środku pokoju i zaczął skręcać przy czołówce z „M jak miłość". Dzisiaj nią kosił, pielił, szarpał bluszcz tępymi nożycami i pakował w worki na śmieci.

Słońce nachalnie opalało twarze i wytapiało nadmiar tłustej tkanki. Zwilżało fałdki, obcierało uda, pociło włosy, wywierało nacisk na chęć zdechnięcia na trzy cztery. Środek lata atakował parantelę agresywnie. Jurek, leżąc na kocu pod kusą śliwą, wodził wzrokiem za cieniem małych listków, odruchowo mrużąc oczy, kiedy strzały światła przedostawały się przez gałęzie. Krysia waliła łopatką w wiaderko pełne ziemi, stawiając pokraczne babki. Usiadłam w starych, spranych gaciach na chłodnym stopniu przydomowej sieni, skrzyżowałam wyprostowane nogi i obserwując normalność, bezczyn i jakby hibernację, zaskoczyłam Grześka tokiem własnych przemyśleń.

– Stary… – zaczęłam spokojnie, flegmatycznie, trochę zgaszona wysokością temperatury. – Co byś zrobił, gdyby Jurek był gejem? – Dokończyłam zdanie, nie mając pewności, czy to jedynie myśl taka przebiegła w głowie, czy faktycznie wypowiedziałam to głośno.

– Nie wiem – odpowiedział jakby od niechcenia, szarpiąc krzaki – chyba byłoby mi trochę szkoda – kontynuował, po czym stanął, obtarł mokre czoło przedramieniem i spojrzał na moją skwaszoną gębę schowaną głęboko w cieniu domu. – Rozumiesz? Szkoda – zaakcentował.

– Dlaczego? – dociekałam, już lekko poirytowana. Osobiście oczekiwałam akceptacji dla wszystkich egzystencjalnie trudnych pomysłów naszych dzieci. Niepokoił mnie taki ton. Niepokoił mnie ukryty w tym „szkoda" światopogląd. Płytki, homofobiczny i kutasowy, jeśli mam być szczera. Nic innego nie przychodziło mi do głowy oprócz oburzenia.

– Szkoda, bo tak to bym sobie chociaż jeszcze popatrzył na jędrne ciałko, jak się już pomarszczysz, zeschniesz jak rodzyna, a między cycuszkami zamiast wisiorka schowasz pępek. A tak to na co ja popatrzę? – dodał, oblekając twarz w zdradziecki, złośliwy uśmiech.

– Dureń – sapnęłam pod nosem, kręcąc głową z politowaniem i zawieszając wzrok na dzieciach i topiącym się w skwarze ogrodzie.

– Co mówiłaś? – oddał znad koszonej trawy i warkotu spalinówki, jakby mnie nie słyszał, a słyszał doskonale.

– DUREŃ!!! – powtórzyłam, zwijając dłoń w trąbkę i przykładając do ust, aby podnieść jakość przekazu.

Podciągnęłam kolana pod brodę. Pociągnęłam porządny, orzeźwiający łyk wody z listkami mięty. Kostki lodu wpadły mi do gardła.

– A ja co ja bym właściwie zrobiła? – wyszeptałam powoli.

Gdyby przyszła do mnie i powiedziała, że jest lesbijką, na pewno wstrzymałabym oddech. Nie spodziewam się, by mnie to w ogóle nie wzruszyło. Za duży kaliber. Życie przecież dla tych dzieci mam, jakieś plany snuję. Jak każdy. Każdy. Poprosiłabym „powtórz", zrepetowała „ale na pewno?", usiadła na schodach. Na tych samych, na których teraz nacieram się kostką lodu w upale z kosmosu i myślę. Myślę tak, aż mi z czachy dymi. Zapaliłabym papierosa, nie paląc wcale, i wypiła trochę wódki, chociaż specjalnie za nią nie przepadam. Serce? Już teraz słyszę, jak mocno wali. Nie codziennie przecież przestawiam auto za dom, kiedy zawsze parkuję pod bramą. Zawsze. Zamyśliłabym się, może poszła na spacer, przejrzała zdjęcia od początku, oswoiła się. „Córcia, przecież ty zawsze będziesz moja", dodałabym finalnie. Później przytuliła do siebie, do starego swetra, który nosiłabym zimą, i siły w sobie uzbierała, żeby powiedzieć jej „dobrze". Chyba. Co ja tam wiem o sobie właściwie, dopóki się nie stanie, dopóki mną nie potrząśnie. Nic. A Jerzy? Ta masa cukrowa, co się właśnie bawi paluszkami w plamach światła? Gdyby wspomniał kiedyś dla przykładu, że nie będzie już chłopcem i chce iść w sukienki albo że wypcha sobie stanik skarpetami na wuefie. Chryste Panie. Podparłabym głowę dłonią, zapatrzyła się w kąt. Oczy otworzyła szeroko, gapiąc się na czajnik. Wysuszyła źrenice. „Daj mi pomyśleć", powiedziałabym mu pewnie.

– Taki ty to pewnie bardziej ty niż jakikolwiek poprzedni – recytowałam pod nosem tu i teraz, patrząc na zawinięte w pampersa dupsko leżące na trawniku. Dałabym radę, siły skumulowała, choć nie ukrywam, byłoby ciężko. Ekstremalnie.

Bo tu nie ma takiego „niemyślenia", nie ma „po co drążysz?" i „o masz, ty to zawsze". Mózg matki staje się zakładnikiem istot, które wydaje ciało, i domaga się, żąda wręcz odpowiedzi na każde, hipotetycznie nawet stawiane pytanie. Rozsądny mózg przestaje fantazjować, że świat, w którym żyje, jest tym czystym i przejrzystym, który zawsze chciał tworzyć, i wyzbywa się złudzeń nawet kosztem niesmaku w ustach. Że sielankowy obrazek potomstwa z własnym potomstwem pod pachą, ich jedynie dopuszczalna wersja orientacyjna i światopoglądowa są lotne. Ulotne. Kruche jak te maleńkie suszone kwiaty wyciągane po latach spomiędzy pożółkłych stron słowników ortograficznych PWN. Zaczyna się roszada rozsądku, miłości, moralności i potencjalnych wyrzutów sumienia. Czy taki matczyny foch na wieczność miałby w ogóle prawo bytu w obliczu świadomych wyborów – również seksualnych – dzieci, które to – niezależnie od końcówki w spodniach i płci ręki ściskanej we własnej – rodziliśmy, chowaliśmy i którym kibicowaliśmy. Przecież nie miałabym prawa, no bo jakby inaczej? Szaleć za nimi mniej niż teraz, kiedy są światopoglądowymi amebami i lubią ssać palec albo sznurowadło od zdartego trampka? Czy kiedykolwiek śmiałabym pokazać palcem jedyne w mojej percepcji słuszne wyjście z sytuacji i w związku z wyborem okna albo komina – przestać być gotową oddać za nich życie? Pewnie nie.

– A ja bym chyba zaprosiła na obiad – odpowiedziałam na niepostawione wtedy przez męża pytanie. – Wiesz no, umarłabym z niepewności, zwymiotowała z nerwów... Pewnie poprosiłabym, żeby się nie całowali. Chociaż przez okres mojej inicjacji. – Zmarszczyłam czoło, walcząc z odruchem. – Albo wcale, niech się nie całują wcale, nie wiem. – Umilkłam na chwilę, zaczepiając wzrok na tych dwojgu. – Ale obiad bym im zrobiła. Próbowałabym dojść do ładu najkrótszą drogą, żeby życia nikomu nie zmarnować. Przecież oni są moi, Grzesiek. W skórze ptaka, z nosem kota, z miłością taką czy inną. To ze mnie wyłaziło tyle czasu i tam mieszkało głęboko...

– Wpisz mnie na listę obecności – dodał już dużo poważniej. – Też chętnie wpadnę na ten obiad.

46.

Rok zataczał kolejne koło. Stawiał przed nami nowe wyzwania i spory. W sobie tylko znanym tempie osuszył liście drzew dookoła domu i zwiądł trawy. Wrzesień, październik, listopad. Dni zaczynały się robić krótsze, chłodniejsze, sprzyjające miłostkom i przytulaniu. Była od zawsze w jesieni siła, którą doceniałam. Ta sama, która przeszywającym chłodem i dobitną szczerością swojego usposobienia – niemiłego, szarego i niekoleżeńskiego – goniła ludzi do domów i wpędzała sobie w ramiona. W koce. Zanurzała nosy w gorących kubkach herbaty z cytryną i miodem. Powroty po dniach pełnych wrażeń i wspólne seanse pod kołdrami ubranymi w różne kolorowe poszewki sprawiały radość i mimo standardowych wojenek zbliżały, ucząc szacunku. Że jest dom, co do gęby włożyć i że mamy ludzi zakochanych w nas po uszy. Że sami za kimś szalejemy.

Pojęcie czasu w towarzystwie dzieci i codziennego chaosu ich istnienia jest względne. Nie wiem, gdzie podziały się ostatnie miesiące, nie wspominając już o tym, że

Córka celebrowała właśnie trzecie urodziny. Jurek, książę szybkości i okupant włości, skończył osiem miesięcy. Kiedy? Sceny, których sobie nie wyobrażałam; rzeczywistość, w której się nie widziałam, teraz działa się na naszych oczach i szło jej całkiem nieźle. Panika wiążąca ręce i nogi, stawiająca nas przed nadchodzącą przyszłością z wielkim znakiem zapytania nad czołem, teraz poluzowała lejce i dawała swobodnie chodzić. Ludzie działają instynktownie. Boją się wejść w nieznane, a nieprzebyte ekspedycje rozkładają na czynniki pierwsze, wyolbrzymiając strefy zagrożeń. Mówią: nie dam rady, nie potrafię, nie poradzę sobie, po czym przeprogramowują się do roli, którą grają, i po kilku próbach potrafią najlepiej, robią najdokładniej. Zawiadamiają – zostaw, ja to zrobię.

Patrzyłam, jak Krysia biega za dziećmi na sali zabaw w dniu swoich urodzin. Jak podskakuje do mnie i Ojca tylko, żeby napić się soku i zgarnąć garść ciastek. Obserwowałam, jak się śmieje w głos, jak podąża za starszymi dziewczynkami i niestety – dla potrzeby mojego matkowania – jak bardzo jestem jej na ten czas niepotrzebna. Podchodziła, oznajmiała: „Idę siku", wracając, dodawała: „Tak, umyłam ręce", znając procedury na wylot. Podciągała rajstopy najpokraczniej, jak tylko można. nadając sobie po cichu tytuł „Miss gracja". Radziła sobie. Przesypiała noce, zjadała obiady do końca, lubiła myć zęby. Była łatwiejsza w obsłudze, niedziewicza w wachlarzu reakcji i zupełnie znana na polach wszelakich – osobowości, upodobań, swoich małych Krysinych przekonań. Stała się esencją posiadania w domu trzylatka i definicją wszystkiego, co w dzieciach jest jednak spoko. Gdyby dwa lata wcześniej, kiedy nienawidziłam Grześka za zawodowe wybory i ciężar, który na mnie przerzucił, ktoś podszedł, złapał za ramiona i przekonującym, władczym wręcz głosem, chwytając kontakt wzrokowy, ocucił głośnym: „Hej! Kobieto! Jest chujowo, ale TO TYLKO ETAP!", odetchnęłabym z ulgą. Gdyby ktoś zdzielił mnie wtedy w twarz, kiedy idąc z Krysią do żłobka, płakałam w głos, użalając się nad losem, i ściskałam coraz mocniej malutką dziewczynkę będącą w pełni na łasce, niełasce, oddaną moim pomysłom, rozwiązaniom, a czasem nawet totalnemu brakowi wiedzy, co dalej, i powiedział: „TO MINIE. JESZCZE BĘDZIE PRZEPIĘKNIE, OBIECUJĘ!", uspokoiłabym się, nabrała oddechu, więcej się śmiała. Patrząc na drugiego gąbczaka, gryzącego sznurowadło własnego buta, będącego właśnie na etapie wszystkich trudności, znoju i abstrakcyjnego, wychowawczego wkurwa, oddycham. Walczę z irytacją. Uspokajam się i powtarzam jak mantrę: to tylko etap. Jeszcze się wyśpisz. Jeszcze złapiesz męża za rękę w innych okolicznościach, niż wyciąganie zakupów z auta. Jeszcze zatańczysz, i to nie na jego grobie. Jeszcze nie.

– I jeszcze zatęsknisz – dodaję szeptem nostalgicznie. Patrząc, jak ukulany wcześniej, maleńki człowiek, drący się przepastnie na gołej piersi trzy lata wstecz, przestawiający system wartości jak domek z kart, właśnie pokazuje dziadkowi, jak napisać słowo „Krysia". Stawia pokoślawione kreski, łączy, gdzie nie potrzeba, ale pisze! Podpisuje się. Tęży wzrok i nadyma policzki, stawiając poziomą kreseczkę w „A". Jest duża. Świadoma. Patrzę, jak urosła. Czas mnie maltretuje. Nie szanuje. Czas nieubłaganie zabrał „TEN TYLKO ETAP". Znowu płaczę. Wszyscy śpiewają *Sto lat*, a ona robi głupie miny. Jurek walczy ze sznurkiem od balona na hel. Kolejne urodziny. Kolejny rok minął. Przeżyliśmy z Grześkiem w duecie i nikt nie poszedł siedzieć.

– Ja się zabiję – wyszeptał za kotarą kolorowego pokoju, w którym wesoła banda miała swoje pięć minut, a natężenie hałasu przekraczało dopuszczalne normy. – Ja wiem, że nie mam już osiemnastu lat, ale tu jest tak głośno i kolorowo, tak mi wszystko mryga, śmiga i trzeszczy, że się zaraz porzygam... – ciągnął klasycznie Małżonek.

– Tak. To samo u mnie. Chyba marzę już o turnusie w sanatorium – dodałam, przegryzając serowe chrupki i patrząc, jak z małego ciała na trampolinie wylewa się euforia, wdzięczność i dzieciństwo bez skazy.

– Sanatorium? Przecież tam się tylko rypią. No chyba, że jedziemy razem – zastrzegł. – Misia? – Złapał mnie za rękę. – A może w te święta pojedziemy w Tatry? Będziemy spać, jeździć na sankach i oglądać „Janosika". Ktoś ugotuje, pozmywa... jak myślisz?

– Grzesiu. – Oblizałam kciuka po serowej posypce. – Pojedźmy w Tatry w te święta. Pijmy dużo wina, miejmy bałagan w pokoju i kupmy sobie udawane oscypki. A i sanki – mruczałam pod nosem, zatapiając się twarzą w pachnącym T-shircie. Oplotłam go szczerze w pasie zestawem kochających ramion. – Tak dawno nie jeździłam na sankach....

Zakończenie

– Otwieraj szampana – poprosiłam, wciskając w rękę Grześka Sowietskoje Igristoje.

Minutę po północy 1 stycznia 2017 roku siedzieliśmy na pożyczonych sankach postawionych w poprzek, za domem na tatrzańskiej Harendzie. Metalowe szprychy sań zatopiły się w śniegu po samo siedzisko. W puchowych kurtach ulokowaliśmy się w kniejach zaraz pod drzwiami uchylonego balkonu, za którymi na piętrze spały dzieci.

– Wypiłem już dwa piwa i kubek grzanego wina. Jak zrobię tego szampana, możesz mnie pochować – zaczął optymistycznie, ginąc w świstach sztucznych ogni miejskiego sylwestra. Korek od wina wystrzelił z hukiem, na śnieg rozlały się burzyny. Nie byliśmy w centrum wydarzeń, nie szaleliśmy pod największą sceną w Europie, nie przebraliśmy się nawet w cekiny i krawat. W wełnianych skarpetach i naciągniętych na oczy ciepłych czapach ścieśniliśmy poślady na maleńkich sankach i popijając – ja z gwinta, on z zastawy – ruskie musujące, uśmiechaliśmy się do siebie, życząc sobie jak najlepiej. Byliśmy diametralnie różni, inni, wychowani i zmienieni przez doświadczenia trzech ostatnich lat. Ulepieni od zera, od podstaw przez dwoje maleńkich dzieci.

– Grzesiaku – zaczęłam – dodatkowo wszystkiego najlepszego z okazji trzydziestych urodzin, Stara Rumplo. – Zatrzepałam zalotnie rzęsą i stuknęłam butelką w plastikowy kubeczek męża. – Co, myślałeś, że nie pamiętałam? Pamiętałam. Ja zawsze pamiętam – dodałam, zapatrując się w twarz znaną od tak dawna. – Fajne ci się kurze łapki rozlazły pod okiem, wiesz? Kolagen chyba nie będzie twoim przyjacielem... – rzuciłam złośliwie, całując posiniałe usta, a opatulona w rękawiczkę dłoń zatrzymała się na jego powiekach. Nos miał czerwony z zimna, a w kąciku oka skrzyła się mała, wietrzna łza.

– Wiem, wiem – odpowiedział szybko, pociągając gila – a u ciebie widziałem już dwa siwe włosy i głucha jesteś jak pień. Krzyczałem do ciebie spod prysznica: „Podaj ręcznik!", a ty nic. Żadnego ręcznika, tylko to twoje: „Coooo?". Zmarzłem, chciałem zauważyć, ptaszek mi się skurczył, w ogóle o mnie nie dbasz. – Potarł dłonie na rozgrzewkę, chuchnął i schował szyję głęboko w stójce kurtki. Mimo przypieczętowanego wieku i kilku załamań naskórka wokół skroni świadczących o przebytym czasie, to właśnie penis był dla Grzesia nadal nadrzędnym powodem, dla którego trzeba było, można było i warto było. Penis i pochodne wykształciły się i pięknie ewoluowały jako karta przetargowa naszej dorosłości.

– Wiesz, czego ci życzę tak poważnie? – Spojrzałam już zupełnie inaczej, próbując przedrzeć się przez huk wystrzałów z Równi Krupowej. – Chciałabym, żebyś był z nami szczęśliwy i żebyśmy i my znosili cię jak najdłużej, bo jak sam wiesz, jesteś raczej trudny zawodnik – zaakcentowałam pewnie. – Nooo... a... – Zaczęłam składać kolejne zdanie, chuchając kłębem pary w eter i patrząc, jak ulatuje ponad głowami. – A poza tym chcę dla ciebie zdrowia, wiesz? Żebyś dawał radę. No i oczywiście, żebyś...

– A wiesz, czego ja sobie życzę? – przerwał nagle, nie dając mi skończyć. – Życzę sobie nigdy nie umrzeć po tobie.

– Przestań, Grzesiak, nie tak czarno, błagam. To dopiero trzydziestka...

– Cicho! – uciszył mnie, machając zamaszyście ręką w geście irytacji. – Nigdy nie chciałbym przeżywać tej rozpaczy, która przychodzi do głowy, kiedy nawet „tylko" wybiegam w tamtą stronę. Na samą myśl czuję, że to straszne, okropne. I to, że ja się muszę w tym odnaleźć. Czuję, jak jest mi przerażająco przykro. Nie chcę, żeby mi było przykro. Rozumiesz? Więc proszę cię, oszczędź mi... – zakomunikował bardzo poważnie, lekko egoistycznie, a gdzieś tam w ciemnej nocy zaszkliły się jego niebieskie oczy. – Daj mnie pierwszemu... – spauzował i przez dłuższą chwilę nic nie mówił. – A wracając do trudnego zawodnika, ty też jesteś żmija – skwitował, po czym pociągnął łyk okropnie słodkiego szampana.

Zsunęliśmy się z kilku drewnianych sztachet w sankach gospodarza, złączyliśmy się głowami i gapiliśmy w niebo. Dwadzieścia minut po północy sklepienie ucichło, przeprowadzając wymownie 2016 rok do historii. Gdzieś w tle ktoś śpiewał *Sto lat*, w oknach domów paliły się choinki.

Światła na stoku witały niestrudzonych snowboarderów i innych amatorów białego szaleństwa.

– Dzięki. – Uśmiechnęłam się, przytakując w duchu wszystkim zarzutom, jakie kryły się pod słowem „żmija". Ile przeżyliśmy razem i jak mocno walczyliśmy o relację tą tu, wcale nie nieskazitelną i bez wad, wcale nie słodko pierdzącą, zawsze dobrą i miłą. Burzową. Kłótliwą. Szarą i tnącą nieba takimi gromami, jakie trudno sobie wyobrazić. Ale każda kłótnia była rozmową, a dopóki chciało nam się rozmawiać, dopóty tliła się nadzieja.

– Ty, Grzesiu, ale kochasz mnie, nie? – wyrwałam nieśmiało spod puchowego kołnierza przy akompaniamencie przeszywającego wiatru.

– Kocham. – Odwrócił głowę, uśmiechnął się i zasypał twarz pajęczyną najpiękniejszych plis na świecie.

– No, to dobrze. – Odetchnęłam z ulgą, kończąc butelkę ruskiej berbeluchy jednym, głębokim haustem. – Dobrze, bo kupiłam ci rower na urodziny. I co ja bym z tym rowerem zrobiła, gdybyś ty mnie jednak nie kochał?

KONIEC

Książka dostępna w formie e-booka